Hermann Langbein
Pasaremos

Christoph Meer - Zeyh

Hermann Langbein

Pasaremos

(Wir werden durchkommen)

Briefe aus dem spanischen Bürgerkrieg

Bund-Verlag

CIP-Kurztitelaufnahme der Deutschen Bibliothek

Langbein, Hermann:
Pasaremos – (Wir werden durchkommen) : Briefe aus d.
span. Bürgerkrieg / Hermann Langbein. – Köln :
Bund-Verlag, 1982.
   ISBN 3-7663-0524-7

© 1982 by Bund-Verlag GmbH, Köln
Lektorat: Gunther Heyder
Herstellung: Heinz Biermann
Umschlagentwurf: Design Granzer & Herbst, Köln
Fotosatz: Bauer & Bökeler Filmsatz GmbH, Denkendorf
Druck: Georg Wagner, Nördlingen
ISBN 3-7663-0524-7
Printed in Germany 1982

Inhalt

Ein Rückblick im fünften Jahrzehnt danach   7

Die Ausbildung   16

Schlacht im Ebro-Bogen   76

Die Interbrigaden werden zurückgezogen   116

Nachwort   161

Zeittafel   168

Personenverzeichnis   171

Ein Rückblick
im fünften Jahrzehnt danach

Entschließt man sich als alter Mann, Briefe zu veröffentlichen, die man vor mehr als vier Jahrzehnten geschrieben hatte, so muß man wohl mitteilen, warum man das wagt.

Sollte ich meine Gefühle, meine Denkweise beschreiben, wie sie mir in Erinnerung geblieben sind, ohne diese Briefe wiederlesen zu können, so wäre ich außerstande, auch nur ein annähernd richtiges Bild wiederzugeben; ich glaube, kein junger Mensch wird ohne Gedächtnisstütze nach vierzig Jahren rekonstruieren können, wie er als Junger gedacht, gefühlt und aus welchen Motiven er gehandelt hat. Zu stark wandelt sich der Mensch, wobei ich nicht nur das Altern meine. Man will seine Jugend rückblickend anders sehen, verdrängt gern, was man inzwischen überwunden hat, vergißt leicht, was einen seinerzeit stark bewegt hat. Seitdem ich meine Briefe wiedergelesen habe, die ich als Angehöriger der Internationalen Brigaden im Jahr 1938 aus Spanien an meine Freundin und meinen Bruder geschrieben hatte, stehe ich den Schilderungen derer einigermaßen skeptisch gegenüber, die rückerinnernd ihre Memoiren geschrieben haben. Ob sie ihre Jugend nicht so schildern, wie sie sie nun gern sehen mögen?

An manche Episode, die ich in meinen Briefen erwähnt hatte, erinnere ich mich noch recht deutlich; ja, einige, die ich dort nicht beschrieben hatte – wohl um meine Lieben zu schonen –, tauchten bei der Lektüre vor meinen Augen plastisch auf. Vieles andere blieb im Gedächtnis verschüttet. Aber nicht das hat mich so überrascht und bewegt: In den Briefen trat mir ein junger Mensch entgegen, in dem ich mich nicht immer erkannt habe. Und der mir doch irgendwie vertraut schien.

Das kann natürlich kein Grund für eine Veröffentlichung sein. Ich habe die Scheu überwunden, die wohl jeder empfindet, wenn er sehr persönlich-private Gedanken und Gefühle der Druckerpresse überantwortet, weil sich in diesen Briefen etwas widerspiegelt, was jungen Menschen von heute bekannt werden sollte: Gefühle und Regungen, die junge Linke in einer Epoche bewegten, als der Faschismus in Europa mit brutaler Energie einen Siegeszug antrat, der vielen unaufhaltsam schien; und gegen den dennoch Junge aus allen Ländern bereit waren, anzukämpfen.

Zum Verständnis dieser Aktionen – und damit auch der Briefe – ist der Hintergrund zu skizzieren, vor dem sie sich abspielten:
Nach dem Ersten Weltkrieg entfaltete sich in Europa bald eine politische Tendenz, die gegen Demokratie, Freiheit und Menschenwürde das Diktat eines »Führers« stellte. Zuerst etablierte sich im Jahr 1922 in Italien ein faschistisches System, das anfangs ähnlichen politischen Strömungen in anderen Ländern als Vorbild diente. Mussolini als »Duce« zerschlug die Organisationen der Arbeiterbewegung, die in diesen Jahren nicht zuletzt unter dem Eindruck der siegreichen Revolution in der Sowjetunion – die damals viele begeistern konnte, weil sie noch nicht ihre Ideale verraten hatte – gewachsen, selbstbewußt und kampfentschlossen war. Nur Mussolinis Wille galt in Italien, jeder Widerspruch, jedwede Kritik wurde unterdrückt.
Eine allgemeine Wirtschaftskrise, die im Jahr 1929 voll einsetzte und deren Folgen – wie in jeder Krise dieser Art – zuerst und am stärksten die nur von ihrer Arbeit Lebenden zu spüren bekamen, führte dazu, daß faschistische Bewegungen wirksame Unterstützung erhielten; denn diejenigen, welche Reichtümer besaßen und verwalteten, fürchteten eine revolutionäre Entwicklung in ihrem Machtbereich.
Damals wuchs die nationalsozialistische Partei in Deutschland erschreckend schnell; im Jänner 1933 wurde Hitler zum Reichskanzler bestellt. Damit war die Entwicklung eingeleitet, deren Folgen die Mitte unseres Jahrhunderts charakterisieren.
In vielen Ländern erstarkten ähnliche Parteien. Und auch Österreich beschritt damals einen verhängnisvollen Weg. Die Gegensätze zwischen den »Schwarzen« und den »Roten« – der regierenden christlichsozialen Partei und der starken Sozialdemokratie – beherrschten in diesen Jahren das politische Leben. Statt daß Bundeskanzler Dollfuß einen Weg suchte, um diese Gegensätze abzubauen und ein einheitliches Vorgehen gegen die unübersehbar große Gefahr zu ermöglichen – Hitler hat es zu einem seiner Ziele erklärt, Österreich dem nationalsozialistisch beherrschten Deutschland anzuschließen –, nützte der Regierungschef die faschistische Welle, um auch in Österreich die Demokratie zu zerschlagen, die Arbeiterorganisationen zu verbieten, mit Zensur, Polizeimethoden und Konzentrationslagern jede Opposition zu knebeln. Am 12. Feber 1934 kam es zu einem blutigen Bürger-

krieg gegen den Schutzbund, eine bewaffnete Organisation der Sozialdemokraten. Die Regierung siegte und baute auf den Trümmern der Demokratie einen Ständestaat auf. Viele – unter ihnen nicht wenige Junge – mußten damals mit Gefängnissen Bekanntschaft machen, nicht wenige in den Februarkämpfen Besiegte waren gezwungen, zu emigrieren, um dem Terror zu entkommen.

Der so folgenschwere Sieg des deutschen Nationalsozialismus wurde dadurch ermöglicht, daß die deutsche Arbeiterbewegung in zwei Richtungen gespalten war, die sich seit langem feindlich gegenüberstanden: Sozialdemokraten und Kommunisten. Als Lehre daraus entstand das Bestreben, diese Gegensätze, die es auch in anderen Ländern gab, zu überwinden und mit all denen, die ebenfalls faschistische Machtgelüste ablehnten, zusammenzugehen; eine Volksfront zur Abwehr des in ganz Europa so aktiven Faschismus zu bilden.

Als im Feber 1934 – die Tendenzen dieser Zeit ausnützend – eine faschistische Organisation in Frankreich einen Putsch versuchte, verteidigten Sozialisten und Kommunisten gemeinsam den demokratischen Staat mit Erfolg. Am kräftigsten entfaltete sich damals jedoch der Volksfront-Gedanke bei den Spaniern.

Spanien galt zu Beginn unseres Jahrhunderts als eines der rückständigsten Länder Europas. Unter einem König übte lange Jahre General Primo de Rivera eine Militärdiktatur aus. 1929 mußte er zurücktreten und zwei Jahre später auch der Monarch abdanken. Denn bei Gemeindewahlen – die von einer ungestümen Volksbewegung erzwungen worden waren – erlitten die monarchistischen Kandidaten eine Niederlage. Spanien wurde Republik. Zahlreiche unterschiedliche Strömungen beunruhigten die junge Demokratie: Heftige Bekämpfung des ehedem so mächtigen Klerus, einem der größten Grundbesitzer, der jeder demokratischen Regung feindlich gegenüberstand (sieht man von der Geistlichkeit im Baskenland ab), starke, kämpferische Gewerkschaften mit verschiedenen politischen Tendenzen, Anarchisten, die damals in Spanien so stark waren wie in keinem anderen europäischen Land, Autonomiebewegungen nicht nur bei den Basken und Katalanen; Monarchisten, die Kontakte mit den italienischen Faschisten aufnahmen, Generale, die die schnell anwachsende Kraft des Volkes fürchteten, auf der anderen Seite.

Wahlen im Jahr 1933 brachten den Rechtsparteien eine Mehrheit. Viele Gesetze, welche die erste demokratische Regierung beschlossen hatte, wurden wieder aufgehoben, Organisationen, die sich nach dem Vorbild der Faschisten in Italien und Deutschland formierten, erstarkten, es kam zu zahlreichen Streiks, Zwischenfällen und bürgerkriegsähnlichen Zusammenstößen. Aufstände der Arbeiter in Asturien wurden blutig niedergeschlagen, die Gefängnisse gefüllt. Die Strafexpedition gegen die Aufständischen leitete mit brutaler Rücksichtslosigkeit General Franco.

In dieser Situation kam es im Feber 1936 zu Neuwahlen. Sozialisten, Kommunisten und liberal gesinnte Republikaner hatten Lehren aus dem Rückschlag in ihrem Land und aus dem Sieg der faschistischen Regime in Deutschland und Österreich gezogen: Sie schlossen sich zu einer Volksfront zusammen und gewannen diese Wahl. Azaña – ein Liberaler, der später Präsident der spanischen Republik bis zu deren Zerschlagung wurde – bildete eine Regierung, deren erste Maßnahme eine Amnestie der zahlreichen politischen Gefangenen war. Die Generale, die am schlimmsten gewütet hatten, wurden versetzt, Franco erhielt ein Kommando auf den Kanarischen Inseln, von wo er ungestört das Netz einer Verschwörung gegen die Republik knüpfen konnte.

Denn die Rechtsparteien hatten aus ihrer Wahlniederlage den Schluß gezogen, daß sie die Macht mit Gewalt erobern müßten. Anschläge, Zusammenstöße, Ermordungen politischer Gegner waren an der Tagesordnung. Monarchisten und Faschisten vereinigten sich unter der Führung von Generalen. Nachdem der Termin mehrmals verschoben werden mußte, begannen die Generale am 18. Juli 1936 den Aufstand, der – als Militärputsch gedacht – zum Bürgerkrieg wurde.

Sie hatten in Spanisch-Marokko ungehindert ihre Vorbereitungen treffen können. Von wenigen Ausnahmen abgesehen, stellte sich das Offizierskorps auf seiten Francos oder nahm zumindest eine abwartende Haltung ein. Aber Spaniens Arbeiter setzten sich zur Wehr: Die Gewerkschaften verlangten Waffen und holten sie sich, wenn sie sie nicht sofort bekamen. Volksmilizen bildeten sich. Der Widerstand organisierte sich dort, wo das Militär nicht von Anfang an alle Schlüsselstellungen in die Hand bekommen hatte. Damit war im Jahr 1936 ein Krisenherd in Europa entstanden; denn sowohl aggressive faschistische Mächte als auch zögernde Demokratien wollten eine Stärkung ihres potentiellen Gegners wenn möglich verhindern.

Hitler und Mussolini zogen rasch Konsequenzen: Deutsche und italienische Flugzeuge bildeten eine Luftbrücke zwischen Spanisch-Marokko und den Teilen Spaniens, in welchen die aufständischen Generale die Macht hatten übernehmen können; so konnten Kolonialtruppen – Fremdenlegionäre und maurische Einheiten – Franco zur Verfügung gestellt werden.

Die demokratisch regierten Großmächte handelten nicht so entschlossen: Die konservative Regierung Großbritanniens hatte starke Vorbehalte gegenüber der spanischen Republik, in der ihrer Auffassung nach Organisationen der Linken – vor allem von Anarchisten geleitete Gewerkschaften – eine größere Gefahr darstellten als eine Diktatur der Generale. In Frankreich regierte damals ein Volksfront-Kabinett mit dem Sozialisten Léon Blum an der Spitze. Es legte Wert auf gutes Einvernehmen mit England, auf dessen Hilfe es gegenüber dem immer aggressiver werdenden Hitler zu rechnen hoffte. Daher entwarf es einen Nichteinmischungsplan, über den in den folgenden Jahren zwischen den Großmächten ohne effiziente Ergebnisse verhandelt wurde.

Mit einem massiven Vorstoß wollten die Aufständischen zuerst die spanische Hauptstadt in ihre Hand bekommen. In opferreichen Kämpfen in Madrider Vorstädten verhinderten Arbeitermilizen den Fall ihrer Stadt. Sie hatten zu wenig Waffen, waren militärisch nicht ausgebildet, ja viele lehnten jede militärische Disziplin grundsätzlich ab. Ein französischer Journalist schrieb damals über die Milizen: »Wenn man nicht gerade Wachdienst hatte, ging man nach Hause. Eine Einheit, die sich von ihrem Standort entfernte, verlor den größten Teil der Mannschaft; die Milizmänner legten Wert darauf, die Nächte zu Hause in eigenen Betten zu verbringen.« Dennoch schlugen sie die wohlorganisierten Armeen der Generale wiederholt: Ebenso wie ihre Disziplinlosigkeit heben alle Beobachter ihren beispiellosen Kampfesmut hervor. In den Abwehrkämpfen vor den Toren Madrids bildeten sich auch die ersten Einheiten der Internationalen Brigaden. Veteranen politischer Kämpfe in ihrer Heimat, Emigranten aus diktatorisch regierten Ländern, von kommunistischen Organisationen nach Spanien Geleitete kamen dem spanischen Volk zu Hilfe. Sie erkannten die internationale Bedeutung dieses Bürgerkriegs.

Schlachten wurden verloren und gewonnen. Faßt man das Kriegsgeschehen der Jahre 1936 und 1937 zusammen, so hat Franco dank der materiellen Überlegenheit an Boden gewonnen. Deutsche Spezialeinheiten – vor allem die »Legion Condor« der Luftwaffe – und massive italienische Unterstützung – Mussolini hat ganze Divisionen nach Spanien dirigiert – verhalfen ihm dazu.

Die spanische Republik konnte mit keiner auch nur annähernd gleichwertigen Unterstützung rechnen. Wohl schickte die Sowjetunion Berater und Waffen. Aber die Nichteinmischungsverhandlungen und -vereinbarungen, an die sich Italien und Deutschland – nun als die »Achsenmächte« verbündet – in der Praxis nicht im geringsten hielten, hemmten die Sowjetunion zeitweise, vor allem aber das Nachbarland Frankreich, über das die günstigsten Wege für jede Lieferung gelaufen wären.

Mehrmals wurde die spanische Regierung umgebildet. Neben Kommunisten nahm auch ein Anarchist einen Ministerposten an – ein bedeutsames Ereignis, denn die Anarchisten verneinen grundsätzlich Staat und zentralisierte Macht. Half das, Gegensätze innerhalb der Arbeiterorganisationen abzubauen, so verschärften sich andere: Vor allem in Katalonien, wo eine Partei, die sich »Partido Obrero de Unificácion Marxista« (abgekürzt POUM) nannte, die Politik Stalins in der Sowjetunion heftig kritisierte und daher von der KP Spaniens als »trotzkistisch« bekämpft wurde, obwohl sie nicht der von Trotzki gebildeten 4. Internationale beigetreten war. Die Gegensätze führten schließlich sogar im Mai 1937 zu bewaffneten Auseinandersetzungen in der Hauptstadt Kataloniens, Barcelona. Der Aufstand wurde niedergeschlagen, Spitzenfunktionäre der POUM verhaftet. Die Kommunistische Partei bezichtigte sie, mit einem faschistischen Spionagering zusammengearbeitet zu haben (tatsächlich rühmte sich Franco, durch seine Agenten einen Aufstand in Katalonien ausgelöst zu haben); ja einer der Anklagepunkte lautete sogar, die Sowjetjustiz angegriffen zu haben. In dieser Zeit fanden in der Sowjetunion die berüchtigten Prozesse gegen kommunistische Spitzenfunktionäre und hohe Generale statt, die regelmäßig mit »Geständnissen« und Todesurteilen endeten. Sie wurden von der POUM entschieden kritisiert.

Daß derlei nicht zur Stärkung der Republik beitrug, liegt auf der Hand. Im Jahr 1937 begann Japan einen Feldzug gegen China, der die Aufmerksamkeit Englands von den Ereignissen in Spanien ablenkte, wodurch Mussolini und Hitler noch freiere Hand für ihre Unterstützung Francos erhielten.

Das Jahr 1938 wurde durch eine Franco-Offensive in Aragón eingeleitet, die so erfolgreich war, daß seine Truppen schließlich am 15. April bis zum Mittelmeer vorstoßen konnten. Damit war das republikanische Spanien zweigeteilt. In diesen Kämpfen erlitten auch die Internationalen Brigaden schwere Verluste. Damals erfolgte der Rücktritt des Verteidigungsministers Prieto, einem eher rechts stehenden Sozialisten, dem der sozialistische Ministerpräsident Negrín Defätismus vorgeworfen hatte.

Das war – knapp skizziert – die Lage, als ich am 11. April 1938 nach Spanien kam. Mein Werdegang, der schließlich dazu geführt hat, mich als Freiwilliger zu den Internationalen Brigaden zu melden, muß wohl auch kurz skizziert werden:

1912 in Wien geboren, stand ich vor der Matura im Jahr 1931 vor einer Entscheidung: Sollte ich meinem politischen Gewissen oder meinen persönlichen Neigungen folgen? Ich wollte gern Schauspieler werden. Politisch war ich eindeutig links eingestellt. In diesen Jahren der wirtschaftlichen Not und des Erstarkens des Faschismus wurde die Jugend geradezu dazu gezwungen, sich Gedanken über das politische Geschehen zu machen. Ich entschied mich für das Theater; und hatte Glück: Einen Tag vor der mündlichen Matura-Prüfung erhielt ich von Direktor Rudolf Beer einen Vertrag als Eleve mit Spielverpflichtung an das Volkstheater in Wien.

Anfang 1933 trat ich der Kommunistischen Partei bei. Die rasche und beängstigende politische Entwicklung, die durch den Machtantritt der Nationalsozialisten in Deutschland unübersehbar wurde, bewogen mich, meine Entscheidung zu revidieren: Ich dachte, daß man doch gleichzeitig sowohl seinen persönlichen Vorstellungen für das Leben als auch seiner politischen Überzeugung nachkommen könnte. Und die Kommunistische Partei schien mir damals diejenige Kraft zu sein, die am entschiedensten gegen die nationalsozialistische Gefahr ankämpfte. Nicht zuletzt entschloß ich mich zu diesem Schritt auch unter dem Einfluß meines älteren Bruders Otto, der schon vorher Mitglied der KPÖ geworden war. In dieser Organisation lernte ich Gretl kennen, meine spätere Freundin. An diese beiden adressierte ich dann meine Briefe aus Spanien.

Bald ereilte uns das Schicksal, das damals wohl die meisten erlitten, die sich bemühten, illegal gegen das faschistische Regime von Schuschnigg, dem Nachfolger von Dollfuß, in Österreich anzukämpfen: Wir wurden wiederholt verhaftet und verurteilt. Waren die Strafen auch zeitlich begrenzt, so litt meine Entwicklung als Schauspieler natürlich darunter. Und damit war meine ursprüngliche Entscheidung umgekehrt: Ich wurde belehrt, daß man unter diesen Verhältnissen eben nicht gleichzeitig seinen persönlichen Neigungen und seinem politischen Gewissen folgen kann.

Damals wurde in der Kommunistischen Partei leidenschaftlich die nationale Frage diskutiert. Als nach dem Ersten Weltkrieg die österreichisch-ungarische Monarchie auseinandergebrochen war, hielt niemand das übriggebliebene Österreich für lebensfähig. Alle Parteien traten für einen Anschluß an Deutschland ein; man fühlte sich als Deutsche. Seitdem diese Gefühle von den Nationalsozialisten mißbraucht worden waren, die unter der Parole »Ein Volk, ein Reich, ein Führer!« die Einbeziehung Österreichs in das »Dritte Reich« der Nationalsozialisten propagierten, bemühten sich die Kommunisten um den Nachweis, daß die Österreicher eine selbständige Nation sind. Damit sollte der Kampf gegen jede Anschlußtendenz untermauert werden. Wir nahmen an dieser Auseinandersetzung Anteil. Der Leser wird immer wieder in den Briefen darauf stoßen.

Als am 11. März 1938 die Regierung Schuschnigg unter der Drohung Hitlers widerstandslos zurücktrat und damit unsere Heimat in den Machtbereich des Nationalsozialismus geraten war, gab es für mich keine Wahl: In Österreich zu bleiben, hätte bedeutet, sofort verhaftet zu werden. (Tatsächlich war die Gestapo in unserer Wohnung, als ich noch in Wien war, jedoch vorsichtigerweise nicht mehr zu Hause schlief.) Ein Emigrantenlos wollte ich keinesfalls. Nach Spanien zog es mich schon lange, denn wir fühlten deutlich, daß dort noch eine Möglichkeit bestand, gegen den Faschismus anzukämpfen. Also ging ich mit Gretl auf Schiern über die Berge in die Schweiz (die Polizei hatte uns schon früher die Pässe abgenommen) und weiter nach Paris, wo wir Otto trafen. Ich nahm dort am 9. April Abschied von Gretl und meinem Bruder, der wegen eines Lungenleidens nicht ebenfalls nach Spanien gehen konnte. Nun begann ich den Weg zu gehen, den der Leser hier beschrieben findet. Schon bald habe ich den beiden in Paris Zurückgebliebenen die ersten Briefe aus Spanien geschrieben.

Zu diesen Briefen selbst scheinen einige Vorbemerkungen nötig: Alle Post wurde zensuriert. Ich schrieb immer Gretl und Otto gemeinsam. Also steht manches dort nicht, was sonst in einem Brief eines jungen Mannes an seine Freundin erwartet werden kann. Allzu Privates fehlt ebenso wie Ortsnamen, die ich – wenn sie mir noch in Erinnerung waren – nun in Klammern eingefügt habe.

In eckigen Klammern und in Kursivschrift wird der Leser noch andere Einfügungen finden, Erklärungen über Personen und Ereignisse, die damals zwar Gretl und Otto geläufig waren, der Leser heute aber sonst schwerlich richtig einordnen könnte.

Ich habe jedoch der Versuchung widerstanden, die Briefe zu retuschieren. Phrasen des kommunistischen Parteijargons stehen daher neben recht persönlichen Gedanken. Lediglich einzelne völlig private Bemerkungen (z. B. Fragen nach dem Schicksal von Bekannten) habe ich weggelassen. Selbst Rechtschreibung und Syntax habe ich belassen.

Otto hat die Briefe aufgehoben und unserer Tante, die an uns Mutterstelle vertreten hat und ihn zu Weihnachten 1938 in Paris besuchte, mitgegeben. So blieben sie erhalten; und so ist zu erklären, daß aus den letzten Wochen keine Post mehr vorhanden ist.

Der Leser wird hier keine Geschichte der Österreicher in den Internationalen Brigaden vorfinden. Ich kam erst in der letzten Phase des Bürgerkriegs zu dieser Einheit und hatte als gewöhnlicher Soldat keinen Überblick. Ich glaube aber, daß man aus den rückhaltlos offenen Briefen die Gedankenwelt eines gläubigen österreichischen Kommunisten in einer Epoche kennenlernen kann, die damals die schicksalsschweren Jahre 1939 bis 1945 vorbereitet hat; die Menschen zur Stellungnahme gezwungen, Junge geformt hat.

Als Titel wählte ich das spanische Wort »Pasaremos« – »Wir werden durchkommen« –, das die Internationalen Brigaden in Abwandlung der legendären Parole »No pasarán« als ihre Losung gebrauchten. Mit dem Kampfruf »No pasarán« hatten Spanier und die ersten Internationalen im Herbst 1936 den Ansturm der Armeen Francos auf Madrid abgewehrt. Es heißt zu deutsch »Sie werden nicht durchkommen«.

Nun aber genug der einleitenden Worte. Der junge Hermann Langbein des Jahres 1938 hat das Wort. Der erste Brief beginnt:

Die Ausbildung

13. 4.

Abends: Ich bin zwar schon 1½ Tage da, aber vor lauter Warten kommt man zu nichts. Und abends brennt eine Lampe, die man suchen muß.

Zuerst: Ich bin leider in einem recht ungünstigen Moment hergekommen. Mit einer Weiterfahrt wird's nichts und unser hiesiges Lager wird erst eingerichtet.

[Damals stießen Truppen Francos südlich des Ebro zum Mittelmeer vor, das sie am 15. 4. bei Vinaroz erreichten; damit war Katalonien vom übrigen Spanien, das von der Republik regiert wurde, abgeschnitten. Die eben nach Spanien gelangten Interbrigadisten konnten nicht mehr ins Ausbildungslager Albacete geleitet werden.]

Ich tät mir recht gerne sehr viel nachschicken lassen. Augenblicklich fällt mir zwei Paar Unterwäsche, Nähzeug, Taschenlampe und ein Trainingsanzug – wenn's sowas gibt – ein, ja, natürlich auch den Schlafsack, aber unsere Adresse ist noch nicht fix. Schad.

Ich habe eine Wut darauf, daß man uns gesagt hat, wir sollen nichts mitnehmen. Na, wir haben wenigstens auf der Reise bissel was eingekauft. Sonst könnt ich aus Papiermangel nicht schreiben.

Ja, ich dank Dir recht schön für alle Überraschungen im Rucksack, hab's natürlich erst sehr spät bemerkt.

Was mir sehr, sehr leid tut, ist, daß hier sehr viel Zeit verloren geht. Du weißt, wie ungeduldig ich in solchen Fällen bin. Und hier rechne ich mit jedem Halbtag, daß er mir mehr bringen muß an Kenntnissen, aber leider ist's recht langsam damit.

Auch spanisch lernen wir auf eigene Faust. Ein österreichischer Lehrer lernt geschwind vor und unterrichtet danach, übrigens recht gut. Aber keine Lehrbücher. Ebenso keine Uniformen und Wäsche. Na, es wird ja bald kommen und das soll die größte Schwierigkeit sein hier unten!

Ürigens, es hätte mir auch nichts genützt, wenn ich eine Woche früher gekommen wäre. Ein großer Trost.

Inzwischen war Nachtmahl und der Faden ist mir daher abgerissen.
Also einige Eindrücke:
Eine sehr schöne Mondscheinpartie haben wir vorgestern gemacht.
Ich bilde mir ein, daß der Mond hier heller ist als bei uns zu Hause.
Und das bißchen Spanien, das ich gesehen habe, hat mich sehr beeindruckt. Erstens viel schöner, als ich es mir vorgestellt und, was wichtiger ist, sehr kultiviert und wohlhabend.

[Die Gruppe von Freiwilligen, die von Paris mit der Bahn nach Südfrankreich gefahren war, wurde in einer kleinen Ortschaft am Fuß der Pyrenäen von einem Führer in Empfang genommen, der sie in der Nacht über die Berge nach Spanien schleuste. An der Grenze wurde sie von einem spanischen Führer übernommen, der sie zu einem Lastwagen führte, welcher sie nach Figueras brachte. Vor Antritt des Marsches über die Berge wurden Schuhe mit Bastsohlen ausgegeben, damit unterwegs keine zu starken Geräusche auf die Gruppe aufmerksam machen.]

Also hoffentlich geht's nun mit Volldampf auf's Lernen auf allen Gebieten, damit ich bald das Gefühl verlier, nicht mehr als ein reichlich unnötiger Schmarotzer zu sein.
Hab auf jeden Fall die besten Vorsätze gefaßt, auf eigene Faust viel zu lernen, wenn's anders in den nächsten Tagen nicht geht.

17. 4.
Figueras, 2 Uhr Nachmittag (Weiß zwar nicht, ob er um diese Zeit fertig wird, weil bald »Antreten« sein wird. Aber anfangen tu ich jetzt.)
Zuerst einmal eine sehr freudige Nachricht. Wir fahren – wenn nichts dazwischenkommt – morgen weg von hier in ein Ausbildungslager in der Umgebung, das neu eingerichtet wird. Wir freuen uns alle schon sehr darauf, es ist wieder ein Schritt weiter.
Das Leben hier ist recht schön, aber da die Mittel nicht vorhanden sind, beschränkt sich die Ausbildung auf Exerzieren und Gefechtsübungen ohne Behelfe.

[Damals exerzierten wir mit Holzatrappen, die Gewehre darstellen sollten.]

Übrigens, mit dem spanischen Kommandanten hatten wir anfangs große Hetz. Wir handelten »instinktmäßig« und daß das oft daneben geht, brauch ich Dir nicht erzählen.
Komme übrigens augenblicklich von der Wäsche. Deine Sacktücheln waren von einer Farbe! Na, ich hab sie doch um einige Nuancen heller bekommen. Und damit Du Dich noch einmal freust, meine erste Tätigkeit war hier – Küchendienst.

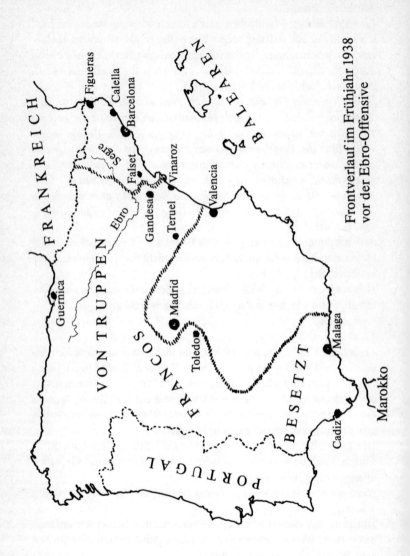

Frontverlauf im Frühjahr 1938
vor der Ebro-Offensive

FRANKREICH

Figueras
Calella
Barcelona
Falset
Ségre
Ebro
Gandesa
Teruel
Vinaroz
Valencia

BALEAREN

VON TRUPPEN FRANCOS

Guernica

Madrid
Toledo

BESETZT

Malaga

Marokko

Cadiz

PORTUGAL

Daß es hier eine richtige Palmenallee gibt und massenhaft Aloen, erzähl ich nur als anständiger Berichterstatter . . . Pause, denn eben sind unsere vier Pariser Österreicher angekommen und die hab ich doch begrüßen müssen. Näheres hab ich von ihnen noch nicht erfahren, da sie gleich essen gegangen sind. Weiter denn – uns fällt das nicht im geringsten mehr auf, auch zur Vollständigkeit – gestern bin ich gemeinerweise gleich von drei Bienen gestochen worden und renn mit einem Gesicht herum, das nach einer Injektion beim Zahnarzt erinnert. Meine Rasierseife scheint zu verlockend zu riechen. Übrigens jetzt ist eh fast nix mehr zu sehen.

Ich hoff, daß ich in einigen Tagen schon eine Adresse schicken kann, bin schon sehr begierig auf Nachrichten von Euch.

Gestern hatten wir hier eine große Thälmann-Geburtstagsfeier, an der das Imponierendste wohl die Internationalität war. *[Thälmann war der Führer der deutschen Kommunisten, der seit Jahren in Haft war.]* Man hat sich hier daran so schnell gewöhnt, daß es einem nur selten zu Bewußtsein kommt, daß hier das Wort »Proletarier aller Länder, vereinigt euch« schon erfüllt ist. Ein Gefühl, das einen stolz und stark macht. Wir haben übrigens auch ein Gedicht in Sprechform aufgesagt zur Feier. Eine deutsch-skandinavische Wandzeitung haben wir uns auch schon fabriziert, d. h., in den letzten Tagen sind die Wandzeitungen in allen Sprachen aus der Erde geschossen. Wir haben die Nationen, die in unserer Brigade beisammen sind, auch auf der Wandzeitung vereinigt. Daß unsere die »schönste« von allen ist, ist doch natürlich.

Wache geschoben hab ich auch schon einmal, müd bin ich und neugierig, wozu ich mich hier entwickeln werde.

Zeitungen gibt es hier leider keine, wir sind auf den Heeresbericht und spärliche Nachrichten angewiesen; schad.

Feine Gesichter sieht man hier viel. Freunde – im weiteren Sinn – hab ich auch schon ein paar, ein, zwei deutsche Schnauzen schnauzen ein bisserl, aber das ist eben nationale Erscheinung und wir Österreicher sind eben eine andere Nation. Na, es ist nicht arg, rein äußerlich.

½ 5 Uhr: Jetzt waren wir bei einem Fußballmatch zuschauen, das zu Ehren des Sonntags stattfindet. England – Frankreich, aber so genau wird's mit der Nationalität nicht genommen, zwei Schweden und ein kleiner Sachse wurden Wahlengländer und wen die Franzosen adoptiert haben, konnte ich noch gar nicht ergründen. Übrigens hat's jetzt zum ersten Mal ein bisserl getröpfelt, grad, wo ich meine Wäsche hängen hab. Die Sacktücher sind übrigens blendend hell, weiß wäre doch ein bisserl übertrieben.

Unter Mittag ist es hier stets recht heiß, aber schon nachmittag wirds kühl, oft frieren wir abends, wenn wir unbeschäftigt sind.

26. 4.

Abends: Nach berühmten Muster in aller Eile unsere Adresse. Also schreib geschwind und bitte schick gleich Schlafsack, Taschenlampe und Ersatzbatterie, Touristenbesteck, Nähzeug und was zum Rucksackstopfen auch.

Es regnet seit fünf Tagen mit kurzen Unterbrechungen und mit Wolken schaut's hier ganz österreichisch aus. *[Nachschrift von Poldi, einem Cousin]:* Hermann hat es natürlich verschwiegen, aber er hat sich eine fürchterliche Glatze beigelegt. Er ist sehr stolz auf sie. Ansonsten hab ich heute das erstemal scharf geschossen. Hermann ärgert sich, weil er Wachdienst hatte, während wir geschossen haben.

29. 4.

Nachmittags: Ich hab ein schlechtes Gewissen, daß ich erst jetzt schreib, aber es gab große Schwierigkeiten.

Ich beginne jetzt also der Reihe nach, hoffentlich kann ich ihn fertigschreiben, ohne unterbrochen zu werden.

Am 19. sind wir von Figueras hier in unser Ausbildungslager hergefahren. Vorher traf ich noch für zwei Stunden Konrad *[einen Genossen, der im gleichen Wiener Bezirk wie Gretl und ich in der kommunistischen Parteiorganisation tätig gewesen war]*, er kam knapp vor unserer Abfahrt an und wir beide haben uns sehr gefreut, uns zu sehen. Inzwischen sind schon drei Nachttransporte hier angekommen, er war aber bei keinem dabei, immer nur ein Brieferl von ihm. Er schrieb, daß bei der ärztlichen Untersuchung hier – man wird nochmals untersucht *[vor der Abfahrt von Paris sind wir dort auf Tauglichkeit untersucht worden]* – ein Herzfehler bei ihm festgestellt wurde. Er kämpft aber wie ein Löwe, daß er hierbleiben kann und bis jetzt ist noch keine Entscheidung gefallen. Tät mich sehr freuen, ihn hier zu sehen und hab schon versucht, ihm zu helfen.

Hier hab ich gleich am ersten Tag Fridolin getroffen *[einen Studenten mit dem Vornamen Fred, der in unserer Wiener Wohngemeinschaft gewohnt hatte und in den Briefen abwechselnd Fred und Fridolin genannt wird]*. Er wohnt hier ganz in der Nähe und wir sehen uns fast täglich. Er war schon an der Front, aber noch in keinem eigentlichen Gefecht. Er ist ein bißchen verwildert und nur ein wenig zu unpolitisch. Hat sich wieder eine Glatze schneiden lassen, ist prinzipiell unrasiert und so »soldatisch«.

Übrigens, ich hab seit einigen Tagen auch eine Glatze. Sie erregt großes Aufsehen, ich werde allgemein für eine Scheinwerferabteilung als geeignet betrachtet, macht mir aber gar nichts.

Weiter: Wir sind in einen alten Herrensitz eingezogen, mußten uns alles von Grund auf selber herrichten, wie übrigens anfangs Schwierigkeiten in der Organisation bestanden, weil hier alles ganz neu organisiert wird. War ein guter Prüfstein für die Moral unserer Genossen. Wir haben recht gut diese Prüfung bestanden und das hat mitgeholfen, uns zusammenzubringen.

Vor einigen Tagen sind wir jetzt hierher übersiedelt, ganz in der Nähe. Das andere Haus war schon zu klein. Jetzt können wir schon »Wohnung« einrichten und haben es sehr gemütlich.

Die militärische Ausbildung geht leider nicht so schnell vonstatten, wie wir es wünschten. Erst hatten wir viel mit dem Haus zu tun und jetzt ist schon lange recht schlechtes Wetter. Eigentlich war – denn augenblicklich sitz ich hier in der Sonne. Hab noch kein einziges Mal scharf geschossen.

Die Gegend hier ist recht fein, schaut fast österreichisch aus. Berge mit Felsen und Wasserfällen und nicht einmal so viel Steine.

Das Spanischlernen geht langsam vorwärts, noch dazu kommt man hier mit spanisch auch nicht weit, da alles katalanisch spricht.

Das Schönste hier ist das alles-miteinander-Erleben und das Aufbauen und Wachsen. Wir hatten große Schwierigkeiten, bekamen erst gestern Löffel, waren drei Tage ohne Decken etc. Aber ich möchte das alles nicht missen. In Schwierigkeiten lernt man erst Leute kennen, lernt man Kollektivgeist, und wir sind so ganz gut vorbereitet auf die ernsteren Schwierigkeiten der Front.

Sehr schön ist auch das Verhältnis zu unseren Offizieren. Man sagt ihnen »Du«, es gibt keinen Kasernenhofton und doch ist immer die Disziplin da, die zu militärischer Arbeit unerläßlich ist. Das Habtachtstehen und Exerzieren macht mir so nicht das geringste. Hab mich ein bisserl vor dem »Befehlen« gefürchtet.

Die Kameraden sind zum größten Teil recht feine Leute. Augenblicklich wird der 1. Mai vorbereitet. 25 von unserer Gruppe gehen in die nächste größere Stadt zur Parade und jetzt üben wir fest Gewehrgriffe etc.

Ein ganz eigenartiges Gefühl, eine Militärparade mitzumachen, nachdem man zwei 1. Mai's im Gefängnis gesessen. *[Sowohl 1935 als auch 1937 war ich im Mai in Wien in Haft.]*

Freue mich schon sehr auf recht ausführliche Post von Euch. Auch auf das Paket. Schick aber ja nichts Wertvolles, hier geht alles leicht zugrund, es wär schad um etwas, was man einfacher auch haben kann. Gern möcht ich, wenn Du Zeit hast, ein paar Sackerln für den Rucksack, aber bitte nicht zu klein und recht fester Stoff. Auch Waschseife schick gelegentlich einmal, sie ist hier schwer aufzutreiben.

Ein großer Mangel war, daß wir gar keine Literatur besaßen. Ja, nicht einmal Frontberichte. Heute ist die erste, recht feine Sendung angekommen und so geht es auch hier vorwärts. Hab erst genau »Weg und Ziel« *[die theoretische Zeitschrift der KPÖ]* angeschaut. Sehr fein!

So, inzwischen war wieder exerzieren und jetzt ein so feudales Nachtmahl, daß sogar etwas übriggeblieben ist – bis jetzt ein einzigartiges Ereignis. Die Stimmung ist demnach gehoben und ich schreibe zwischen Lachsalven. Ein dicker Holländer demonstriert eben, wieviel er hier schon abgenommen hat, und unser Humorschani, ein junger Sachse, hat ihn tüchtig in der Reißen.

Gretl und Otto, glaubt mir, daß ich recht oft und schön an Euch denke, und das Schönste ist, daß ich gar kein Heimweh nach Euch hab trotz alledem; weil ich eben vor einer Aufgabe stehe, die so groß und schön ist, daß sie mir Euren Verlust aufwiegt. Seid's nicht bös, daß ich das so schreib, aber Ihr werdet Euch doch auch darüber freuen. Gretl, wenn wir wirklich wollen, kommen wir sicher über jede Entfernung hinweg zusammen und jetzt ist mir das Wichtigste, daß Du bald eine fixe Arbeit hast und auf Deine Gesundheit recht schauen kannst.

2.5.

Abends: Gretl, nimm auf jeden Fall den Londoner Posten an. *[Ihre Chefin aus dem Wiener Hutmodesalon mußte aus »rassischen« Gründen auch emigrieren und wollte anfangs in London einen Hutsalon aufmachen.]* Die Hauptsache für Dich ist, gesund sein und viel Geld verdienen. Mußt steinreich werden, damit Du Dir's einmal leisten kannst, einen Monat Urlaub zu nehmen.

Ja, aber zuerst muß ich noch von gestern erzählen: Vormittags hatten wir im Dorf eine Feier, die nicht besonders war, die Hauptsache bestand aus warten, aber nachmittags fuhren einige von uns in die nächste Stadt und da gab's eine Kundgebung, die schon allerhand war.

Sie war in einer Stierkampfarena. Es wurde massenhaft gesprochen, natürlich alles spanisch, aber ich versteh schon hie und da ein bissel und zum Schluß sprach André Marty *[ein Spitzenfunktionär der französischen Kommunistischen Partei, Befehlshaber der Internationalen Brigaden].* Du, fein, ihn hab ich inhaltlich vollkommen verstanden, weil er selbst nicht gut spanisch kann und daher langsam und deutlich sprach. Fein! Er hat mir wirklich sehr gut gefallen. Übrigens einige andere auch. Aber er hat das Format gehabt, das ich bei ihm erwartete. Nachdem gab's ein Defilé. Ein ganz eigenartiges Gefühl: Du, ich hab direkt gute Vorsätze gefaßt, wie ich da durch's Spalier unter den roten Transparenten durchmarschiert bin.

Dann gab's eine Stunde frei, die Poldi und ich zum Einkauf verwendeten. Wir hatten nämlich tags zuvor das erste Geld bekommen. Viel! Ich kaufte die ersten Bestandteile eines Nähzeugs, macht aber nichts, freu mich doch auf Deines. Erstens kriegt man hier nicht alles zu kaufen und dann mußten wir uns buchstäblich mit der Zeichensprache verständigen, was lustig, aber umständlich ist.

Auch hab ich ein Notizbuch gekauft, mit dem ich folgendes vorhab: Ich möcht so eine Art Tagebuch für Dich schreiben. Bin neugierig, ob und wie ich's durchführen werde.

Heut hab ich nun endlich das erstemal scharf geschossen. Ich war leider nur durchschnittlich, glaub aber, daß ich verbessern kann, da ich mich ziemlich hetzte dabei.

Ein eigenartiges Gefühl, der erste Schuß. Mordslaut, aber fast kein Rückschlag, von dem man doch immer zu erzählen bekommt.

Poldis Geburtstag hab ich so gefeiert, daß ich ihm ein Stück Brot – ein Wertgegenstand wie jedes Essen hier – und ein Stückerl Stoff für einen kleinen Sack schenkte. Hab mir auch ein Sackerl genäht.

Konrad hat wieder ein Brieferl geschickt. Er schreibt, daß er nun doch endgültig zurück muß. Falls er schon in Paris ist: Lieber Konrad, es tut mir fast ebenso leid wie Dir, daß wir uns jetzt nicht sehen können. Ich weiß, daß Du einen recht schweren Weg vor Dir hast; ich mein, daß schon in Paris die Schwierigkeiten beginnen werden. Konrad, Du hast mir das Gefühl gegeben, daß ich Dir etwas sagen kann, was etwas ausmacht. Ich möcht Dir darum raten: Das Erste und Wichtigste ist jetzt für Dich: Deine Nerven. Ohne Nerven kannst Du nirgends etwas ausrichten. Kann Dir kein Mittel sagen dafür. Aber sei ökonomisch mit Deinen Kräften und denk immer, daß überall ein guter Wille auf die Dauer etwas vermag. Und sei recht herzlich gegrüßt.

Hier ist augenblicklich recht aufgeregte Stimmung, alles spricht vom Wegfahren und alle 10 Minuten will jemand eine andere genaue Mitteilung über die Zeit wissen.

Alle Leute sind angespannt und aufgeregt und fast alle wollen es verbergen. Das ergibt natürlich ein eigenartiges Bild. Überhaupt glaub ich, daß ein Künstler hier im Krieg ganz gewaltige Anregungen bekommen muß. Menschen nackt sehen, Pathetischstes und Einfachstes nebeneinander, Menschen der verschiedensten gesellschaftlichen Schichten und Kulturstufen auf einen Nenner und eine Idee sich

23

bei so vielen verschiedenartig in die Praxis umsetzen sehen – fast möcht ich hie und da Künstler sein.

Außerdem hab ich augenblicklich wie so oft Hunger und neben mir ein Salzbrot, entschuldigt mich einen Augenblick.

Ja, ich hab Dir's – glaub ich – noch gar nicht geschrieben, daß wir schon seit einiger Zeit die Uniformen haben. Ich hab allerdings keine Bluse bekommen, weil mein Lumberjack eh militärisch aussieht, und ich bin nicht bös darüber, weil der Zippverschluß entschieden praktischer ist. Schuhe sind mir selbstverständlich zu schmal. Meine kleinen Zehen leiden darunter Folterqualen. Na, geh ich halt noch mit den Goiserern *[nach dem Ort Goisern benannte genagelte Bergschuhe]*, solange sie halten. Werd übrigens allgemein deswegen beneidet.

Jetzt hab ich Platz zum Dranschreiben gelassen und alles ist zu nervös und sagt mir nur, laß alle grüßen. Und ich hab wieder kein rechtes Licht.

8. 5.

Eigentlich stand in unserem heutigen Programm, Nachmittag, wenn dienstfrei ist, ans Meer zu gehen mit Briefpapier bewaffnet, und die fälligen Briefe zu produzieren. Aber da es jetzt nachmittags regnet, fang ich gleich an, da eh nichts zu tun ist, als in der Hütte zu sitzen und warten.

Zuerst einmal ein kurzer Bericht: Wir sind also am 3. Mai hierher übersiedelt. Den ganzen Tag fuhren wir auf einem riesigen Camion *[Lastauto]* herum durch herrliche Landschaft an der Küste vorbei, die ganz wunderbar war, und durch Barcelona durch.

Leider hatten wir dort keinen Aufenthalt. Nach dem, was ich gesehen, muß es eine sehr schöne und interessante Stadt sein. Sehr breite Straßen, Berge am Meer, einige Prachtbauten und auch auffallend schöne Neubauten. Und – zerschossene Häuser.

Spät in der Nacht kamen wir hier an, schliefen gleich im Freien und die nächsten Tage wurden ununterbrochen Erdhütten gebaut. Ich hab eine mit Miron *[einem Wiener Genossen]* zusammen und da er sehr geschickt ist, hatten wir sie schon in der zweiten Nacht regensicher. Die anderen mußten in der Nacht herumstehen und naß werden. Jetzt sind so ziemlich alle wetterfest, dafür regnet's in der Nacht just nicht. Unsere Nachbarn sind Poldi und Gustl mit einem Reichsdeutschen und auch die beiden Robert und Louis *[auch Gretl und Otto bekannte Genossen aus Wien]* sind gleich da. Eine richtige österreichische Kolonie.

Heute wurde alles auf Glanz hergerichtet, da Lagerinspektion angesagt ist und als Preis Zigaretten verteilt werden. Und die sind hier sehr begehrt. Wir haben zu Ehren des Tages unsere Hütte »Zur roten Lobau« genannt. Der Fridolin ist auch hier in der Nachbarkompanie, allerdings geht das Gerücht, daß sie heute fort sollen.

Gestern haben wir wieder scharf geschossen und Nachmittag badeten wir im Meer. Das war ganz fabelhaft. Wunderbarer Sand und Wellen, die einen ständig massierten. Na, wir hatten's notwendig, denn mit den Waschmöglichkeiten hapert's und ich will Dir den Grad unserer Reinlichkeit lieber nicht beschreiben.

Gestern haben wir kleine Militärkapperln bekommen und jetzt bieten wir schon einen ganz feldmäßigen Eindruck.

Mangel haben wir nur an Zeitungen und Nachrichten, die »Rundschau« vom 14. 4. ist unsere letzte Nummer und deutsche Zeitungen kommen nur spärlich und spät. Es kommt mir so vor, daß, wenn man in die Nähe eines großen Ereignisses kommt, man viel weniger davon sieht und darüber urteilen kann, als in der Entfernung.

Recht freuen tu ich mich über China. Ich glaub, daß hier das ganze Ungeheuer Faschismus zugrunde gehen wird. Er ist international und muß daher auch in Europa auf die meines Erachtens nach unvermeidliche Niederlage – nicht nur militärisch gemeint – reagieren und Mussolini scheint heute auch schon den Höhepunkt seiner Kräfte überschritten zu haben. *[Nach einem Überfall Japans auf China erreichten chinesische Truppen das erste Mal Teilerfolge. Partisaneneinheiten operierten hinter der japanischen Front erfolgreich.]*

Ich erwarte für die nächste Zeit Grosses. Entweder den totalen Krieg oder den Zusammenbruch der totalen Staaten. Und daß hier in Spanien diese Entwicklung mitentschieden wird, ist klar, daß ich dabei bin, selbstverständlich.

Bin sehr neugierig auf die nächste Zeit hier, am meisten eigentlich auf mich. Und auch auf die Kameraden, die Kameradschaft im großen Erlebnis. Ich glaub', wenn man stark ist, kann einem ein Krieg sehr viel geben . . . So, Mittagessen ist da, Wiedersehn! Blinder Alarm, es ist nur Trinkwasser gekommen . . . Genau, wie er einen Schwachen wohl leicht zugrunde richten kann.

Übrigens, Gretl, denk Dir, ich hab neulich das erste Mal Champagner getrunken. Daß es nur eine Kostprobe war, ist klar. Schmeckt gar nicht so besonders, mit so was kann man mich nicht zum Alkoholiker erziehen. Bin übrigens einer der wenigen, der hier nicht trinkt, nicht einmal meine tägliche Ration. Ob ich dabei bleiben kann, ist lediglich eine Frage des Trinkwassers. So lang als möglich sicher. Und Rauchen kommt überhaupt nicht in Frage.

Verloren hab ich hier bis jetzt bloß meinen Waschlappen. Das hab ich aber nur meinem Rucksack – übrigens ganz zerrissen – zu verdanken, denn sonst kugelt alles durcheinander und weg. Ja, und mein Touristenmesser hat seine Spitze eingebüßt.

Gretl, mit dem versprochenen Tagebuch hab ich erst theoretisch angefangen. Bin neugierig, wann und wo wir uns das nächstemal sehen werden.

Beim Durchlesen kam ich drauf, daß ich Euch gar nicht geschrieben hab, daß wir hier in einem Ausbildungslager sind.

13. 5.

Eine kleine Plauderei zwischen Haselnüssen. Gustl und ich – wir gehen in punkto Post konform vor – wir haben beschlossen, wenn bis heute keine Post kommt, zu schreiben, ohne auf die fälligen Briefe zu warten. Sonst seid Ihr gar zu lang auf dem Trockenen.

Von Jula *[einem österreichischen Kommunisten, den ich im Schuschnigg-Gefängnis kennengelernt hatte, den Gretl auch kannte und der nach Spanien nachgekommen war]* weiß ich nun auch nicht sicher, ob Konrad schon lang zurück ist. Tät mich sehr über Post von ihm freuen und hoff, daß er seine Verzweiflung schon überwunden hat und seine positiven Ziele mit dem, was die Partei mit ihm vorhat, übereinstimmen. Und gel, Konrad, Arbeitsteilung muß ja unbedingt sein und es kann sicher jeder auf seinem Abschnitt ein Jaß werden.

Hier ist seit einigen Tagen die Regenperiode zu Ende und die Temperatur echt spanisch, nämlich große Temperaturunterschiede den ganzen Tag durch. Morgens geht man warm angezogen und leicht fröstelnd zur Übung weg und vormittags ist man ganz madig vor lauter Hitze, abends scheppert man natürlich wieder. Nur ist dabei zu beachten, daß hier die Zeit um zwei Stunden vorgerichtet ist (Sommerzeit wegen Lichtersparnis), so daß man eigentlich um 4, ½ 5 aufsteht – wir sehen auch regelmäßig die Sonne aufgehen – und um 8 Uhr schlafen geht – also gerade, wenn es dunkel wird.

Baden waren wir gestern zum zweitenmal. Es war sehr schön.

Unsere militärische Ausbildung macht auch sehr schöne Fortschritte, wir sind heute sogar offiziell belobt worden und es wurde uns versprochen, daß wir in einer Woche hinauskommen. Schießen ist schon gar keine Sensation mehr für uns. Ich bin besserer Durchschnitt und schon ziemlich vertraut mit dem Gewehr, schad, daß wir noch nicht jeder unser eigenes haben, dann kann man sich sicher erst richtig einschießen.

Vor einigen Tagen wurden wir gegen Typhus geimpft und hatten dann zwei Tage Ruhe. Denn man hat leicht Fieber und Müdigkeitserscheinungen. Jetzt müssen wir noch einmal geimpft werden und dann sind wir hoffentlich immun gegen diese tepperte Krankheit. Sonst grassiert der Durchfall. Da ist wohl die Klima- und Kostveränderung schuld. Zeitungen bekommen wir jetzt auch schon ziemlich oft und sogar erstaunlich schnell. Einmal haben wir eine zwei Tage alte Rote Fahne aus der Tschechei bekommen, ein Rekord. Auch haben wir täglich spanische Zeitungen, die auszugsweise von einem Sprachkünstler von uns übersetzt werden.

So ist also das Kulturleben auch in Ordnung. Heute abend soll Österreich-Abend sein, an dem Jula erzählen wird, und Sonntag Abend ist allgemeine Feier, quasi als Abschiedsfeier gedacht.

Jetzt hab ich eine Riesenpause gemacht, denn in der Nähe erzählte einer von der Moskauer Metro und da muß ich zuhören. Man hat den Eindruck, das muß doch unbedingt aufgeschnitten sein, und man wird recht froh, wenn man weiß, diese Wunder – er spricht inzwischen auch von Bauten und Straßen – sind Wahrheit.

Wir Österreicher sind alle recht brav beisammen. Die Postverbindung ist ganz unregelmäßig. Ein österreichischer Offizier – ein alter Bekannter, hab übrigens schon ein paar solche getroffen– erzählte mir als Rekord von einem Brief, der von Wien bis in seine Hand 8 Tage brauchte. Allerdings ein anderer brauchte ein halbes Jahr. *[Post aus Österreich mußte natürlich über eine ausländische Deckadresse gehen.]*

Du, ich denk hier oft an Dich, an Euch und an Wien. Hab hier in der Zeitung einige neu-österreichische Verordnungen gelesen und möchte gerne daraufhin einige Gesichter sehen, z. B. unsere lieben Naziverwandten.

Und Gretl, Dich möcht ich auch gerne sehen; ja, ich hab mir zu diesem Zweck schon eine günstige politische Perspektive zurechtgebogen. Weißt eh, meine China-Theorie vom letzten Brief. An unsere unmittelbare Zukunft denke ich eigentlich am wenigsten, vorstellen kann man sich sowas eh nicht und ich hab die starke Hoffnung, daß auch das, wie alles andere bis jetzt, nicht überwältigend ist. Und ich glaub auch, schreiben zu können, daß Ihr Euch meinetwegen nicht schämen müßt.

Hallo, Zeitungen sind gekommen, ich schalt eine Pause ein.

So, die Zeitungen waren zwar nur französische und spanische, aber dafür ist das Nachtmahl gekommen und das dauert auch. Übrigens, weil wir gerade beim Essen sind: Das ist hier eines der meistbesprochenen Themen, kannst Dir eh vorstellen. Es ist notwendigerweise eintönig, aber wirklich gut, meist Karawanzen (eine südliche Erbsen-art, für dessen Rechtschreibung ich nicht garantiere) mit Fleisch in einer sehr feinen Suppe. No, vorher ist immer Geschrei und gespannte Erwartung, dann Essenverteilung unter umständlichen Zeremonien und mißtrauischen Blicken. Wir haben einige Leute, die nur aus Magen zu bestehen scheinen, er schaut ihnen aus den Augen heraus und kommt bei jedem Wort zum Vorschein, und nachher regelmäßig Wunschträume. Hier zeigt sich immer die nationale Eigenart am besten und hier kann man auch herrlich feststellen, daß Österreich eine eigene Nation ist: Unsere Wunschträume sind fast ganz auf böhmische Mehlspeisen spezialisiert, darin sind wir echte Wiener, und unser Zuckerbäcker hat Talent im Ausmalen von guten Sachen. Und mich könnt Ihr Euch ja vorstellen dabei. Oh!

Unser Österreich-Abend ist eben endgültig ins Wasser gefallen. Jula hat um 8 Uhr Appell – wir übrigens auch– und nachher ist's schon zu spät.

Als letzte Neuigkeit: Heut donnert's ausnahmsweise leise von der Front her und gestern haben wir recht viele Flieger gesehen, aber unsrige und feine.

19.5.

Nachmittag: Wir haben wieder eine kleine Reise hinter uns und sind wieder einen Schritt weiter. Freilich, am Ziel – an der Front – sind wir durchaus noch nicht, aber immer wird's ein Stückerl näher und immer der Charakter ein bißerl »frontlicher«. Ich erzähl also wieder der Reihe nach:

Den ersten Abreisealarm gab's Samstag. Nachdem wir alles gepackt hatten, ging's wieder zurück in unsere schon ganz heimlichen Erdhütten. Dann kam ein Sonntag voller Gerüchte. Montag wurden wir dann wider Erwarten das zweite Mal geimpft und so glaubten wir, daß unsere Abreise wieder Essig war.

Übrigens machte uns das zweite Mal Impfen fast gar nichts mehr. Von uns Österreichern hatte bloß Poldi ein bißerl Fieber gehabt. Na, hoffentlich haben wir jetzt einigermaßen Garantie gegen Typhus. Hab heut grad hier einen alten Bekannten getroffen, einen Hefenbruder vom erstenmal Sitzen, der ist schon 13 Monate hier und seine einzige Verletzung bestand aus – Typhus; deswegen lag er allerdings drei Monate im Spital.

Also weiter: Dienstag gab's dann Alarmbereitschaft den ganzen Tag, den ganzen Tag hatten wir gepackt und durften nicht außer Hörweite. Gustl und ich machten einige kleinere Spaziergänge und sprachen uns ein bißerl aus. Sonst schliefen wir halt sehr viel, eine Beschäftigung, zu der die spanische Sonne zum mindesten mittags sehr verlockt. Die spanische Siesta und die südländische Faulheit, wir alle verstehen beides jetzt schon vollkommen.

Aber weiter: Dienstag abend packten wir also wieder aus und schlafen wieder schön brav in unserer Hütte, von der wir schon Abschied genommen hatten. Mittwoch vormittag gab's regelrechten Dienst und nach dem Essen, ganz überraschend, plötzlich: »Zusammenpacken« und um 3 Uhr saßen wir schon am Camion. Übrigens, wir standen darauf, denn wir waren zusammengepreßt wie die Sardinen. Stell Dir nur vor, $2\frac{1}{2}$ Stunden Fahrt auf einer Bergstraße, die ununterbrochen scharfe Kurven macht, ich glaub, bis auf die erste Strecke gab's keine hundert Meter in gerader Linie. Ununterbrochen fielen wir übereinander. So eine Fahrt macht müder als ein langer Marsch.

Aber schön war sie doch, zum Schauen gab's viel. Zuerst ein feiner Abschied vom Meer. Wir waren so hoch, daß wir über Berge darüber noch das blaue Meer sahen. Wer weiß, wann wir das nächste Mal darin baden können.

Und dann die Landschaft: Berge und ganz ausgefressene Felsen, überall Terrassen, auf denen Wein oder Nutzbäume etc. gepflanzt sind. Von der wüstenhaften Landschaft ohne Baum, nur Steine, von der uns schon viele erzählt haben, haben wir Gott sei Dank noch nichts bemerkt.

No, einmal gab's doch ein Aussteigen auf einem recht hübschen Platzerl. Rundherum Hügel und Berge. Wir richteten uns bald mit schon großer Übung ein Haus als Quartier ein und ich lieg jetzt im Stroh unterm Fenster – natürlich, wer okkupiert gleich ein Fensterplatzerl? Eigentlich ist es hier gar nicht so kritisch damit, denn die Wand läßt hie und da den Himmel durchblinzeln – und schreib.

Von Fridolin hab ich mich zwar feierlich verabschiedet, aber ich hab gehört, daß er auch nachgekommen ist, entdeckt hab ich ihn allerdings noch nicht. Dafür hab ich einen anderen alten Bekannten getroffen, der genau einen Monat nach mir von Paris weg ist. Er hat mir erzählt, daß er schon in Wien gehört hat, daß ich mit meiner Freundin weg und hierher bin, dabei ist er durchaus nicht vom Bezirk oder unserer Gegend. Die Tratscherei geht trotz Hitler in gleicher Geschwindigkeit weiter, immerhin beruhigend.

Gestern hätt ich besonders gern was von Dir da gehabt, so hab ich halt meinen Geburtstag bloß mit der Fahrt gefeiert, na, ich nehm's gern symbolisch. Es sei ein Jahr des Kampfes für mich. Mein Tagebuch hab ich noch immer nicht angefangen, aber jetzt wird's bald, Gretl.

Du, neulich las ich im . . .

Inzwischen war Appell, wobei es viel Warten und wenig Essen gab, immer, wenn man in ein neues Quartier kommt, gibt's da Schwierigkeiten und da heißt's dann zeigen, daß man auch im hungrigen Zustand ein politischer Soldat ist. Dann kaufte ich mir Mandeln – es ist eine Haupttugend hier, Kaufmöglichkeiten aufzureißen –, dann waschen und Mandeln aufmachen, wir haben hier einen sehr feinen, warmen Bach; und jetzt ist es glücklich ½ 10 Uhr und dabei taghell, die Uhr geht ja zwei Stunden vor.

20. 5. Inzwischen wieder Alarmbereitschaft, na, bis jetzt (11 Uhr) sind wir noch immer da.

Und nun zum unterbrochenen Satz oben: . . . las ich also in der Pariser Tageszeitung vom 11. 5., daß Rudolf Beer einen Selbstmordversuch machte und sein Zustand ernst sei. *[Beer war Direktor des Deutschen Volkstheaters, der so wie andere Wiener Juden damals seine Existenzbasis verlor.]* Ich hab hier hie und da an ihn gedacht und jetzt in den letzten Tagen daraufhin mehr. Er hat mich ja einige Zeit lang (1932–33) sehr beeinflußt, mehr als Du glaubst. Er war ein Mensch, der wert gewesen wäre, etwas anderes zu erleben. Aber sein Ende ist ebenso logisch wie schrecklich. Er gehörte voll und ganz einer Zeit an, die für Genies keine Verwendung hatte. Er wieder hatte für Idealismus keine. Am meisten erschüttert hat mich, daß es ihm nicht gelungen ist. In welchem Zustand muß er gewesen sein, wenn er hier nicht einmal Erfolg hatte. An solchen Kleinigkeiten merkt man erst die Brutalität der Nazis.

Ja, ich hab bemerkt, daß meine Briefe recht unpolitisch sind. Aber ich geniere mich, Sachen zu schreiben, die Ihr eh genau wißt. Pathos ist uns verhaßt und dann ist das Alltagsleben viel unpolitischer, als ich dachte, trotzdem wir fast täglich eine Politstunde haben.

26. 5.

Abends: In aller Eile, denn erstens ist wiederum Alarmbereitschaft, wir sollen von hier weg. Zweitens wird bald das Nachtmahl kommen, dann wart ich auf den Friseur, um mich rasieren zu lassen . . . schon unterbrochen, hab inzwischen eine Prager »Rote Front« vom 20. 5. bekommen und so eine Gelegenheit muß beim Schopf genommen werden; vornehm, beziehungsweise faul bin ich geworden, denn für's Rasieren bezahlt man mit Zigaretten und das fällt mir leicht; aber auf jeden Fall möcht ich heute schreiben. Erstens ist ja ein Brief schon fällig und dann hab ich gestern Deinen vom 18. bekommen und dieses Fest muß gleich gefeiert werden.

Zuerst einen kurzen Tatsachenbericht:

Wir sind also am 20. richtig weitergefahren. Zuerst war die Fahrt ganz wunderschön, die Gegend hat überall einen anderen und bis jetzt immer einen fesselnden Charakter. Damit wurde es Nacht und wir dementsprechend schläfrig.

Hier sind wir in einem Dorf in einer Riesenscheune untergebracht. Wie alle Dörfer hier ist es festungsartig auf die Spitze eines Hügels gebaut und ganz aus Stein, ein recht reizvoller Anblick. Vom Hügel gibt's eine recht feine Aussicht rundherum in eine ziemlich ebene Gegend und ganz im Hintergrund die Pyrenäen, die ganz unspanisch noch recht viel Schnee haben. Gustl und ich machen uns täglich mit einem Zungenschnalzer darauf aufmerksam; ebenso auf andere Schönheiten wie ganz grellrote Felder voller Mohn etc.

Einen anderen Vorteil hat dieses Lager auch noch. Wir hören zumindest die Front aus der Ferne donnern, gerade jetzt können sie's ganz schön, und sehen in letzter Zeit recht viele Flieger hinausfahren und zurückkommen. Zuerst gab's dabei immer Fliegeralarm, jetzt sind wir schon ganz gewiß, daß es nur unsere sein können.

Wir sind wieder in einem Ausbildungslager. Neulich hab ich zum erstenmal Handgranaten geworfen. Ist gar nichts dabei und ich hab die Scheu davor ganz verloren.

[Ich erinnere mich noch an den Kapitän, der damals unsere Ausbildung leitete: Ein deutscher Interbrigadist, der schwer verwundet worden war und deswegen nicht mehr an der Front eingesetzt werden konnte. Er hat viel getrunken, offenbar suchte er so seine Schmerzen zu überwinden. Für unsere Ausbildung war das nicht das günstigste. Wahrscheinlich wollte ich das damals in meinen Briefen nicht andeuten.]

Es geht alles ein bisserl durcheinander, aber daran ist die Eile schuld und die dazwischenliegenden unvermeidlichen Kursgespräche. Wir sind noch alle Dir bekannten Spezi zusammen. Einmal gab's zwar schon rührenden Abschied, aber dann wurde nix aus der Trennung. Nur Fridolin hab ich seit 18. nicht mehr gesehen, er hat sich frontdienstuntauglich gemeldet und ist scheinbar zu einer Küche gekommen, aber nicht zu unserer. Irgendein Grund zu Besorgnis – physischer Art – besteht aber für ihn durchaus nicht. Und Kurt – der Schauspieler, weißt – ist auch unsichtbar.

[Kurt Retzer hatte ich kennengelernt, als ich unmittelbar nach meiner Matura am Deutschen Volkstheater als Eleve (Schüler) engagiert worden bin. Er war ein Jahr jünger als ich, aber schon länger mit dem Theater verbunden, wo er bereits Kinderrollen gespielt hatte. Wir

freundeten uns an. Als Direktor Beer vom Volkstheater wegging und mein Vertrag dort abgelaufen war, verlor ich Kurt ein wenig aus den Augen. Im Jahr 1937 wandte er sich an mich, da er wußte, daß ich Verbindung mit der KPÖ hatte, und bat mich, ihm zu helfen, damit er nach Spanien zu den Interbrigaden kommen kann. Ich war sehr überrascht, diesen Wunsch von ihm zu hören, denn bis dahin hatte ich bei Kurt kein großes politisches Interesse – von einem Engagement ganz zu schweigen – bemerkt. Wir trafen uns; und ich vermittelte ihm den damals üblichen Weg über Paris nach Spanien. An unser letztes Gespräch erinnere ich mich gut: Es war in einem Café in der Wiener Innenstadt. Nachdem ich ihm alle Kontaktadressen gegeben hatte, fragte er mich: Du, ich kenne die »Internationale« nicht. Wenn die gespielt wird, muß man doch aufstehen? Ich tröstete ihn, daß er sie schnell kennenlernen wird. Soweit mir bekannt, hat er damals niemandem gesagt, wohin er fährt; er war für alle anderen einfach verschwunden.]

Gretl, Du schreibst, Du rechnest mit einem Wiedersehen in einem halben Jahr. Ich hab insgeheim gehofft, Anfang nächsten Jahres uns zu sehen. Hoffentlich haben wir beide den Termin nicht unterschätzt.

Jetzt ist Nachtmahl da, Servus alle . . . So, hab wieder die Bohnen stehen lassen. Ich nähre mich schon seit zwei Tagen von Fleischsuppe und Brot, denn die Bohnen und Karawanzen haben eine kleine permanente Revolution bei mir angestellt, und gegen Revolutionäre muß man bekanntlich radikal vorgehen. Übrigens klappt's bei vielen mit der Verdauung nicht, wir müssen uns eben erst akklimatisieren.

Du fragst, warum wir unsere Deserteure nicht erschießen. Wenn sie nicht aus der ersten Linie desertieren, ist's ja schwer. Ein Freiwilliger, der seinen Willen geändert hat. Hab viel über diese Leute nachgedacht, da wir oft welche bewacht haben *[in den ersten Tagen in Figueras mußten wir sie in einem improvisierten Gefängnis bewachen, mit altertümlichen, ungeladenen Gewehren »bewaffnet«]* und auch einmal auf einem Transport gemeinsam mit ihnen waren, und hab eine Erklärung für diese Erscheinung gefunden.

Abgesehen natürlich von den schlechten Elementen, die selbstverständlich auch hierher kommen und für die ein Krieg immer ein Anziehungspunkt sein wird. Es sind Leute aus politischer Überzeugung hergekommen und wollen jetzt zurück. Wieso? Sie haben, als sie Soldaten wurden, aufgehört, politisch zu sein, wurden Nur-Soldaten, und für solche muß dieser Krieg sehr zermürbend sein. Die Schwierigkeiten können sie nicht begreifen, die technische Überlegenheit der Faschisten erdrückt sie, und es fehlt ihnen jede revolutionäre Perspektive. Sie müssen ganz einfach zusammenbrechen.

Daraus sieht man erst, wie verantwortungsvoll die Arbeit eines politischen Kommissars ist; und wie schwer.

Lieber Konrad! Hab mich sehr gefreut, von Dir so gute Nachricht zu bekommen. Hoffentlich geht's Dir auch weiterhin so gut und Du findest das, was Du suchst. Möchte gern oft und viel von Dir hören.

Schnell muß ich noch von einem Fest hier erzählen: Eine Frauendelegation aus Barcelona war hier und ich habe mich mit einer davon lang unterhalten. Unterhalten ist übertrieben, denn wir hatten nur die spärlichsten Verständigungsmöglichkeiten. Und doch war es schön, wenn man merkt, daß nicht einmal fremde Sprachen Grenzen für ein Verstehen sind. Dann – die Internationale wird gesungen, neben mir ein Neger mit erhobener Faust. Die Augen – Gretl, ich hab an Dich gedacht.

Jetzt ist die heutige spanische Zeitung übersetzt worden. Die Wiener Nachrichten sind recht klass, ebenso die Aufstände im Franco-Gebiet. Hoffentlich halten beide Nachrichten das, was sie versprechen. Wollte Dir noch viel schreiben, aber es ist vorgerückte Stimmung und ich möchte den Brief nicht bis morgen warten lassen. So bald als möglich kommt eine Fortsetzung.

31.5.

Eigentlich müßte das jetzt ein sehr romantischer Brief werden. Denn ich sitze auf einem Kirchenturm, dort, wo sonst der Mesner bimmelte, in der Sonne, fern unten ist das Gewimmel unserer Abteilung und außerdem hab ich noch einen nüchternen Magen, da sich bei jeder Übersiedlung die Küche erst einrichten muß und wir daher das Frühstück mehr als Mittagessen bekommen werden.

Hab gleich mit einer Lüge angefangen, bemerk ich, da ich zumindest schon Mandeln gegessen habe, auf den Kirchenstufen hab ich sie aufgemacht. A propos, grad seh ich so zufällig meine Fingernägel, ein Rekord, sag ich Dir, Gretl. Du tätest mich nicht mehr anschauen!

Also die übliche Chronik:

Die Alarmbereitschaft während des letzten Briefes (26.) war nix, wir haben dann noch dort geübt, u. a. hab ich zum erstenmal auf einem MG geschossen, hab sogar getroffen, was die wenigsten taten, Offiziere inbegriffen, und hätte große Freude, näher mit sowas zu tun zu kriegen. Na, vielleicht!

In den letzten Tagen hatten wir auch noch richtigen Kontakt mit der Bevölkerung bekommen, natürlich durch essen. Wir haben eine Stelle gefunden, die uns klasses Extranachtmahl gekocht hat. Uns ist Gustl, Poldi, zwei Reichsdeutsche und ich. Dabei gab's eine recht erfreuliche

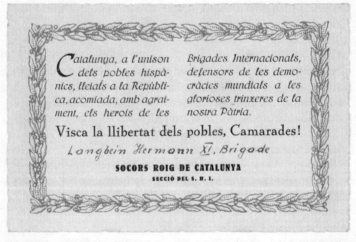

Catalunya, a l'unison dels pobles hispànics, lleials a la República, acomiada, amb agraiment, els herois de les Brigades Internacionals, defensors de les democràcies mundials a les glorioses trinxeres de la nostra Pàtria.

Visca la llibertat dels pobles, Camarades!

Longbein Hermann XI. Brigade

SOCORS ROIG DE CATALUNYA
SECCIÓ DEL S. R. I.

Mitgliedskarte der Roten Hilfe Kataloniens für Mitglieder der Internationalen Brigaden

Konversation. Das Schönste war, wie die Frau stolz erzählt hat, daß ein kleines Kind ihr die Politik, Faschismus etc. erklärt hat. Übrigens, so leicht, wie sich das jetzt ausnimmt, war die Verständigung nicht. Ich kann noch immer besser oder gleich gut französisch als spanisch, und das Katalanische behandel ich nur intuitiv.

Gestern sind wir dann in einer kurzen Fahrt übersiedelt. Übrigens gab's auf der Reise einen regelrechten Fliegeralarm, wir haben die ersten Bomben fallen gesehen und zumindest ein bisserl Ernst zu riechen bekommen.

Hier wurden wir in die Kirche eines sehr netten Dorfes einquartiert. Sie ist, wie alle Kirchen hier, ein ganz mächtiger, alter Steinbau. Und repräsentiert – wie alle – die soziale Stellung und Tradition der Kirche. Und ist wie alle, die ich hier gesehen, geschlossen. Die Bevölkerung scheint recht wenig übrig zu haben für ihre fetten, wohlredenden Sklavenhalter. Wenn sie wollte, könnte sie sich sie sicher wieder öffnen lassen.

Denk Dir, wie tüchtig wir schon wieder sind. Gleich gestern haben wir uns ein »Extramahl« organisiert, ein Mittelding zwischen Eierspeis und Palatschinken, Käse. Geld wollten die Leute auf keinen Fall nehmen, waren überhaupt ganz reizend, so haben wir Cigarillos gegeben und wurden daraufhin schon für heute eingeladen. Sind wir nicht schon richtige Soldaten?

Eben ist Gustl raufgekommen. Hab ihm versprochen, ihn zu vertratschen. Im vorigen Ort hat er die Tochter unserer Köchin bewundert, daß es schon besorgniserregend war. Sie hieß Carmen. Das erstemal, wie wir sie sahen, hatte sie eine Blume zwischen den Zähnen, hatte aber schon sehr sprechende Augen und war – 7 Jahre alt. Du, die Aussicht hier ist so klass, daß sie eine ernste Konkurrenz zum Briefschreiben darstellt.

Ja, brauch ich überhaupt noch erwähnen, daß wir hier in Ausbildung sind? Ich komm mir vor wie ein ewiger Student, noch dazu leidet die Ausbildung durch den häufigen Platzwechsel sehr. Immerhin sind wir wieder ein Stückerl näher der Front – Luftlinie ungefähr ca. 30 km; und ich habe doch die begründete Hoffnung, daß das doch unser letztes Ausbildungslager ist.

Du, ich glaub, der Kaffee kommt, no, und vom Dienst kann man sich doch nicht drücken. Also kurze Pause . . .

Es war lange Pause, ziemlich matsch und gesättigt haben wir – Gustl und ich – uns wieder auf unsere Schreibstube zurückgezogen und so kann's weitergehen. Vormittags war zuerst Übung, bei der wir den Flügel bildeten, der bei der Schwenkung den weitesten Weg hatte, und dann ging's zurück im Eilmarsch. Wir haben sehr schöne Zeiten erreicht, so 8 $\frac{1}{2}$ km-Tempo, aber jetzt spüren wir es. Ich bin gern so müd, weißt eh, fast so wie nach einer Turnstunde.

Ja, zwei Sachen sind mir Vormittag eingefallen: Erstens heb meine Briefe auf, wenn Du's nicht eh ohne Aufforderung tust. Mich werden die Daten noch interessieren und ich möcht sie mir hier nicht aufschreiben.

Dann: Wenn einer von Euch beiden einmal eine fixe Wohnung hat, laßt Euch von Wien einen kompletten, guten Anzug mit Leibwäsche, Schuhen etc. von mir schicken für alle Fälle, denn ich nehme an, daß so was jetzt ziemlich lange dauern wird, und ich möcht nicht ohne Gewand dastehen, wenn ich einmal zu Euch komme.

Schön ist's da heroben! Wenn man denkt, was dieses Land in der letzten Zeit durchmachen muß und weswegen, fühlt man sich fast veranlaßt, Phrasen zu gebrauchen. Übrigens, wenn ich es nicht vergesse, leg ich Euch spanische Flugzettel bei, werden bei Euch sicher Seltenheitswert haben.

Beers Selbstmord ist nun durch eine weitere, ausführliche Schilderung der Pariser Tagespresse und eine Notiz der Rundschau endgültig bestätigt. Ich muß oft an ihn denken und stell mir seine letzte Zeit arg vor. So vital wie er war kein Mensch, den ich kenne. Mit ihm ist wieder ein Band – es war in der letzten Zeit ja nur mehr symbolisch, sein realer Wert bestand ja nur in Freikarten – zu meiner Vergangenheit zerrissen, und da ich mit ihr endgültig Schluß gemacht habe, gestatte ich mir hie und da wehmütige Jugenderinnerungen.

Wir sind jetzt schon sieben Wochen hier und es ist Zeit, daß ich Euch Rechenschaft gebe über uns.

Ihr werdet wahrscheinlich ebenso wie wir das Politische, das Begeisterte bei uns hier vermissen. Ich möchte das erklären:

Politische Aufgaben gibt es zweierlei für uns: Untereinander und unter den Spaniern. Letztere fordert Sprachkenntnisse und dabei ist Spanischlernen unsere erste Aufgabe, der wir alle nur sehr, sehr ungenügend nachkommen. Ihr kennt ja meine Faulheit in bezug auf Alleinlernen. Bin zeitweise sehr böse deswegen mit mir.

Die Arbeit untereinander: Wir haben in der deutschen Sprachgruppe – mit den Skandinaviern können wir ja wegen Sprachschwierigkeiten wenig anfangen – wohl einige schwache Elemente, aber sie beeinflussen und sie erziehen ist nicht so einfach, zumal erst jeder von uns einen Umstellungsprozeß mitmachen mußte.

Begonnen hat er im Magen. An ihn werden überhaupt die größten Anforderungen gestellt. Ich hatte eine Zeitlang zwei Tage Durchfall und einen Tag normal, und mir ging's noch überdurchschnittlich gut. Daß das einen etwas apathisch macht, ist begreiflich. Seit einiger Zeit ist das in Ordnung und ich paß sehr auf, daß es so bleibt.

Verstehst wohl, daß auch eine psychische Umstellung nötig war. Krieg in der Praxis mit seinem Soldatenleben etc. verlangt von jedem eine gewisse Änderung.

Und so haben wir die ganze Zeit wohl nichts Sichtbares geleistet, ich hoffe aber, daß wir diese lange Zeit benutzt haben, uns wirklich gut umzustellen, und daß wir nach der Aufregung der ersten Feuertaufe wirklich das werden, was wir und Ihr von uns erwarten: Gute politische Soldaten.

Während dieses tiefschürfenden Satzes wurde es Abend, d. h., wir hatten Polit- und Instruktionsstunde.

Und weil wir grad im Theoretischen drin sind, noch eine Theorie von mir. Das Kennzeichnendste von allem hier ist: Es ist hier ein Heldenkampf mit gewöhnlichen Menschen. Daraus ergibt sich viel Interessantes, sehr viel Schönes, manche Schwächen. Diese Blickrichtung läßt einen alles verstehen, alles Große und alles Kleine. Das ist das Wesen des politischen Soldaten: Soldat sein heißt Mensch sein mit vielen Schwächen, mit allem Menschlichen; politisch sein, heißt, wenn nötig, heldenhaft sein bis zum Selbstvergessen, bewußt Opfer bringen, Kamerad sein, wenn nötig, seine Person mit dem Kollektiv verschmelzen. Das kannst Du hier in allen Ansätzen überall finden und das macht den Kampf hier außer ehrenhaft auch schön.

Und jetzt genug mit der Theorie.

Heute hab ich hier feine Leute kennengelernt, z. B. einen Isländer, der genauso aussieht, wie sich Hitler den nördlichsten Nordischen vorstellt. Ruhig und groß, stark und schön, und klass. Island hat bei 100 000 Einwohnern eine KP von 3000 Mitgliedern. Armer Hitler! Such dir eine andere Weltrichtung aus. Dann ein sechzehnjähriger Andalusier. Er ist von einer Fliegerbombe verletzt worden und hinkt. Trotzdem ist er Kurier und erfüllt sein Amt mit größter Gewissenhaftigkeit.

Junge Burschen, die Unteroffiziere und Offiziere sind – es ist heute nicht mehr so leicht, zu avancieren –, die Kameraden und Vorgesetzte zugleich sein können, was sehr viel verlangt ist. Freilich, man kann auch Beispiele von der anderen Seite her anführen, aber diese beweisen ja nur, aus welchem Material ein Mensch ist, während die anderen zeigen, in welche Formen eine Idee ihn bringen kann.

Hab schon wieder theoretisiert, aber glaub mir, ich steh nicht unter Einwirkung von Alkohol – a propos Alkohol, bei unseren Nachtmählern hab ich schon mehr als einen Schluck getrunken, Du, ich fürcht, ich werd hier noch ein Säufer.

Grad les ich das Buch »China kämpft« von Ag. Smedley. Poldi hat's mir beim letzten Transport angehängt, weil ich einen Rucksack hab. Er dürfte auch nicht mehr lange leben – der Rucksack natürlich.

3. 6.

Abends: Habe soeben Deinen Brief vom 17. 5. bekommen, Otto – von Gretl hab ich den vom 18. – und beginne sofort mit der Antwort, fertig werd ich zwar eh nicht heute. Also der Reihe nach:

Fredl hab ich seit dem 18. nicht mehr gesehen, noch etwas von ihm gehört. Er ist – wohl hauptsächlich durch die letzte Zeit in Österreich *[wo er eine längere Strafe wegen kommunistischer Betätigung zu verbüßen hatte]* – geistig verwahrlost, er hat nicht die Kraft, sich eine Linie zu geben, und anscheinend niemanden zum Anlehnen.

Er hat mir später gesagt, er ist zuerst erschrocken, wie er mich hier gesehen hat, weil er sich genierte, daß ich ihn so vorfinde. Dann hatte er große Freude, er hoffte, durch mich die moralische Stütze zu bekommen, die einen politischen Soldaten von einem Soldaten unterscheidet.

Er ist jetzt – fürchte ich – in der entscheidendsten Entwicklungsperiode seines Lebens. Er kann Lumpenintelligenzler oder Kämpfer werden. Mir tut leid, daß er weg ist von mir. Schreib natürlich nichts darüber seiner Schwester.

Wegen Packerl: Bevor nicht die erste Bestätigung von der Ankunft eines Paketes bei Euch ist, schickt nichts. Denn ich muß erst das Funktionieren der Paketpost ausprobieren, über die es widersprechende Gerüchte gibt. Dann werd ich auch eine Wunschliste schreiben.

So, jetzt der übliche Tatsachenbericht: Wir sind noch immer da, wo wir waren, als ich am 31. 5. schrieb, exerzieren ziemlich fleißig weiter, nur mit dem zur Front rauskommen scheint's sich nach den letzten Gerüchten noch sehr zu ziehen. Es ist ja durchaus beruhigend, daß die draußen uns so gar nicht dringend brauchen, aber wenn man's genau nimmt, sind wir weder hergekommen, um ewige Rekruten, noch um Etappenschweine zu werden.

Naja, auf jeden Fall hab ich neulich auf 200 m ein ganz fabelhaftes Schießresultat gehabt – normale Entfernung für Scheibenschießen ist 100 m – und bin eine Zeitlang sehr stolz.

Grad hab ich eine kurze Pause wegen Sonnenuntergang gemacht. Ich sitze wieder auf meinem Kirchturm oben und da kann man alle 5 Minuten genießen, wie schön Katalanien ist.

Jetzt mach ich Schluß für heute, denn ich möcht noch gern Zähneputzen vor'm Appell, nachher geht's nicht mehr. Und dann wird's hier oben auch ein bisserl kalt. Übrigens, in letzter Zeit war's gar nicht so arg mit dem Schwitzen, in Wien kann's um diese Zeit leicht auch so heiß sein. Fein. Also gute Nacht!

Inzwischen (jetzt ist der 4. 6. Vormittag) hat sich viel ereignet. In der Nacht hätten wir wegfahren sollen, d. h., wir fuhren weg – wir im engeren Sinn auf dem letzten Camion. Und wenige Kilometer nach unserem netten Ort standen wir schon, unser Wagen war hin und die anderen fort. So marschierten wir zurück und haben noch einmal gründlich in unserer Kirche geschlafen. Dann haben wir drei – Poldi, Gustl und ich – uns ein wunderbares Essen »organisiert« und jetzt machen wir Lese- und Schreibstunde auf dem Turm in der Sonne. Wir bleiben so lange hier, bis wir einen Camion auftreiben können.

Zum Begriff »organisieren« noch einiges: Das heißt, sich für Geld oder Zigaretten Lebensmittel verschaffen und ist eine Hauptbeschäftigung aller in der Freizeit. Wir haben uns hier ein Kräzl Frauen aufgerissen, mit denen wir auch viel tratschen und politisieren. Sie haben uns schon sehr gern, wollen nie etwas bezahlt nehmen, und winken uns von der Ferne schon zu.

Neulich haben wir erfahren, daß drei von ihnen Flüchtlinge aus Lerida sind. Wir haben ihnen daraufhin 100 Peseten überreicht und sie haben uns beiliegenden Brief und rührende Worte und außerdem jedem von uns ein Sacktuch geschenkt. *[Dieser Brief ist ebensowenig wie andere später erwähnte Beilagen erhalten geblieben.]* Der Brief wurde in der Politstunde verlesen und wir sind sehr stolz auf ihn.

Sonst habe ich noch gestern meine Goiserer notdürftig nachnageln lassen und hoffe, sie noch ein paar Monate am Leben erhalten zu können. Denn Schuhe für meine Füße gibts da gar nicht. Ich schone sie daher auch nach Kräften und renne die ganze Zeit in Zapaten – so eine Art Kletterpatschen, sehr praktisch – herum.

Wir haben hier grad die Spanien-Sondernummer der Rundschau und ich habe daraufhin meinen Vorsatz, spanisch zu lernen, wieder einmal ernst gefaßt. Frech genug zum Reden bin ich schon, jetzt müßt ich nur noch richtig reden können.

Ich habe heute wieder einmal eine große allgemeine Freude, schön ist's hier, landschaftlich und auch in Arbeitsbeziehung. Ich möchte gerne was leisten und sehe unsere Zukunft – auf größere Perspektive – rosig. Wann werden wir drei uns wiedersehen und unter welchen Umständen?

P. S. Endlich hat uns der Camion abgeholt und wir sind jetzt (7. 6. Vormittag) in unserem neuen Quartier angekommen. Es ist am Meer, leider aber nicht so nahe, daß man baden kann, und recht in der Nähe von unserem Meerquartier. Schlafen tun wir wieder in einer Kirche.

10.6.

Mittag: Ich warte jeden Tag auf einen von den vielen angekündigten Briefen von Euch. Wenn einmal eine zeitlang von mir keine Post kommt, dürft Ihr ja nicht besorgt sein. Wenn wir an die Front kommen (fast glaub ich schon nicht mehr daran), können leicht längere Pausen und häufig Zeiten kommen, in denen man nix aufgeben kann.

Ich sitz selbstverständlich wieder auf unserem Kirchturm, das Meer ist blau bis blaugrau, die Weinberge sehr schön regelmäßig bewachsen, im Hintergrund kleine Felsberge mit roten Gesteinsschichten, und unten nur die braungrauen Schindeldächer unregelmäßig und in ganz ungleicher Höhe von unserem Dorf. Und gerade bin ich sehr erschrocken, weil neben mir die Glocke überaus vernehmlich ½ 2 Uhr geschlagen hat. Übrigens die erste Kirchenuhr, die ich hier schlagen hörte.

Also zuerst wieder einen kurzen Bericht:

Von unserer umständlichen letzten Übersiedlung – wenn's nur die letzte vor der Front wäre! – hab ich schon geschrieben. Noch am gleichen Tag hatten wir eine wunderschöne Pfingstfeier. Das war so:

Fünf Mann mußten mit einem Camion Stroh holen fahren, Poldi und ich waren dabei. Erstens ist das Autofahren auf einem leeren Lastauto schon allein ein Vergnügen, dann hielten wir in zwei Provinzstädten hier, wir konnten sie uns anschauen und bißerl einkaufen, auch mit den Leuten reden.

Wir mußten nämlich sehr weit fahren, da hier in der Nähe kein Getreide angebaut wird, fast nur Wein und Haselnüsse. Außerdem war das Strohaufladen eine recht feine Arbeit. Wir konnten uns nachher bei einem Brunnen mit echtem Wiener Hochquellenwasser waschen und bekamen Kirschen, von denen man sich gar keine Vorstellung machen kann. Groß und ein Aroma, das zu gut ist, um es mit irgend etwas vergleichen zu können. Ja, und dann tranken wir in einer der Städte in einem richtigen Kaffeehaus an einer richtigen Theke richtige Milch. Ein seltener Genuß.

Schön und reich ist dieses Katalanien. Wenn man durch das Land fährt, die Leute spricht, an die vielen Möglichkeiten denkt, die das Land ihnen bietet, dann bekommt man erst das richtige Bewußtsein, was Faschismus ist. Dann kann man einen solchen Zorn bekommen, daß man sich über sich selber wundert.

Diese Augenblicke und die, wo wir mit Kindern spielen – es gibt hier sehr viele mit Augen von Halbwüchsigen, schön und groß – und ich an ihre Zukunft denke, sind die, in denen ich Vorsätze fasse, mich durch gar nichts beirren zu lassen und das zu tun, was das Land und die Kinder brauchen, solange ich etwas tun kann und es für mich hier etwas zu tun gibt.

Vom 8. abends bis 9. abends hatten wir dann Wache. Das klingt furchtbar anstrengend, es besteht aber aus vier Stunden Postenstehen und sonst Freizeit. Wir haben letztere auch genügend ausgenützt, natürlich in erster Linie zum Essen-Organisieren. Herrliche Kartoffel und grünen Salat mit Fischen, no, was soll ich lange erzählen. Ich schreib ja eh schon von nichts mehr als vom Essen und darin spiegelt sich unsere Einstellung wider. Auf jeden Fall war's ein schöner Tag.

Und heute sind wir dabei, einen Kulturabend hier im Ort für Sonntag für die Kinder zu organisieren. Das Haus wird hergerichtet und ich studiere eine Pantomime ein, Ihr seht, ich komm von meinem Beruf nicht los. Denkt Euch, Poldi spielt dabei eine Bäuerin. Ihm ist's gar nicht recht und ich glaub sogar, er ist deswegen ein bißerl bös auf mich.

Ja, sogar politisch haben wir wieder einmal einen Anlauf genommen. Wir organisieren Aktivistengruppen in jeder Sektion, die für die politische Ausgestaltung unserer Politstunde, für Kritik etc. da sind und von denen wir erhoffen, daß sie unsere Passivität und das stoische Hinnehmen von Schwächen abschwächen werden.

Ich kann Euch gar nicht sagen, welches Gefühl ich hie und da habe, wenn ich daran denke, daß ich nun zwei Monate da bin und rein gar nichts getan habe als gefressen und Geld eingesteckt.

Noch dazu hat's jetzt grad 2 Uhr geläutet und ich bin ein bisserl schwerhörig geworden.

Hier im Ort sind recht viele Flüchtlinge – wie übrigens überall, nach einer Angabe der Spaniennummer der »Rundschau« gibts in Katalanien eine ¾ Million – meist aus Bilbao, darunter einen Buben, dem beide Füße dank totalitärer Kriegsführung fehlen. Wir haben gesammelt, um ihm Prothesen zu kaufen.

Auch sonst stehen wir mit den Kindern hier sehr gut, in der Küche gibt's immer welche, besonders beim Essen, und gestern beim Wachlokal war ein ganzer Trupp unser ständiger Gast.

Gretl, hast Du schon einmal konkret an unsere fernere Zukunft gedacht? Nach meinen Informationen dürfte mein Plan, nach Beendigung dieses Krieges illegal nach Österreich zu gehen, wenn's dann noch in dieser Form nötig ist – glaub eher ja –, undurchführbar sein, weil die österreichische Partei ihren illegalen Kader auf ganz, ganz wenig Leute einschränken will, und Emigrant sein will ich möglichst nicht. So gäb's nur eine Konsequenz: Noch besser spanisch lernen und mehr Kontakt mit der Bevölkerung. Tätest Du dann eventuell nachkommen? No, ist ja nur theoretisch gefragt.

Übrigens in punkto Kontakt in Spanien: Einige von uns bilden sich ein, sie kommen hier als Lehrer her und die Spanier sollen froh sein, daß sie endlich einmal einen gescheiten Lehrer bekommen, von dem sie täglich zwei Stunden Kommunismus lernen können. Ich hab hier ziemlich bald begriffen, daß wir hier alle, vom höchsten Funktionär an, frisch anfangen müssen zu lernen. Ja, die Spanier haben geringere Bildung, sie haben vielleicht weniger marxistische Schulung, aber sie waren imstande, als erste eine Volksfront zu schaffen, ihnen gelang es, in harten Kämpfen ihre Zwingherren zu besiegen, sie konnten sich von anarchistischen Anschauungen bis zur Führung eines zweijährigen modernen Krieges entwickeln – und wir bei all unserem Wissen haben es so weit gebracht, daß wir emigrieren mußten und die Spanier um eine zweite Heimat bitten müssen.

Schad, daß die Fenster im Kirchturm nicht ausgepolstert sind.

In unserer Sektion ist bald die Hälfte im Spital. Wenn das so weitergeht, sind wir, ohne an der Front gewesen zu sein, aufgerieben. No, brauchst keine Angst haben, ich glaub nicht, daß auch nur ein ernster Fall darunter ist.

Ja, denkt Euch, gleich neben unserem Ort ist ein recht großer Stausee, ein richtiger Salzkammergutsee, und wir dürfen nicht drin baden, weil sein Wasser als Trinkwasser für die beiden benachbarten Städte verwendet wird. Pech.

Und richtige Nadelwäldchen gibt's hier auch, die duften ganz nach unserem Ofen im Winter. Auch ein paar Feigenbäume sind hier. Ich versteh jetzt, warum die Feigenblätter zu ihrer Bedeutung gekommen sind, sie sind nämlich in dieser Gegend die einzigen, mit denen man etwas zudecken kann. Oliven, Mandeln etc. geben fast keinen Schatten.

Es ist jetzt zwar zu Mittag recht heiß – grad heut allerdings nicht –, aber es ist noch ganz gut auszuhalten und ich freue mich von Tag zu Tag, daß ich wieder ein Stückerl Sommer hinter mir habe ohne besonders zu schwitzen. Man erzählt nämlich Greuelmärchen von der spanischen Mittagshitze und ich stelle mir auch einen Marsch in voller Ausrüstung nicht sehr angenehm vor.

An Wien kann ich nicht gut denken. Hat es schon die Ernüchterung, die ich mir denke? Haben Lebensmittelpreise und x Verfügungen schon die Begeisterung der vielen Tante Hildas *[so hieß unsere Nazi-Tante]* abgewaschen? Möcht gern so einen kleinen Rundgang durch die Stadt machen können. Schickt mir möglichst viele Nachrichten darüber.

14. 6.

Abends: Hab gestern recht große Freude gehabt:

Erstens kam ein neuer – überaus alter – Brief von Dir, Gretl, der vom 14. 5. mit dem Bild. Du, das Bild hat mich sehr gefreut, ich hab's recht lang angeschaut und meine Gretl hat mir darauf mehr noch erzählt als im Brief.

Dann war ich Samstag und Sonntag Delegierter bei einer Aktivistenkonferenz unserer Brigade, Klass! No, ich werd Dir darüber noch ausführlich schreiben. Zuerst wie immer Tatsachenbericht:

Am 11. morgens fuhren wir aus unserem letzten Ort weg, ein kleines Stück landeinwärts, und sind seitdem wieder in einem Campo *[bei Falset]*, d. h., wir schlafen in Erdhütten. Meine ist übrigens recht mies, nicht wasserdicht und so niedrig, daß man nur auf dem Bauch hineinkriechen kann, aber ich hatte durch den Kongreß fast keine Zeit dafür und die anderen vergaßen, mir zu helfen. So wurde ich halt eine Nacht recht naß, seitdem hat's glücklicherweise nicht geregnet, und heute schlaf ich eh schon in Poldis Hütte, da Poldi einige hundert Meter von hier übersiedelt ist. Der Glückliche ist als einziger Österreicher in eine Caboschule eingeteilt worden. Cabo ist der Führer einer Esquader, das ist eine Sechsergruppe.

Aber von allem anderen später, jetzt les ich einmal Deinen Brief durch und laß mich dadurch inspirieren.

Du darfst nicht schreiben, daß Deine bessere Hälfte fort ist, wenn ich fort bin. Schau, Opfer bringen für eine Idee heißt ja nicht, traurig seine Pflicht erfüllen, die man theoretisch als richtig erkannt hat, sondern Opfer bringen für unsere Idee heißt: Ihr dienen, freudig Schwierigkeiten schlucken, kämpfen, und vor allem: Sich selbst in jeder Situation zum Durchhalten zwingen. Vergiß nicht, Gretl, wir beide kämpfen ja auch für unsere Zukunft. Aber es war sicher nur eine Augenblicksstimmung bei Dir und obiges unnötig.

Wegen Packerl noch einmal: Keins schicken, bitte, bevor ich nicht eines bestätigt habe. Mit dem Hunger ist's schon lang nicht mehr so arg, organisieren ist recht gut dagegen. Nur hab ich gestern wieder Durchfall gehabt, freilich ist er heute schon weg, weil ich nur sehr vorsichtig gegessen habe, aber man muß hier sehr auf seinen Magen acht geben und ich bin das nicht gewöhnt.

Hurra! Hab eben drei Postln bekommen: Deinen Brief vom 27. 5. und Ottos vom 28. 5. und seine Karte vom 3. 6. Ich halt mit der Post nun entschieden den Rekord und bin stolz darauf.

Essen kaufen ist hier recht kompliziert. In Geschäften ist meist alles auf Karten. Man muß das über persönlichen Kontakt mit der Bevölkerung machen. In mageren Zeiten macht uns die Essenfrage auch politisch zu schaffen, man sieht auch hier nicht nur beim Bauchweh, daß der Magen ein zentrales Organ ist. Na, wenigstens kennt man dadurch die Leute recht gut, und daß es hier viele Schwierigkeiten und manche Schwächen bei einzelnen Kameraden gibt, dürfte wohl niemanden verwundern.

Du, ganz beschämt muß ich gestehen, daß mein Tagebuch vorderhand noch nichts hat als Eselsohren. Ich glaub aber, daß ich's anfangen werd, wenn ich an die Front komme, und dann gehört's auf jeden Fall Dir.

Schießen tu ich hie und da schon recht gut, nur noch viel zu ungleichmäßig. Gleich heut hab ich Vormittag am LMG fein getroffen und Nachmittag mit dem Gewehr miserabel, war deswegen mindestens eine Stunde grantig mit mir.

Braun bin ich schon ziemlich, die Nase natürlich tiefrot und sich ununterbrochen schälend. Entspreche übrigens hierin dem Durchschnittsaussehen.

Das mit dem produktiven Arbeiten: Der Krieg ist nun leider einmal ein ziemlich unproduktives Geschäft, außerdem gibt es ein Sprichwort: Die Hälfte seines Lebens wartet der Soldat vergebens. Aber ich hoffe, daß ich trotzdem auch ein bisserl politischen und moralischen Einfluß auf meine Kameraden haben werde, wenn wir nur endlich schon zur Truppe eingeteilt werden und aus diesem halben Stadium herauskommen. Es kann ja jetzt jeden Tag kommen, es kann natürlich auch jeden Tag – nicht kommen. Und es ist schwer, tüchtige politische Arbeit zu leisten, wenn alle hoffen und wissen, bald in einer anderen Formation zu sein.

Ob ich mich moralisch weiter entwickeln werde: Ich bin überzeugt, daß die Spanienzeit mich verändern wird; in welcher Richtung, wage ich vorderhand nur zu hoffen.

Die Hitze ist vorderhand noch gar nicht arg, grad ein bis zwei Stunden zu Mittag. Und jetzt – um ½ 9 Uhr, also eigentlich ½ 7 Uhr – hab ich mir meinen Rock angezogen, weil's sonst zu kalt ist. In der Nacht kann man sogar frieren.

Jetzt war Appell und nun ist's dunkel. Kann den Brief doch erst morgen aufgeben.

Was macht denn Konrad jetzt? Ist er wirklich pumperlgesund oder ist der Klinikbefund mit Protektion entstanden? Kann man die Möglichkeit seines Herkommens nicht von Paris aus regeln? Laß ihn grüßen. Fridolin ist jetzt bei der Küche und dort recht verwandelt. Nehme mir die ganze Zeit vor, mit ihm zu reden, aber bis jetzt ist's nicht über Einleitungsgespräche hinausgekommen.

Jetzt erzähl ich noch geschwind was vom Kongreß: Die Aktivistenbewegung ist so eine Art Stachanowbewegung der Soldaten, von der ich mir viel verspreche. *[Stachanow hieß ein russischer Arbeiter, der wegen seiner großen Arbeitsleistung von der Propaganda als Beispiel herausgestellt wurde.]* Sehr fein war, daß viel mehr Spanier als Internationale dort waren, meist ganz junge Burschen, die sehr klass waren.

Einmal haben wir Dich auch leben lassen: Nach vielen Vivats sagte einer: Nun auch ein Vivat für unsere Frauen, die der Sache treu sind und uns treu sind, weil sie wissen, daß wir Kämpfer sind. Schön. Der allergrößte Beifall war, als ein Begrüßungstelegramm an die achte chinesische Armee beschlossen wurde. Überhaupt so viel Begeisterung, solcher Schwung! Ein Redner sagte: »Ich wünsche, daß Hitler und Mussolini dieser Konferenz beiwohnen könnten. Sie würden sehen, daß sie mit allen Tanks und Flugzeugen uns nicht besiegen können.« Und abends wurden wir dann alle ins Kino eingeladen: »Die letzte Nacht«, ein russischer Revolutionsfilm. Schau Dir ihn an, wenn Du kannst.

So Gretl, leb wohl! Besonders verabschieden brauchen wir uns ja nicht, denn unsere Briefe sind ja nur Gesprächsfetzen in einem Beisammensein, in dem die Pausen den Ausschlag geben.

15.6. In »aller Eile«: In einer halben Stunde ist nämlich Appell und ich möcht den Brief vorher aufgeben:

Dank Dir für Deine Post, Otto. Packel ist noch keines gekommen, aber eben hat ein Kamerad das erste bekommen, meine Hoffnung ist also gestiegen.

Trude *[unsere Cousine, die Nazi war]* soll nur ins Altreich. Lang wird selbst sie es nicht unter den Schnauzern aushalten und wird als perfekte Österreicherin zurückkommen. Hab überhaupt diesbezüglich zwar spärliche, aber recht gute Nachrichten von der Heimat.

Kurt hab ich noch immer nicht gesehen. In der Nacht ist es zu kalt und bei Tag zu heiß zum Schreiben.

19. 6.

Mittag: Zuerst der Tatsachenbericht:

Eigentlich gibt's da gar nichts. Wir sind noch immer im Campo, unsere Ausbildung geht noch immer weiter. Nur die Hitze hat ganz gewaltig zugenommen. Heut ist's ausnahmsweise ein bisserl besser. Aber gestern war ich wie eine tote Fliege, ich war sogar zu faul, baden zu gehen. Wir haben nämlich in der Nähe eine ganz klasse Schwimmgelegenheit entdeckt, nicht einmal übermäßig dreckig, und ich war in den letzten drei Tagen fünfmal drinnen. Weißt, solang man in Bewegung ist, ist die Hitze nicht so arg, aber wenn man sich einmal hinlegt, dann ist's aus. Ich tröst mich nur damit, daß ja bald die Tage kürzer werden. Einen Hitzeausschlag hab ich auch schon, so kleine Wimmerln, aber deswegen brauchst Du Dich nicht zu ängstigen, Gretl.

Ja, noch eine Neuigkeit: Vorgestern tauchte plötzlich Fridolin auf, gepflegt und gut aussehend. Er ist aber erst hierher zur Truppe versetzt worden und ist jetzt im Feberbataillon *[das österreichische Bataillon in der 11. Brigade hat sich den Namen »12. Feber-Bataillon« in Erinnerung an die Kämpfe gegen die Diktatur in Österreich im Jahr 1934 gegeben]*, es ist möglich, daß ich zu ihm komme, wenn wir zur Truppe eingeteilt werden. Näher gesprochen haben wir uns noch nicht, ich glaub aber, daß wir uns heute noch sehen werden, da die einjährige Bestehensfeier des Feberbataillons ist und wir hingehen wollen.

Inzwischen bin ich eingeschlafen und hab mich jetzt rasieren lassen. Eben wird beraten, ob wir gleich zum Feberbataillon gehen sollen, oder erst später; no, und die Zeit benütz ich noch zum Wachstum des Briefes.

Unser größter Kummer ist hier, daß wir in dieser für Spanien so schweren Zeit nicht eingesetzt werden. Wir können doch schon einiges und richtig lernen wird man ja doch am besten in der Praxis. Wir haben doch – zumindestens größtenteils – den besten Willen und wir fühlen uns als Schmarotzer, hier nur zu fressen und Geld einzustreifen, während Spanien wieder vor einer Situation steht, die so ernst ist wie im November 1936 *[als Francos Truppen in Vororte von Madrid eingedrungen waren]*.

Ja, da fällt mir gerade ein: Fridolin hat erzählt, er habe gehört, daß Kurt mit einem Oberschenkelschuß im Spital liegt. Den müßte er allerdings spätestens Anfang April bekommen haben, da nachher keine Gelegenheit dazu bestand. Ich nehme freilich solche Gerüchte mit Vorsicht auf. Es wimmelt hier von Gerüchten, und ich habe zum Beispiel schon zwei Bekannte begrüßt, von denen vorher mit Bestimmtheit behauptet wurde, sie seien gefallen.

46

Dies auch Euch zur Warnung. Fallt nicht eventuellen Gerüchten hinein.

Poldi seh ich jetzt seltener, da sie in der Caboschule viel zu tun haben. Übrigens, die Caboschule bedeutet nicht, daß sie gleich Cabos werden; erst wenn sie sich an der Front bewähren. Ich wär natürlich auch gern dazu ausgewählt worden, aber wenn nur 12 von der ganzen Kompanie bestimmt werden – und dabei muß doch wegen eventueller Eifersucht auch auf die Proportion in der Nationalität gesehen werden, und zwei sind auch mehr mit Protektion durchgerutscht –, muß man Glück haben, und ich bin froh, daß ich deswegen auf Poldi nicht eifersüchtig bin. Der Grund, weswegen ich gern hinwollte: Man lernt dort viel intensiver und ich wäre dort vielleicht das eklige Gefühl, ein Nichtstuer zu sein, losgeworden.

Zwei sehr nette deutsche Kameraden sind auch dort, zufällig dieselben, die mit Poldi und mir gefahren sind. Freilich gibt's da noch viele, die einfach sympathisch sind, aber mit den beiden – und vielleicht noch mit einem oder dem anderen – hab ich hier den meisten Kontakt. Augenblicklich hab ich freilich noch mehr Kontakt mit den vielen Fliegen. Wenn man die Unannehmlichkeiten des sommerlichen Spanien zusammenfassen will, kann man sagen: Es ist heiß, hat viele Fliegen und sticht überall. Die meisten Pflanzen haben gemeinerweise Stacheln und da ich immer mit meinen Alpagaten herumrenn, um meine geliebten Goiserer für die Front zu schonen, schauen meine »Fußi« danach aus.

Eben rät mir Poldi dringend, mit ihm baden zu gehen, und so einen guten Rat muß man doch befolgen? Ich seh schon, ich werd heut mit diesem Brief nicht fertig. – O je, das Wasser ist leider schon so dreckig, daß ich mich gar nicht mehr getraut habe, mit dem Kopf unterzutauchen. No freilich, das Bad hat keinen Abfluß und wird verständlicherweise stark frequentiert.

Ja, noch etwas Trauriges: Am Donnerstag soll hier eine Sonnwendfeier sein, solche sind in Skandinavien üblich und da wir in der Mehrzahl Skandinavier haben, ist es selbstverständlich, daß wir das Fest feiern. Das Traurige daran ist nur, daß man mich als Verantwortlichen dafür gewählt hat, und ich weiß jetzt mit dem ganzen nichts anzufangen. Ich habe nur die stille Hoffnung, daß wir bis dahin schon aufgeteilt sind. Seit ich nämlich die Pantomime inszeniert habe – zu deren Aufführung es ja auch nicht kam –, gelt ich als Spezialist in diesem Fach, und diesmal bin ich noch dazu für den musikalischen Teil verantwortlich. Na prost! Aber zieren wollt ich mich nicht und so laß ich halt den Donnerstag mit schlechtem Gewissen an mich herankommen.

So schlecht schreibe ich, weil ich in der Hütte liegend schreib – damit keine falschen Schlüsse gezogen werden.

Ich schau grad meinen lieben Silberblei *[offenbar ein Geschenk von Direktor Beer]* an und muß an Beer denken und wie er mich, nachdem ich gesessen bin, genau gefragt hat, wie's drinnen ist, und dann gesagt hat, wenn der Hitler kommt, kommt er selbst auch hinein, und wenn's nicht ärger ist, ist's ja recht schön. Es war aber ärger. Und mir tut's immer weh, wenn ich denke, was aus dem Mann hätte werden können, und wie er endete.

Von Konrad tät ich auch gern was hören. Warum schreibt er denn nicht? Jetzt werdet Ihr ja wahrscheinlich keine richtige Verbindung mehr mit ihm haben. Ich laß ihn auf jeden Fall recht schön grüßen.

[Jahre später wäre ich Konrad beinahe noch einmal begegnet: Als ich im August 1942 als Häftling nach Auschwitz kam und dort die Möglichkeit hatte, die Häftlingskartei durchzusehen, entnahm ich ihr, daß auch Konrad aus Frankreich dorthin deportiert worden war. Er mußte in dem Außenlager Jawischowitz in einer Kohlengrube arbeiten. Mir war die hohe Sterblichkeit in diesem Kommando bekannt. Daher bemühte ich mich, eine Verlegung von Konrad ins Stammlager zu erreichen, wo eher eine Möglichkeit bestand, ihm – der den Judenstern zu tragen hatte und dem daher die schlimmsten Lebensbedingungen in diesem Vernichtungslager beschieden waren – zu helfen. Dank meiner Stellung als Häftlingsschreiber des SS-Standortarztes fand ich eine Möglichkeit. Ich bat einen polnischen Freund, der in dem Häftlingskrankenbau beschäftigt war, mir zu sagen, sobald Konrad dorthin überstellt wird; denn nur durch eine Aufnahme in diesen Krankenbau konnte ich seine Verlegung von dem Außenkommando ins Stammlager erreichen. Der Pole vergaß leider, mich zu informieren. Später habe ich erfahren, daß Konrad in den Krankenbau überstellt worden war, aber natürlich keine Ahnung hatte, wieso es dazu gekommen war, und einen Weg suchte, so schnell als möglich wieder nach Jawischowitz zurückzukommen; denn nur zu oft wurden kranke Juden als arbeitsunfähig mit Giftinjektionen ins Herz getötet. Noch einmal konnte ich eine Überstellung nicht erreichen. Und bald mußte ich erfahren, daß die Karteikarte von Konrad auf dem Karteitisch eingeordnet worden war, wo die Toten gesammelt wurden.]

24. 6.

Mittags: Hab wieder je einen Brief von Euch beiden bekommen, von Dir, Gretl, den vom 12. 6. und von Otto den vom 13. Ihr seht also, die Postverbindung klappt jetzt anscheinend.

Zuerst: 15 Mann sind wir am 21. zur Transmission *[Nachrichtenabteilung]* eingeteilt worden, davon 6 Österreicher. Bis jetzt gefällt es mir hier sehr gut, was Ton, Kameradschaft, politisches Niveau, Arbeitsart etc. betrifft. Wenn alles in Erfüllung geht, was die ersten Tage versprechen, wird's allerhand.

Nun, Gretl, wegen einer Übersiedlung nach Australien *[wohin ihre Wiener Chefin Stella fahren und sie dorthin mitnehmen will]*: Mir ist das Wichtigste, daß Du kein »Emigrantenleben« hast, sondern richtige Arbeit, die Dich freut; das Zweitwichtigste, daß ich Dich in Reichweite habe. Du schreibst, ich soll alle Möglichkeiten durchgehen.

Nun, ich kann mir eigentlich keine vorstellen, die es mir gestatten würde, nach Australien zu fahren. Ich will doch mein ganzes Leben an ein Ziel verwenden und ich sehe dort unten keine Verwendungsmöglichkeit. An Deine merkwürdige Idee, daß ich dort als Krüppel nichts tue, als mich von Dir pflegen zu lassen, will ich gar nicht denken. So weit ich es jetzt beurteilen kann: Ich werde auf die Dauer immer versuchen, zu arbeiten, und zwar in meinem Fach, und so verwundet kann man gar nicht werden, daß das nicht möglich ist.

Ich hab mir meine Zukunft entweder in Österreich oder in Spanien vorgestellt, ganz abgesehen davon, daß man sich da absolut gar nichts vorstellen kann. Wenn Du in Europa keine Gelegenheit hast zu arbeiten, daß Du sowohl gut verdienst und es Dich auch freut, kann ich Dir nicht abraten, wegzufahren. Aber gern möcht ich's nicht.

Hier wirst Du Dich – fürcht ich – entscheiden müssen, ob Du Dein Leben lieber für Dich oder mit mir leben willst. Ich weiß, daß Dir diese Entscheidung schwerfallen wird, da Du stolz und selbständig bist – und mich gern hast. Mußt Dich aber doch durchringen, falls sich nicht Stella inzwischen zu etwas Gescheiterem durchgerungen hat.

Jessas – wenn die Fliegen nicht wären und 10 Grad kühler, Spanien wär so schön!

Daß Du so detailliert vom Essen schreibst, halt ich für eine Provokation. Wir haben zwar hier einen viel besseren Koch als im Instruktionsbataillon, außerdem kommen schon zahlreiche Packerln, aber trotzdem soll man nicht so von sieben Gängen reden; und diese noch dazu aufzählen. Pfui!

Trinkst auch schon Wein? Ich trink schon fast jeden Tag ein Schlukkerl – aber nicht einmal eine ganze Portion –, und was das Erschreckendste dabei ist, es gibt schon einen dicken, süßen, der mir gut schmeckt. Na, vorläufig brauchst noch keine Angst haben.

Du, Otto, sei nicht geizig mit Österreich-Nachrichten. Sie interessieren mich naturgemäß ganz besonders und ich werde auch immer gierig gefragt, ob ich nichts Neues vom »Land« erfahren hab; Stimmungsverhältnisse, Persönliches, alles.

Fredl habe ich jetzt wieder ein paar Tage nicht gesehen. Ich hab ja schon geschrieben, daß er seit einer Woche hier im Campo ist und bei der Infanterie? Es ist eine halbe Stunde zu ihm und jeden Abend gab's bis jetzt was zu tun. Wenn ich ihn seh, werd ich ihn drängen, sofort seiner Schwester zu schreiben. Ich lasse sie übrigens sehr herzlich grüßen und verspreche ihr, soweit es in einem Krieg möglich ist, mit ihm in Kontakt zu bleiben. Ich will ihm solange Freund bleiben, so lange es möglich ist.

Von der Neueinteilung Österreichs habe ich hier eine Randbemerkung gelesen, und ich glaube auch, daß jetzt wohl jedem Menschen klar sein muß, wie richtig und wie wichtig die Stellung der nationalen Frage in Österreich war. *[Am 31. Mai wurden die österreichischen Bundesländer in Gaue umbenannt und mehrere Grenzen verändert.]* Ich glaub, daß in dieser Richtung die Arbeit in Österreich augenblicklich leicht sein muß – ich schreibe überhaupt der illegalen Arbeit in Österreich eine sehr große internationale Bedeutung zu, bin stolz, von dieser Partei erzogen worden zu sein, und hoffe, noch viel in ihr arbeiten zu können.

Zeitungen habe ich spanische täglich, Pariser Zeitungen fallweise, »Rundschau« oft, hie und da »Rote Front« und »Volkszeitung«. K. I. *[»Kommunistische Internationale«]* gibt's auch, die neue Nummer von »Weg und Ziel« soll auch schon aufgetaucht sein. Man kommt leider schwer zum Lesen längerer Artikel.

Ich freue mich, daß Du, Otto, mit solcher Freude Parteimaterial liest. Freilich, man kommt dann in ein Stadium, wo man wie ein Stausee ist, der nach einem Abfluß drängt. Man fühlt sich reifer und klarer und es tut einem förmlich körperlich weh, wenn man sein neues Wissen nicht verwerten kann.

Bei uns zu Hause ist alles konfisziert? Habe daraus erst gesehen, wie sehr ich noch an Wohnung, Kleidern etc. hänge. Habe mich darüber geärgert. Schreib mir endlich ganz genau darüber und schau, daß Du alles bekommst, was noch zu retten ist. In Frankreich ist's sicherer.

So, jetzt ist noch Platz für ein bisserl Tratsch:

Ich sitz hier in einem ganz wunderschönen Kulturhaus an einem richtigen Tisch, als Bänke gelten Sandsäcke, es gibt sogar eine elektrische Lampe, das Ganze hat ein Fenster mit roten Vorhängen und Blumen am Fensterbrett. Ich hab mich sehr gefreut, so viel Liebe verarbeitet zu sehen.

Überhaupt scheinen hier recht nette Kameraden zu sein. Es gibt nur

Deutschsprachige und Spanier, letztere leicht in der Überzahl und überwiegend ganz, ganz jung. Mit einem hab ich schon die ersten Anfreundungsversuche gemacht, später wird's ja noch leichter, denn augenblicklich werden wir 15 Neulinge miteinander ausgebildet – Morsen kann ich schon fast gut! –, dann werden wir aufgeteilt und kommen sicher auch in der Arbeit mit Spaniern zusammen.

Du, ich muß jetzt Schluß machen, denn um 3 Uhr ist antreten.

28. 6.

Gestern hab ich Deinen Brief vom 19. 6. bekommen, Otto, und mich sehr gefreut. Ich antwort Dir gleich und zwar mit Tinte, damit Du siehst, daß unser »Casa de cultura« auch auf mich abfärbt. Weiß zwar nicht, ob ich's durchhalten werd, denn ich schreib mit fremder Feder schlecht, und dann kommt vielleicht ihr Besitzer zurück.

Lesen tu ich jetzt auch viel. Hier im »Casa de cultura« gibt's eine Bibliothek. Einige feine politische Bücher – da hab ich noch gar nichts begonnen – und viele Broschüren. Hab eben einige alte Nummern der »Weltbühne« durchgeschaut.

Beiliegend wieder ein Flugblatt, diesmal katalanisch.

Fridolin hab ich Sonntag wieder gesprochen. Er wird Dir selber schreiben, sagt übrigens, daß er in letzter Zeit seiner Schwester regelmäßig geschrieben hat.

Ich wundere mich selber, daß ich von Kurt nichts Gescheites erfahren kann. Weiß nicht einmal, bei welchem Bataillon er war.

Von der isländischen KP dürfte man wohl deshalb nichts hören, weil es sich ja um ein idyllisches, ziemlich soziales Land handelt, wo keine großen Aktionen stattfinden. Eine Episode: Es soll auf ganz Island zwei Polizisten geben. Einmal gab es nun einen politischen Zusammenstoß, wobei die beiden sauber draufzahlten. Die bürgerliche Zeitung schrieb darauf, daß die Polizei reorganisiert werde und daß das wahrscheinlich ein halbes Jahr dauern würde. Mit dem Isländer unterhielt ich mich englisch. Er ist übrigens jetzt mit Poldi auf der Cabo-schule und ich seh ihn daher selten.

Hier hab ich in den letzten Tagen recht viel gelernt, morsen etc., und ich hab glücklicherweise nicht mehr dieses ekelhafte Gefühl, Zeit zu verlieren. Es gefällt mir nach wie vor in unserer Transmission-Kompanie sehr gut, Ton und Arbeit. Sonntag sind wir im Zug einer Reorganisierung aufgeteilt worden auf die einzelnen Abteilungen, Miron und ich sind dank der letzten Lernergebnisse zur Gruppe technico gekommen, ich bin bisserl stolz gewesen. Nicki *[ein Wiener Genosse, den Gretl kannte]* ist auch dort – im ganzen sind wir ein schwaches Dutzend. – Übrigens, gruppo technico hat nichts mit basteln zu tun – Gott sei Dank –, sondern ist Spezialdienst in Verständigung mit besonderen Apparaten. *[Mit Spiegeln übten wir mit Hilfe des Morse-Alphabets die Übermittlung von Nachrichten auf größere Distanz.]*

Ich hab eben das »Casa de cultura« so gelobt, nehme aber alles zurück, denn es gibt hier massenhaft Fliegen, die ungeheuer frech sind. Sie sind so frech, daß man sie einzeln vom Brot herunterjagen muß, wenn man abbeißen will, sonst hat man belegte Brötchen.

Tantes Stimmungsbild *[nicht mit der »Nazi-Tante« zu verwechseln]* aus Wien und die angegebenen Preise haben hier größtes Aufsehen erregt. Wir alle sind sehr begierig auf die kleinste Nachricht vom »Land«. Schreib jede Kleinigkeit, die Du erfahren kannst.

Auch über Frankreich schreib, die Verhältnisse dort dürften ja recht labil sein. Man kann hier leider keinen richtigen Überblick darüber bekommen, zumal wir nicht jede Nummer der »Rundschau« erhalten.

Gretl, ich glaub, ich hab Dir im letzten Brief bisserl brüsk und oberflächlich bezüglich der Australienfrage geschrieben. Ich möchte nun ergänzen: Du, ich bin nicht dazu bereit, auf mein Leben – das ist mein Parteileben und eine systematische Arbeit, die meines Erachtens nach zum wirklichen Leben unbedingt nötig ist – zu verzichten, um Deine Gegenwart in Australien zu haben. Du bist mir sehr viel, ich weiß es erst jetzt und Du weißt es wahrscheinlich noch gar nicht, aber das meiste und wichtigste ist mein Lebensziel. Ich glaub, Du weißt es und würdest es gar nicht anders haben wollen.

Ich habe selbstverständlich von Dir keine umgekehrte Reihenfolge zu fordern. Wir haben uns ja auch schon darüber unterhalten, daß es in Gefühlssachen gar kein »Recht« gibt. Daß ich Dich sehr ungern so nach Australien fahren sähe, soll Dich nicht aufhalten. Für Dein Leben bist Du, nur Du verantwortlich, das aber voll und ganz, und Du mußt Dir klar den Teil wählen, der Dich glücklicher machen kann. Dabei darf ich Dir nicht raten.

Der Absatz ist wieder ziemlich kaltschnäuzig ausgefallen. Vielleicht ist das der Ausfluß meiner Absicht, Deine Entscheidung ja nicht zu beeinflussen.

Du fragst mich um meine Einstellung zur politischen Perspektive: Ich bin ganz Deiner Ansicht, daß die allernächste Zeit – ich denke ungefähr an ein gutes Jahr – große Entscheidungen bringen muß.

Erstens steigert sich die außenpolitische Dynamik der faschistischen Staaten im Tempo stark. Knapp nach dem 11. März *[dem Tag der Annexion Österreichs]* mußte Hitler schon wieder die letzte Maiwoche in der ČSR riskieren, was er sicher nicht gerne tat. Ein Stehenbleiben gibts für ihn nicht mehr – kann es noch lange ein friedliches Vorwärts geben?

[Es kam damals zu Mobilmachungen angesichts der Drohungen Hitlers gegen die Tschechoslowakei und zu Erklärungen von Frankreich, England und der Sowjetunion, im Fall eines Angriffs der Tschechoslowakei beizustehen.]

Zweitens die Weltwirtschaftskrise, die außer Amerika erst einige Staaten erfaßt hat, sie wird durch die gewaltsame Rüstungskonjunktur aufgehalten, muß weitergreifen und auch Deutschland erfassen. Es ist zwar abgekapselt, aber die Konkurrenz wird sich unangenehm bemerkbar machen. Außerdem bildet sich innerhalb der deutschen Wirtschaft eine eigene Krise heran durch die endlosen Schuldenaufnahmen und deren unproduktive Verwendung. Diese Situation kann zum Krieg führen oder zum Zusammenbruch. Führt sie zu letzterem, dann fällt die Riesenaufrüstung der anderen Staaten weg, was dann wieder krisenverschärfend wirkt.

Drittens: Der chinesische und spanische Krieg wirken unbedingt krisenbeschleunigend. China wird meiner festen Überzeugung nach der faschistischen Internationale den ersten Stoß versetzen. Nach einem Jahr Krieg ohne Erfolg kann Japan nicht durchhalten, ein Enderfolg ist aber meiner Ansicht nach vollkommen ausgeschlossen. *[Damals kämpften die Truppen Tschiang Kai-scheks, der an der Spitze der Regierung stand, gemeinsam mit Partisanenarmeen unter Führung von Mao Tse-tung gegen die japanische Invasoren.]* Und Spanien kann nicht weiter lange unentschieden kämpfen. Jeder Ausgang hier wäre kriegsfördernd oder mit dem Zusammenbruch des Faschismus gleichbedeutend. Übrigens, wenn man das Land und die Leute hier kennt, so weiß man unbedingt, daß es hier kein Ende des Bürgerkriegs geben kann, bevor nicht ein siegreiches da ist. Schlimmstenfalls können sich die Kriegsformen ändern.

Ein Beispiel für den Geist hier: Unsere Brigade hat nach dem Fall von Castellón *[eine Stadt an der Mittelmeerküste, die Franco nach schweren Kämpfen am 14. Juni erobern konnte]* ein Telegramm an Negrín *[den spanischen Ministerpräsidenten]* gerichtet, worin sie um ihren Einsatz bittet. Bis heute sind wir aber noch hinten. Man ist ruhig und kühl geblieben, keine Spur einer Panik.

28. 6.

Abends: Habe jetzt eben wieder zwei Briefe von Dir bekommen, Otto, ich bin sehr froh darüber.

Hab jetzt wenigstens eine teilweise Nachricht von der Beziehung der SA – oder war's die Polizei? – zu unserer Wiener Wohnung, wiederhol aber doch die Bitte, mir nochmals alles genau zu schreiben.

Wegen Fridolin: Das ist schwer zu erklären. Er ist ein völlig anderer, er gibt vor, überhaupt keinen Ehrgeiz und kein Ehrgefühl zu haben und seine jugendliche Vergangenheit zu bereuen. Sein Ideal sei angeblich: Zurückgezogener Bauer zu sein. Dabei hat er doch vom Krieg relativ recht, recht wenig gesehen. Seine Entwicklung muß schon in den letzten Jahren in Österreich in dieser Richtung angefangen haben und ich bin fest davon überzeugt, daß sie bis heute nicht abgeschlossen ist. Davon zeugt auch, daß er nicht abgeneigt ist, mit mir über diese Probleme zu sprechen, obwohl ich ihn durchaus nicht schone. Ich werd mich jedenfalls so viel als möglich um ihn kümmern.

Daß Du jetzt auch noch über fabelhaftes Essen schreibst und noch dazu die Gänge aufzählst, halt ich für gelinden Sadismus. Nicht, daß man hier zu wenig bekommt, im Gegenteil, jetzt mehr; aber notgedrungen ist die Kost einförmig und das Aufzählen von Mehlspeisen ist ein beliebtes Gesprächsthema. Eben muß ich auf telefonische Nachricht zum Instruktionsbataillon, weil zwei Pakete angekommen sind. Hurra!

29. 6. Jetzt sind aber wirklich nur die Pakete schuld, daß der Brief erst heute abgeht. Ich hab sie nur noch gestern abends vom Instruktionsbataillon abgeholt. Ich hab mich sehr über die Pakete gefreut; erstens überhaupt, und dann auch, daß ich volles Vertrauen zur Post haben kann. Herzlich lachen haben wir nur alle müssen, daß Du nach Spanien Haselnüsse und Mandeln schickst, Otto! Wir sind ganz begeistert von all dem Essen und machen heute abend in intimem österreichischen Rahmen ein Festessen. Freu mich schon sehr darauf!

Wenn Ihr mir wieder Pakete schicken wollt, bitte nichts, was nicht zu essen ist, außer eventuell eine gute, harte Zahnbürste samt wenig empfindlichem Futteral und eine recht gute Zahnpasta. Die hiesigen genießen nämlich nicht mein Vertrauen. Ansonsten bevorzuge ich Süßes. Kondensmilch und Schoko sind ideal. Aber, Gretl, nicht zu teuer, sonst schick ich das Ganze bestimmt zurück!

1.7.

Mittags: No, wehe dem, der auch nur den leisesten Tadel über die Post äußert. Vorgestern kam Dein Brief, Otto, vom 22.6., also in einer Rekordzeit, und heute Dein Brief, Gretl, vom 18.6.

Zuerst wieder kurzen Tatsachenbericht:

Gestern war der Duschwagen hier, ein seltener Genuß, unter einer warmen Dusche zu stehen. Dann hätte ein 24stündiges Manöver sein sollen, wurde aber im allerletzten Augenblick abgesagt, daher das Gerücht, daß es an die Front geht. Dieses bestätigt sich aber leider nicht, da heute wieder Kameraden auf drei Tage Urlaub nach Barcelona gefahren sind. Na, ich hoffe, daß nächste Woche endgültig unser Abmarsch an die Front kommt, Zeit wär's.

Ich wäre froh, wenn Ihr mir gelegentlich, wenn Ihr ein Paket schickt, auch ein Paar lederne Schuhbandeln für die Goiserer mitschickt. Andere haben keinen Sinn, da ich sie hier auch bekomme.

Ja, ich hab noch gar nicht erzählt, daß wir hier vorgestern abend von den Packerlinhalten großes Festessen hatten, Eindruck ganz überdimensional, am nächsten Tag hatten wir alle mit dem Magen zu tun. Na, es war uns das wert.

Otto, was Du über die Nazi und die Mittelschichten – Trude, Hedi, Rosi *[unsere Verwandten]* – schreibst, hat mir sehr gefallen. Ich hab meine Ansicht, daß sie auch bald genug haben werden, darauf begründet, daß z.B. Hedi sicher von den Piefkes, die sie in ihrer Gschaftlhuberei und Postenfangerei stören werden, abgestoßen wird, und daß weiters gerade diese Kreise empfänglich für Massenstimmungen unter dem Mittelstand sind und nicht bei einer Sache länger bleiben als die Mehrheit. Aber Du hast sicher recht, sie werden die ersten sein, die abfallen. Sollen sie.

Beer ist ungefähr Mitte Mai nach dem zweiten Selbstmordversuch gestorben. Eine Zeitung hat geschrieben, daß ihm vorher auf der Polizei ein Auge ausgeschlagen wurde.

Wegen Fridolin: Sein Zustand ist schwer zu beschreiben. Bezeichnend, daß er jetzt ununterbrochen von der Zurückziehung der Freiwilligen redet und sich von mir nicht erklären läßt, daß nicht die geringste reale Unterlage dafür vorhanden ist. Übrigens ist er jetzt einem Scharfschützenkurs zugeteilt, was mich sehr und ihn auch ein bisserl freut. Es hebt sicher sein Selbstbewußtsein und dann ist jede Spezialisierung interessant. Man hat dann viel mehr Freude an jeder Arbeit, glaub ich.

Du schreibst von Deiner Wut wegen des täglichen Verrats von Chamberlain und Bonnet. Diese Wut ist zwar weit verbreitet, aber mir ziemlich unverständlich. Sie kann doch nur dort entstehen, wo die Ansicht vorhanden ist, daß diese beiden zumindest schwache Verbündete von uns sind. Hier in Spanien – und damit in der ganzen Welt – geht's doch um den Klassenkampf, in dem sich die Kräfte neu formiert haben. Fortschritt gegen Rückschritt. Und muß nicht die Regierung der englischen Hochfinanz, die französische Regierung, die in einer hoffnungslosen Abhängigkeit von dem Finanzkapital ist, auf jeden Fall ihre Position auf der Seite der rückschrittlichen Klasse beziehen, da ein Fortschritt sich jedenfalls gegen das Großkapital richten muß, den stärksten Hemmschuh heute gegen jeden Fortschritt?

Man sagt, die verraten dabei die Interessen ihres eigenen Landes. Andererseits würden sie das Interesse ihrer Klasse verraten, und daß Klassen über nationalen Interessen stehen, nun, die verschiedenen Franc-Manöver sind das letzte Beispiel dafür. Daß sie von der Bevölkerung geduldet werden, das ist eine andere Frage, aber schließlich dulden die Anhänger dessen, was sich noch immer »Zweite Internationale« nennt, einen Citrine, und das wäre doch noch viel »unverständlicher«, wenn es nicht gar zu verständlich wäre. Daß dieselben Herren die russischen Trotzkisten wütend verteidigen, ist klar. Sie gehören derselben Clique an, nur daß sie legal arbeiten, während jene illegal arbeiten mußten.

Meine Goiserer hab ich auf Deinen Brief hin gleich eingefettet. Für einmal reicht's noch, dann muß ich mich umschauen, ob ich was ähnliches auftreiben kann.

Heiß war's hier auch die ganze Zeit, zu Mittag gibt's so zwei bis drei Stunden, in denen man vollkommen unfähig ist, etwas zu tun. Heute ist's bedeckt und windig, beinahe kühl.

Gretl, Du schreibst, Flugabwehr muß das feinste sein. Ich stelle mir das Gegenteil vor. $\frac{9}{10}$ ihrer Tätigkeit besteht doch darin, in untätiger Bereitschaft zu sein.

Ich soll alles Für und Wider wegen Australien abwägen. Ich glaube, inzwischen schon alles geschrieben zu haben. Handle jedenfalls so, daß Du Dir oder jemandem anderen keine Opfer bringst. Such Dir das aus, was den Vorstellungen von Deiner Zukunft mehr entspricht. Ich fürchte ja, daß beides zu verbinden nicht möglich ist. Ein Rüberkommen von mir nach Australien kann ich mir nicht denken. Für einen Touristen – das tät ich sehr gern – bin ich doch zu arm. Und ein baldiges Zurückkommen von Dir – nun, dann wäre ja die ganze Fahrt sinnlos. Du siehst, Gretl, ich kann Dir nicht mehr sagen.

Nun, noch ein bisserl allgemeinen Tratsch:

Ich hab noch gar nicht geschrieben, daß die eine Batterie der Taschen-

Diese Zeichnung hatte der Autor seinem Brief vom 1. 7. beigelegt

lampe während des Transports vollkommen ausgebrannt ist, ich also nur mehr eine hab, und fürchte, dieses Format hier nicht zu bekommen. Wenn Du kannst, schick mir gelegentlich noch eine, bitte. Sonst hab ich ein riesiges Seifen- und Briefpapierlager, und mit den Hemden und Strümpfen bin ich in ärgster Verlegenheit. Niemand will sie nehmen, ein jeder schaut, so wenig als möglich Gepäck zu haben. Ich werd sie, glaub ich, an Einheimische verschenken.

Anbei wieder Flugzettel, ich glaub, hier am Tisch im »Casa de cultura« liegen welche, muß sie erst aus dem Berg hervorstöbern.

5. 7.

Zuerst einen kurzen Bericht; sie werden ja schon deshalb immer kürzer, weil auch die Abstände meiner Briefe immer kürzer werden und beim besten Willen nicht so viel vorgeht. Also:

Die Hauptsache ist rein interner Natur. Samstag hatte ich schon Bauchweh, hab aber dann nicht widerstehen können und ein Kilo Reinecloden gegessen – das Unglück war fertig. Es war mir ganz hundsmiserabel, jede Bewegung war mir zu viel. Daraufhin beschloß ich, den ganzen Sonntag nix zu essen, und hielt mich auch genau danach. Sonntag ist eh dienstfrei, also lag ich den ganzen Tag herum und versuchte, den Rest meiner Energie auf Bücher zu konzentrieren.

Ich glaub, ich hab schon geschrieben, daß wir eine sehr feine Bibliothek haben. Ich hab bis jetzt ein Leninbuch der Krupskaja gelesen und habe eben die Literaturgeschichte von Mehring in der reißen (zweiten Teil: Von Hebbel bis Gorki).

In der Nacht so um ½ 3 gibt's plötzlich Alarm: Ausrücken zu einer großen Transmissionsübung. Wie mir war, brauch ich nicht schreiben. No, ich hab jede Vorsicht außer Acht gelassen und zweimal gefrühstückt, den ganzen Tag über fest gegessen, war trotzdem noch einigermaßen schwach, und das Ende vom Lied; abends waren wir in einem Haus, wo's Obst zu kaufen gab und ich vergaß mich so weit, daß ich mindestens ein Kilo Marillen verfraß und es hat mir nichts gemacht. Jetzt bin ich wieder stolz und froh, wo ich doch schon sehr bös auf meine Innereien war.

Inzwischen hab ich mittaggegessen. Gretl, zu Deiner Beruhigung: Es waren Bohnen und sie haben mir geschmeckt.

Ja, die Übung: Sie war ganz interessant, sogar schön, landschaftlich. Arbeit gab's nicht zu viel und zu Mittag einen Mordstschoch, über Berg und Tal bei spanischer Sonne und mit heiklen Geräten ohne Weg. Wenn das nicht gewesen wäre, wär's sogar schwer klass gewesen, romantisch.

Heute haben wir wegen der Übung dienstfrei, wir waren nämlich mit Camions unterwegs – übrigens wieder bei unserer alten Gegend am Meer – und kamen erst nach zwei Uhr früh heim.

Gretl, Du schreibst ausführlich, was Du von Deiner Entwicklungsmöglichkeit als Parteiarbeiterin hältst. Ich glaub, Parteiarbeit ist erst in zweiter, ja dritter Linie Zeitfrage. Ich kann mir recht gut vorstellen, daß jemand, der überhaupt keine Zeit hat für organisatorische Arbeiten, ein wunderbarer Parteiarbeiter ist. Weißt Du nicht, daß ein recht großer Teil von Lenins Arbeit in einer bestimmten Periode Korrespondenz mit Russen war und daß dabei organisatorische Fragen verhältnismäßig nebensächlich waren? Parteiarbeit heißt weder eine Summe von Treffs noch eine Summe von Sitzungen, heißt lediglich, Energie und Feuer an eine Sache verwenden. Die Wege dazu sind die verschiedenartigsten.

Schau, was ich hier an Parteiarbeit leiste, ist gleich null. Das Entscheidende ist, ich lerne und das – hoffe ich – wird später der Partei zugute kommen. Ansonsten bin ich auch in dieser Hinsicht vollkommen Rekrut.

Du schreibst, Du hast jetzt nervlich schlechte Zeiten. Gretl, meinetwegen kann ich Dich wohl schwer beruhigen. Garantieschein kann ich Dir auch nicht geben und alles andere hast Du Dir sicher selber schon gesagt und das nützt anscheinend nichts. Aber die andere Quelle: das Fehlen der beruflichen Arbeit, das kann ich Dir wirklich nachfühlen, und ich möcht Dir jetzt was sagen:

Ich glaub, mein indirektes Abraten von Australien – Du hast's doch sicher rausgespürt? – war hauptsächlich aus meiner persönlichen Perspektive heraus geboren. Ich möchte jetzt fast raten, fahr, wenn Du kannst und Sicherheit hast, dort das zu haben, was Du Dir erwartest. Für einen Menschen ist's ja die Hauptsache, daß er ganz ist und ich glaub beinahe, daß Du ohne Arbeit nicht »ganz« sein kannst. Parteiarbeit allein dürft nichts für Dich sein, abgesehen davon, was man schon in der Emigration darunter verstehen kann. Denk nicht an mich bei Deiner Entscheidung, ich hab auch nicht an Dich gedacht, als ich hierher fuhr.

Du schreibst: »Was kann ich für Dich sein?« Könnt darauf antworten: »So viel Du willst«, antwort aber lieber nicht. Und dann, daß Du nach Spanien kommst, später; das Opfer für Dich wäre, daß Du vielleicht als Frau eines Mannes und nicht als selbständige Frau leben müßtest.

Wegen des berühmten Polsterls: Erstens tut das Schießen gar nicht weh, wenn man's Gewehr richtig hält, und dann werd ich in meinem neuen Beruf anscheinend nicht viel schießen. Hab bis jetzt noch gar kein Gewehr. Ungefähr die Hälfte hat eines.

Spaßig schau ich jetzt aus: Habe beruflich sehr viel mit Spiegeln zu tun und dabei ist es unvermeidlich, sich drin anzuschauen. Meine einzelnen Glatzenhaare beginnen jetzt, eine »Frisurform« anzunehmen, ich glaub, Ihr würdet fest lachen. Aber blond bin ich – so weit ich's noch sein kann –, Hitler hätt seine Freude.

Du, die Zeit vergeht hier, jetzt werden die Tage schon wieder kürzer. Nicht, daß ich's merken tät, aber eben hat doch das Jahr erst angefangen. Der Juli ist kaum gekommen und schon ist wieder der 5. Jetzt prophezei ich gar nicht mehr, wann wir an die Front kommen. Aufreizend, wieviel Zeit sich die Heeresleitung mit uns läßt. Was so ein Krieg kosten muß und welche Werte er vernichtet, davon bekommt man erst eine entfernte Ahnung, wenn man mitten drin ist. Ganz ungeheuer.

Über die militärische Lage brauch ich Euch ja nichts schreiben, Ihr wißt mindestens so viel wie wir. Daß sie nicht erfreulich ist, ist ebenso bekannt wie die Tatsache, daß dieser Krieg nicht auf dem Schlachtfeld entschieden wird.

[In diesen Tagen eröffneten Truppen Francos eine Offensive an der Mittelmeerküste südlich von Castellón in Richtung Valencia, einer für die Republik sehr wichtigen Hafenstadt.]

Mit den Spaniern in meiner »gropo technico« hab ich schon Kontakt. Wir sind gerade sechs Spanier, drei Österreicher, zwei Deutsche, ein Schweizer. Mit dem Serganten haben wir das zahlenmäßige Übergewicht. Einen Nationalitätengegensatz hab ich hier noch nicht einmal in der verdecktesten Form gefunden. Fein.

9.7.

Ich bin zwar jetzt schon vier Tage ohne Post und Ihr habt mich in letzter Zeit so verwöhnt, daß ich direkt böse deswegen bin, aber ich schwing mich heut trotzdem zum schreiben auf.

Nun die neuen Ereignisse, sie sind diesmal zahlreich:

Fredl hat Deinen Brief und ebenso einen von seiner Schwester bekommen. Unser Verhältnis ist jetzt ganz sonderbar. Er kommt recht oft zu mir auf Besuch, aber sprechen tun wir kaum. Daran wird auch schuld sein, daß wir bei diesen Gelegenheiten nie allein sind.

Schließlich bin ich seit drei Tagen bei der Division auf eine kurze Schule, weil sich herausgestellt hat, daß die Verbindung zwischen Division und Brigade unter verschiedenen Mißverständnissen leidet. Ich bin also jetzt – mit drei Spaniern und dem Schweizer – eine weitere Viertelstunde weg in einer Fabrik. Die Arbeit hier gefällt mir nicht sehr, recht wenig Organisation und viel Zeitverlust, etwas, woran ich mich noch immer nicht gewöhnt habe. Wir fünf sind auch immer beisammen, gehen jeden Abend unser Lager besuchen und die Spanier sind ganz reizend mit mir.

Vorteile hat das Hiersein auch. Ein Schwimmbad ist hinterm Haus, klein aber fein, und ich bin immer nach dem Essen dort. Aufstehen ist später und es gibt mehr zu essen, außer dem üblichen Eintopfgericht noch Sardinen – nicht solche aus Büchsen, auf verschiedene Art zubereitet – und Obst oder Salat.

Übrigens genieße ich den letzten Vorteil nicht voll, da ich seit einigen Tagen wieder argen Durchfall habe. Flüssig und grün. Es macht mir aber sonst keine Beschwerden, außer daß ich bisserl schwach bin, und so eß ich trotzdem, was mir schmeckt. Heut hab ich mich sogar wie ein kleines Kind benommen und unreife Marillen gegessen, aber die Spanier haben sie mir so dringend angeboten und ich will ihnen nicht immer sagen, daß ich Durchfall hab, erstens ist's umständlich und dann erkundigen sie sich daraufhin stets besorgt. Außerdem haben sie mir geschmeckt.

Eine weitere Neuigkeit: Neulich haben wir die erste nähere Bekanntschaft mit Fliegerbomben gemacht. Gleich zweimal an einem Tag. Das erste Mal weckten sie mich aus dem Mittagsschlaf. Ich bin gleich hingegangen, weil's in der Richtung unseres Campos war und ich Angst hatte, denen sei was passiert. Es war aber vorher.

Du, der Anblick war nicht schön: Ein kleines Loch, vielleicht 30 cm tief, aber auf ein paar Meter Umkreis kein Blatt auf den Haselnußstauden, die zerfetzten Blätter von unnatürlichem, giftigem Grün und dicke Eisensplitter, die noch zu heiß waren, als daß man sie fassen konnte. Und scharfkantig! Es gab drei Verletzte, die schon fortgeschafft waren, und ein totes und ein verwundetes Pferd.

Es war wie ein symbolischer Anblick: Das verwundete Pferd hing noch an der Kette, sein ganz staubiges und versengtes Fell paßte zu den verwüsteten Sträuchern, und es schaute drein, leidend und erstaunt und so, wie man's gar nicht beschreiben kann. Das erste Kriegsopfer, das ich sah. Wirklich, es war eine grausame Illustration dieses Krieges.

Bei der zweiten Ladung gab's einen Toten und Leichtverletzte. Ich war bei beiden Abwürfen ungefähr 5–10 Minuten von den Stellen entfernt.

Jetzt gibt's große Panik, wenn ein Camion bisserl lauter fährt, laufen die ersten schon zu den Refugios *[Unterständen]*. No ja, Bomben sind kein Spielzeug und die Spanier sind an und für sich recht impulsiv.

Und jetzt die größte Neuigkeit, deretwegen ich den Brief vielleicht überhaupt nur geschrieben habe. Wenn ich mich nämlich zwinge, mich über ein Problem, das mich beschäftigt, schriftlich zu äußern, werde ich meist einen klareren Blick bekommen, weil die bunten Gedanken dadurch zur Ordnung gezwungen werden; so wie ich auch gern über eine Sache diskutiere, über die ich noch keine hundertprozentige Klarheit habe, ohne freilich in den gröbsten Zügen Zweifel zu haben.

Nach dieser umständlichen Einleitung: Es handelt sich um das Freiwilligenproblem und die Nichteinmischung. Ich hab in den letzten Tagen die »frente rojo« *[»Rote Front«, Zeitung der spanischen Kommunistischen Partei]* gewissenhaft mit Wörterbuch übersetzt, denn deutsche Zeitungen haben wir von diesem Datum selbstverständlich noch keine. Das ganze Problem hat für mich zwei Pole, den politischen und den persönlichen. Also der Reihe nach:

Bis vor wenigen Tagen war ich hundertprozentiger Skeptiker und habe Fridolin erst neulich fest ausgelacht und ihn einen Wunschträumer genannt. Konnte mir unmöglich praktisch vorstellen, daß ein Vorschlag für beide Teile annehmbar ist. Nun ist aber inzwischen die Londoner Vereinbarung gekommen und ich muß meinen – anscheinend kurzsichtigen – Standpunkt revidieren. *[Ein Nichteinmischungsausschuß, dem auch die interessierten Großmächte angehörten und der seit langem ergebnislos verhandelte, beschloß am 5. Juli in London, daß auf beiden Seiten die Freiwilligen zurückgezogen werden sollten. Franco verhinderte allerdings die verlangte Kontrolle dieses Beschlusses.]*

Es bestehen aufs erste zwei Möglichkeiten:

Die erste, es handelt sich wieder einmal um ein Mussolini-Manöver. Nur kann ich mir das nicht mehr vorstellen, denn, da alle fünf Nichteinmischungsmächte *[Frankreich, Großbritannien, Sowjetunion, Italien und Deutschland]* eingestimmt haben und unsere Regierung naturgemäß zustimmen wird, müßte Franco jetzt Schwierigkeiten machen, und in einem solchen Manöver kann ich durchaus keinen Vorteil für Mussolini erblicken.

Wenn es aber Tatsache werden sollte, so muß sich das Übereinkommen ebenfalls nur gegen die Achse richten *[also gegen Deutschland und Italien]*. Klar, daß wir die geringere Zahl der Freiwilligen haben; wenn sie überhaupt 10 000 übersteigen, dann nur um Geringes, und Franco müßte seine »Freiwilligen« fast hundertprozentig nach Hause schicken. Wenn auch die Muros *[marokkanische Truppen aus den spanischen Kolonien]* nicht mit inbegriffen sind, so besteht dann meines Erachtens nicht der geringste Zweifel daran, daß der Krieg damit entschieden ist, wenn auch nicht sofort. Franco hat keine Chance mehr zu siegen, und er kann mit seinen Truppen keinen langen Krieg ohne fortwährende Erfolge führen, selbst angenommen, den unseren gelänge in der ersten Zeit ein entscheidender militärischer Erfolg noch nicht.

Mit Schwindel beim Freiwilligenabzug kann Mussolini, glaub ich, auch nicht rechnen, da dieser im größeren Maßstab doch unmöglich gemacht würde.

Bliebe also nur die letzte Möglichkeit, an die ich auch nicht recht glauben kann, daß die Achse eine Niederlage zugibt und den Krieg sozusagen verloren gibt, weil sie nicht mehr die Mittel hat, ihn mit Erfolg weiterzuführen, Italiens Schwierigkeiten zu groß sind.

Ich kann es aus zweierlei Gründen schwer glauben: Erstens wär's mehr schön, als daß ich reale Unterlagen sähe, die ein so enormes Schwächebekenntnis erfordern. Freilich sind meine Informationen äußerst mangelhaft. Dann haben wir doch immer gesagt: Der Faschismus muß diese Hasard-Außenpolitik auch aus dem Grund führen, um Herr seiner innenpolitischen Schwierigkeiten zu werden. Nach dieser »Regel« kann ich mir nur schwer vorstellen, daß der Faschismus nun innenpolitisch so viel Bewegungsfreiheit haben sollte, um sich so einen Prestigeverlust erlauben zu können. Es wäre der Anfang vom Ende und der Faschismus bevorzugt bekanntlich überaus rasche Entwicklungen. Aber würden nicht Mussolini und Hitler angesichts dieser Perspektive eher den Einsatz im Hasard vervielfachen, statt ihr Geld aus dem Spiel zu ziehen?

Ich sehe nicht die Triebfeder in all dem. No, bis der Brief Euch erreicht, wird ja schon einiges klarer sein.

Die zweite, die persönliche Sache:

Ich muß nun das erste Mal konkret zu einem eventuellen Freiwilligenabzug, der mich natürlich auch betreffen würde, Stellung nehmen. Welche Zukunft würde mir in einem solchen Fall bevorstehen? Ein Emigrantendasein darf's nicht werden, eine illegale Rückkehr seh ich nach allen Informationen als ziemlich ausgeschlossen an. Was bleibt? Welche Arbeit sollte ich leisten? Wovon leben? Und wo? Würde ich Dich, Gretl, noch treffen?

Ist es schon unangenehm, so viele X vor sich zu sehen, ist's noch unangenehmer, davor noch das große X zu haben: bleib ich hier oder nicht. Ich hab nicht gern eine ungewisse, perspektivlose Zukunft, besonders dann, wenn ich zur Schaffung einer Perspektive nichts dazu tun kann. Als weitere Schwierigkeit: Logischerweise werden diese Verhältnisse

– wenn es länger andauert – sich auf die Moral der Internationalen auswirken. Die Fridoline sehen sich schon draußen und darunter muß die Disziplin leiden. Eine schwere Arbeit für uns, zumal wir selbst nicht klar sehen.

Ja, auf jeden Fall, schaut's halt, daß ich möglichst viel zum Anziehen in Frankreich hab, und paßt's nur ja auf meine Dokumente auf.

Was spricht man in Paris über Otto Bauer? Hoffentlich ist mit ihm auch sein Geist gestorben. Ich halt übrigens das Beileid der KP für etwas zu überschwänglich. Abgesehen von allen Differenzen halt ich's nicht für ausgeschlossen, daß er zumindest Zuschauer war im Spiel Trotzki – Dan. Und seine Trotzki-Verteidigung?

Jetzt fängt die Nachmittagsarbeit an . . .

»Frente rojo« von heute hab ich inzwischen schon gelesen und bin nur wenig klüger geworden. Scheinbar wird also Franco doch Schwierigkeiten machen. Die Politik Mussolinis ist mir dabei vollkommen unverständlich. Glaubt er, damit Sympathien für Franco zu erobern? Oder will er die Unabhängigkeit Francos von ihm offiziell feststellen? Oder will er auch geschwind mit England handeln? England hat sich aber doch schon zu sehr darauf festgelegt, daß erst der Plan erfüllt sein muß und dann erst der englisch-italienische Pakt kommt. Und am Plan ist doch auch nichts mehr herumzuhandeln. Versteh's nicht.

[Nach der Demission des englischen Außenministers Eden wurde ein englisch-italienischer Pakt abgeschlossen, der vorsah, daß das Kräftegleichgewicht im Mittelmeer unverändert bleibt und die italienischen Truppen nach einem Sieg Francos aus Spanien abziehen; was in einem Gegensatz zu dem Nichteinmischungsabkommen stand, das den Abzug aller ausländischen Einheiten – also auch der italienischen – sofort und nicht erst nach Kriegsende vorsah.]

Unter mir spielt's Radio, ein ungewohnter Genuß, bei der Division gibt's eben Luxus.

12. 7.

Ich freu mich heute schon den ganzen Tag auf's Briefschreiben und hab sogar deswegen extra mein Mittagsbad abgekürzt. Na, so arg ist's auch nicht, denn das Bad war frisch eingelassen und erst halb voll, so daß nur ein Sitzbad möglich war. Aber freuen tut's mich doch, weiß gar nicht recht, wieso.

Ich bestätige nochmals Deinen Brief, Otto, vom 7. 5., und Deinen, Gretl, vom 3. 7. Ferner bestätige ich freudestrahlend das große Paket vom Mai, das nun doch unversehrt vorgestern ankam, und schließlich Deinen Brief, Otto, vom 2. 7.

Nun kommen wie gewohnt die Neuigkeiten:

Fast gar keine. Ich bin noch immer in der Divisionsschule, werde aber wahrscheinlich in wenigen Tagen zurück zur Brigade kommen, besuche sie weiter jeden Abend zum Tratsch und seit neuestem auch zu den Paket-Festessen. Mein Bauchweh – besser Durchfall, denn weh tut's überhaupt nie dabei – ist heute den ersten Tag besser. Sonntag war ich wieder im Kino bei einem uralten amerikanischen Kitschfilm, sonst beim besten Willen nix.

Im Paket – für das ich ganz besonders danke – war selbstverständlich die Marmelade die große Sensation. Die Seife wollte ich zuerst als Käse anschneiden. Seife brauchen wir hier keine, es ist zwar Mangel daran, aber das Heer bekommt genug.

Drei Festessen fanden schon statt, heute gibt's ein viertes und ich glaub, Reste werd ich noch bis morgen haben. Bis jetzt gab's 14 ganz glückliche Menschen dadurch. Du siehst, ich rationiere die Freuden, damit für jeden was reicht. Auch bin ich der Hauptgewinner dabei, denn ich bin bei allen Festessen Teilnehmer.

In dem Zusammenhang muß ich noch eine Ungerechtigkeit beichten: Ich hab die Schokolade als Medizin gegen meinen Durchfall erklärt und schon einiges davon ungeteilt »eingenommen«. Aber es wirkt.

Ja, damit ich nicht vergeß: Wenn's Euch keine Schwierigkeiten macht, schickt mir ein paar Marken. Jeder zweite junge Spanier ist hier Sammler und es gibt bei Ankunft von Auslandsbriefen ein Wettrennen.

Wegen Fred: Allmählich müßte es doch schon verständlich sein. Er ist kriegsmüde und sieht daher hier vor lauter dunklen Flecken das Licht nicht. Seine Perspektiven sind durchaus die eines Zwangsrekrutierten, und am tiefsten hat mich erschüttert, daß er jetzt die Tätigkeit vor Jahren bereut, wie er sagt *[wegen illegaler Betätigung für die KPÖ wurde er in Österreich eingesperrt]*. Marxist will er weiter sein, aber rein theoretisch, ohne einen Finger zu rühren. Mach aber keine Anspielungen in Briefen an ihn außer Du kannst ähnliches aus seinen Briefen selbst auch herauslesen.

Wegen der Fliegen: Seitdem die Marmelade da ist, sind sie aufreizend zahlreich.

Daß Du Goisererfett geschickt hast, ist eine klasse Idee. Sonstige Pakkerlwünsche: solid, süß und gut – Eurer Phantasie in punkto transportabler Mehlspeisen sei keine Grenze gesetzt. Schickt aber keine Zigaretten – außer an Fred –, denn die sind die einzige Sache, die sehr schwer ankommt. Da ist die Zensur unerbittlich.

Die »Deutsche Volkszeitung« gefällt Dir so sehr gut? Ich find, sie hat bedeutende Schwächen. Als richtiges Emigrantenblatt bauscht sie auf und ist schrecklich einseitig. Da find ich die »Pariser Tageszeitung« noch informativer.

Ich seh im Widerstand der österreichischen Nazis gegen Hitler nur die Auswirkung des Massenwiderstandes des Proletariats, und freu mich recht, daß anscheinend die Entwicklung hier viel schneller geht, als ich anfangs dachte. Schreib mir weiter jeden Schmarrn über Österreich, wir hungern danach.

Mir geht's mit dem Spanischen genau so wie Dir, Gretl, mit dem Französischen. Ich möcht's gern können, aber zum Lernen fehlt mir die Energie. Jetzt les ich immer sehr aufmerksam die »Frente rojo«, das ist Unterricht und »Vergnügen« zugleich. Und durch den täglichen Umgang mit Spaniern bleibt ja notgedrungen etwas hängen.

Braun bin ich noch gar nicht arg, außer im Gesicht und den Armen. Erst hier nehm ich täglich im Bad Sonnenbäder, sonst rennt man in den Schatten. Seit gestern turn ich auch täglich. Es ist ein Skandal, was ich schon alles verlernt hab und wie versulzt ich ausschau. Hoffentlich bring ich das bald auf gleich.

Daß anscheinend Australien schon fix geworden ist, bevor Du noch meine diversen Äußerungen darüber kanntest, freut mich. Meine Stellung kennst Du ja inzwischen. Selbstverständlich fahr, wenn es einmal so weit ist, daß wir zusammenkommen könnten, wird's auch so irgendeinen Weg geben. Daß ich traurig bin darüber, ist ebenso selbstverständlich, wie zwecklos, so etwas in Rechnung zu ziehen. Nach meinen Umrechnungen wirst Du ja einen Haufen verdienen. Wie teuer ist's unten? Und was kostet die Überfahrt? Mußt halt fest sparen unten für alle Fälle.

Daß ich auch für ständig runter sollte, kann ich mir vorderhand nicht vorstellen. Mit welcher Perspektive? No, reden wir später über Australien, denken muß ich oft daran. Haben ja noch 100 Tage Zeit.

Wegen Bauchkrankheiten: Einige waren schon im Spital deswegen. Es ist nicht Zimperlichkeit, sondern entweder Klima oder Öl oder andere Kost oder Wasser – oder noch was anderes. Tatsache, es ist.

Jetzt fängt die Arbeit an, Servus! Wir arbeiten heute in unserem Fabriksaal mit künstlichem Licht, sonst immer in der Sonne. Telefon hab ich schon wochenlang keines in der Hand gehabt.

Das mit den Schuhen und den Goiserern ist ein eigenes Problem. Ich hab nämlich schon die dritten Alpagatas – so heißen sie – und die sind schon zerrissen, und es ist nicht leicht, welche zu bekommen – gerade bestaunen die Spanier meine kleine Schrift und schauen nach, ob das Papier wirklich nicht liniert ist – und den Goiserern fehlen schon bedenklich viele Nägel. Hiesige Schuster können mit so was wenig anfangen.

Jetzt ist schon wieder essen, man kommt zu nix!

Das mit dem »oft Sachen wegschmeißen« stimmt wohl bei der Infanterie. Wir dürften's aber in dieser Beziehung leichter haben, weil erstens unsere Basis doch weiter hinten ist und dann doch das technische Material auch transportiert werden muß. Trotzdem schau ich natürlich, daß mein Rucksack nicht überdimensional wird, und hab das blaue Hemd und die Strümpfe einem jungen Kärntner geschenkt. Über Schlafsack und Trainingsanzug bin ich sehr froh. Schlepp auch noch immer meinen braunen Schnürlsamtanzug herum.

Gustl wegen seiner philosophischen Schrullen auszulachen bring ich nicht zusammen. Früher hab ich alles Schlechte sofort kritisiert, jetzt trau ich mich selten, Fehler zu kritisieren, da ich mit der ersten Methode schlecht gefahren bin; und steuer dabei bedenklich einem anderen Fehler zu, nämlich die Leute nachsichtig-überlegen zu behandeln. Man hat's nicht leicht.

Jetzt bin ich schon viel ruhiger wegen der Nichtinterventionsgeschichte, da ich die ganze Sache im Sand verlaufen sehe.

15.7.

Zuerst hatte ich zwar die Absicht, erst morgen zu schreiben – das heißt, zuallererst wollte ich heute schreiben, aber dann entführte ich gestern eine Juni-KI *[Juninummer der »Kommunistischen Internationale«]* aus dem Kulturhaus, und da das eigentlich verboten ist, nahm ich mir vor, sie heute zu lesen und erst morgen zu schreiben, damit ich sie heute abend bei meinem obligaten Campo-Besuch wieder zurücktragen kann. Heut war aber den ganzen Vormittag über trübes Wetter, wir konnten daher nicht arbeiten – wir brauchen ja die Sonne dazu – und so hab ich die KI am Vormittag ausgelesen und somit auch erklärt, wieso Ihr heute doch zu einem Brief kommt.

Neuigkeiten:

Wir sind noch immer bei der Division zur Übung. Es dauert mir jetzt schon ein bisserl zu lang. Erstens können wir beim besten Willen hier nichts anderes mehr lernen, als das, was wir allein durch Übung ebenso lernen könnten. Und dann bin ich gerade jetzt in einer meines Erachtens politisch wichtigen Zeit von jedem Politleben ausgeschlossen, da ich das naturgemäß bei unserer Kompanie nicht mitmachen kann, weil ich nicht dort bin, hier aber die Politstunden rein spanisch abgehalten werden, weil fast keine Internationalen da sind.

Übrigens, neulich hatte ich die erste politische Debatte mit Spaniern und ärgerte mich recht über meine schlechten Sprachkenntnisse. Sie sind sehr wissensdurstig und durchaus nicht »festgelegt« im schlechten Sinn gewesen. Hoffentlich wiederholt's sich und lern ich was.

Dann: Für Sonntag ist wieder einmal großes Fest geplant – zwei Jahre Krieg. Eine Frauendelegation aus Barcelona soll uns besuchen und ich sollte eigentlich einen Sprechchor schreiben und einstudieren. Durch die über Erwarten lang dauernde Trennung wird's aber nicht möglich sein und ich bin nicht bös darüber.

Fridolin hat sich über die Stelle in Deinem Brief, Otto, wo Du über die »heroischen Kämpfer« sprichst, lustig gemacht. Nun, auf ihn wirkt diese Bezeichnung wirklich grotesk und durch seine Brille hat er sich's schon lange abgewöhnt, den stillen Heroismus zu sehen. Er sieht nur die Stellen, wo er abgebröckelt ist, und stürzt sich mit förmlicher Wollust darauf, sucht meines Erachtens bei anderen und bei allgemeinen Fehlern eine Rechtfertigung für seinen Zustand.

Gestern bin ich ihm das erste Mal ganz energisch über den Mund gefahren. Er hat vor Kurt wieder angefangen mit seinen Bemerkungen. Wenn er das mir gegenüber sagt, ist's schlimm, wenn er's politisch Schwachen gegenüber ausspricht, ist's eine Gemeinheit. Er wurde nachher auch ein bisserl wortkarg, na, ich hab kein Mitleid mit ihm, so ein Kind ist er ja nun wieder nicht.

Also damit weißt Du schon das große Ereignis: Endlich habe ich Kurt gesehen. Er wurde am 31. 3., nachdem er erst ganz kurz an der Front war, bei einer Patrouille am rechten Oberschenkel verwundet und war bis vor kurzem in Spitälern. Gemeinerweise schießen diese Faschisten meistenteils mit Explosivgeschossen, und so hat er noch Splitter drinnen. Der Knochen ist fast gar nicht verletzt, dafür der Nerv. Beim Knall eines Schusses zuckt sein Fuß und müd wird er auch bald. Und gestern ist er draufgekommen, daß das Fußballspielen auch nicht mehr geht – und er hat gern gespielt. Trotzdem hat er sich frontdiensttauglich schreiben lassen und ist auch beim Feber-Bataillon. Er wollte gerne zu mir zur Transmission, aber wir sind augenblicklich komplett, leider.

Wir haben uns beide sehr gefreut, uns zu sehen. Genau hab ich ihn noch nicht gesprochen, bis jetzt bin ich aber recht zufrieden mit seinem moralischen Zustand. Hatte deswegen bisserl Angst. Er kommt jetzt auch jeden Abend in unsere Kompanie, so sehen wir uns täglich.

Ja, Deinen Brief, Gretl, kann ich freudigst bestätigen. Bevor ich ihn beantwort, hupf ich aber noch in's Wasser; es plätschert recht verlockend.

So, baden und Pflichtturnen ist vorbei, nun zur Antwort: Über Österreich bin ich nur ganz allgemein informiert. Ich hab eh schon x-mal geschrieben, daß Ihr Euch um den österreichischen Sektor unserer Kompanie – und der ist groß – mit konkreten Nachrichten und Stimmungsbildern große politische Verdienste erwerben könnt.

Ja, ich muß Dir jetzt auch noch ganz entschieden zum Australienfahren raten. Als ich zuerst erfuhr, daß schon alles ziemlich perfekt ist, hab ich das Ganze einige Tage aus der Gefühlsperspektive gesehen und Dir sogar heimlich ein bisserl Vorwürfe gemacht, aber jetzt beurteil ich's schon verstandesgemäß und da gibt's keine Wahl. Vielleicht find ich einen Mäzen und kann Dich einmal besuchen. Oder vielleicht gibt's noch die romantische Einrichtung der Tellerwäscher auf dem Schiff. Ein viel schwierigeres Problem dürfte in diesem angenommenen Fall die Frage der Papiere werden. Du siehst, wie konkret ich mich schon mit fernster, nebelhafter Zukunftsmusik beschäftige.

Daß Du als sicher annimmst, daß ich nach diesem Krieg gleich wieder in den nächsten gehen werde, halt ich für bisserl übertrieben. Muß doch wirklich nicht sein.

Lernst Du schon fleißig Englisch? Tu's mehr, als ich Spanisch lern, sonst wirst Du's nie können.

Jetzt hupf ich geschwind in's Wasser, bin schon ganz verschwitzt.

Nach dem Bad haben wir wider Erwarten gleich mit der Arbeit angefangen, weil doch ein bisserl Sonne war, und jetzt kommt gleich das Nachtmahl, so daß ich gar nicht weiß, ob der Brief heute noch wegkommt.

Vor paar Tagen waren wir wieder im Kino. Wir sind nämlich draufgekommen, daß es fast täglich spielt, und da es sehr billig ist – 1,50 Peseten – und wir keine besondere Erlaubnis zum Ausgehen brauchen, es auch sehr nah haben – bei der Division sind wir eben »bessere Leute« –, na, so gehen wir halt.

Es gab zwei amerikanische Filme, »Menschen in Weiß« – kannst Du Dich an das Theaterstück in Wien erinnern? – und einen U-Boot-Film. Da gab's eine ganz sonderbare Szene: Ein Fliegerangriff auf eine Stadt. Du, die Atmosphäre währenddessen ist schwer zu beschreiben.

A propos Aviation [Flieger]: Heute gab's wieder Fliegeralarm – es gibt den jetzt täglich ein- bis zweimal, grad beim Essen. Wir sitzen eh unter einem Dach so in einer offenen Halle, zwei Drittel sind in's Refugio gerannt und wir sind einfach weiter beim Essen gesessen. Aber wie's dann gesurrt hat, hat doch jeder aufgehört zu essen. In solchen Augenblicken schau ich gern die Gesichter an. Sie sind dann ganz offen. Und außerdem lenkt es von sich selber ab.

Aber jetzt ist's Essen da.

Du, dann noch eine schöne Episode: Zum Essen nimmt sich hier jeder Papier mit für die Beilage, Sardinen, Salat etc., da jeder ja nur einen Teller hat. Ich hab neulich eine Seite einer Jugendzeitung gehabt, auf der ist ein Gedicht gestanden. Unten haben es mir unabhängig voneinander zwei Spanier aus der Hand genommen und andächtig gelesen.

Überhaupt hörst Du von jedem einzelnen recht oft Gedichte rezitieren. Die Kunst ist hier wirklich im Volk verankert. Ein feiner deutscher Genosse – politisch wohl der beste von unserer Partei –, der in Moskau war, sagt, in der SU ist's dasselbe, Gogol und die anderen sind überall bekannt und werden immer rezitiert.

Jetzt muß ich aber hinübergehen, mein kleiner Freund Santiago fragt mich schon ungeduldig: »Hermann, wieviel Uhr ist es?« Das ist sein Paradesatz in Deutsch.

Eben hab ich mit Kurt so lang nett getratscht, daß ich vorzeitig schließe.

(Nachschrift von Kurt): Es ist endlich gelungen, Hermann und ich haben uns getroffen. Es freut mich, daß Sie sich nach mir erkundigt haben und ich kann Ihnen mitteilen, es geht alles viel besser, als ich es selbst geglaubt habe.

18. 7.

Schon wieder ein Brief, mich »drängt's« eben immer, Gretl. Wenn nämlich welche von Euch da sind, kann ich mit der Antwort gar nicht lange warten, ich antwort immer schon im »Unreinen« bei Pausen in der Arbeit etc., und da ist's doch dumm, mit dem Niederschreiben zu warten.

Zuerst: Ereignet hat sich nichts Neues. Wir haben jetzt große Festvorbereitungen für morgen. Sie sind recht öd: Exerzieren mit Fahnenschwingen. Noch dazu fehlt den Spaniern der Sinn für Organisation, zum mindesten in dem Maße, wie ihn die Deutschen besitzen und wie er doch auf uns abgefärbt hat, und so wird alles umständlicher als nötig gemacht, dabei Sonne und viel Staub. Und eigentlich bin ich ja zum Kämpfen hergekommen und nicht für Aufmärsche und Feste. Ich komm mir bisserl komisch vor bei dem Ganzen.

Dabei sind diese Feste sicher wichtig – das sieht man schon daraus, mit welchem Feuereifer sich die Spanier auf die Ausschmückung unserer Fabrik gestürzt haben. Sie haben sie wirklich schön und durchaus modern hergerichtet, schad, daß das Grün morgen schon einigermaßen schäbig sein wird.

Etwas Positives hab ich auch schon durch die Zwei-Jahr-Feier gehabt: Eine Versammlung der Volksfront unseres Ortes im Kino. Wir wurden knapp vor dem Mittagessen dorthin abkommandiert und waren ursprünglich recht bös, weil wir Hunger hatten. Aber dann war's doch so fein. Hab den Sinn ja nur in großen Umrissen verstanden, aber dieses Feuer und diese Zuversicht und die gute Stimmung! Ein Mädchen und eine Frau waren die besten. So was sollen sich alle anschauen, die Spanien schon begraben; und darüber nachdenken, welche Kraft in einer Idee und welche in einer Bombe liegt. Man muß dabei Mussolini bedauern, daß er mit so ungleichen, unterlegenen Waffen kämpfen muß. Er kann Frauen und Kinder, Pferde und Haselnußsträucher vernichten, er kann nie eine Gegenwart zur Vergangenheit machen, höchstens den Kalender ein bisserl beschwindeln.

Ja, im Kino war ich noch einmal abends, wieder zwei uralte amerikanische Filme. Ich werd mir's das nächste Mal überlegen, ob ich geh. Das interessanteste ist das Publikum. Alles voll von Soldaten, aber wirklich voll. Wenn Du das Glück hast, einen Sitzplatz zu haben – ich bin neulich in einer »Seitenloge« gesessen –, dann hast Du einige Knie und Fußspitzen in Deinem Rücken und Dein Sessel wackelt bedenklich.

Und ein Geschrei! Neben mir ruft einer: »Innviertler Mostschädel! Tarzan!« Der hat aber nicht gehört. Und so geht's in allen Sprachen. Dabei wird gesungen. Es dauert recht lang, bis halbwegs Ruhe ist.

Sonst: Fridolin hat gestern Deinen Brief bekommen. Ich steck jetzt täglich mit ihm und Kurt beisammen, wobei mir's lieber wär, ich wär mit Kurt allein. Mit Fridolin kann man entweder nichts reden oder man kommt unvermeidlich in kurzem zu dem Punkt, wo er seine häßlichen und fast schon gehässigen defätistischen Bemerkungen macht, die mich in Gegenwart von Kurt ganz besonders aufkratzen.

Kurt ist sehr wissensdurstig und ich glaub ernstlich, daß er sich hier sehr gut entwickeln kann. Er wird noch ein »guter Kommunist« werden, wenn er auch vorläufig bloß ein »Freund der SU« *[Mitglied der Organisation »Freunde der Sowjetunion«]* ist.

Fridolins Gesicht hättest Du sehen sollen, als er mir erzählte, daß Du diesmal im Paket an ihn noch nichts zum Rauchen mitgeschickt hast, weil Du »nicht weißt, was er bevorzugt«. Hier rauchen sie Haselnußblätter und bevorzugen alles.

Wegen der tepperten Freiwilligenzurückziehung: Ich hab noch immer keine Antwort von Franco gelesen, aber die ausländischen Zeitungen schreiben schon mit einer Selbstverständlichkeit von technischen Einzelheiten, daß ich nur glauben kann, daß sie entweder alle einem Verschleppungsmanöver Mussolinis aufgesessen sind, bzw. bei Chamberlain, mit ihm zusammen die »Geschichte drehen«, oder wirklich das Ganze eine reale Zukunft hat.

Mir ist das ganz Ungewisse recht unangenehm, auch deshalb, weil ich befürchte, daß wir nicht früher an der Front eingesetzt werden, bis die Frage geklärt ist. Und das dauert beim Diplomatentempo, wenn sie wollen, allerhand lange.

Getratscht und gerüchtelt wird hier natürlich viel und es wirkt sich im allgemeinen durchaus nicht gut aus. Erst gestern abend hat mich ein unbekannter Deutscher deswegen angesprochen und ich hab ihm gründlich »Hoffnungen« zerstört. Dabei habe ich in der Hitze des Gefechtes folgende Feststellungen gemacht, die ich nachträglich für sehr richtig erklärt habe; nämlich:

Die Spanier sind auf uns Freiwillige aber schon viel weniger angewiesen als wir Freiwillige auf Spanien. Nicht daß wir einen Aufenthaltsort hätten – spielt übrigens auch eine Rolle –, sondern daß unsere Bedeutung im hiesigen Kampf nicht heranreicht an die Bedeutung des spanischen Problems für unsere Heimat und seine – und unsere – Zukunft.

Ganz verneinen kann ich die Möglichkeit eines Freiwilligenrückzuges nicht mehr, obwohl ich's in einigen Debatten tu. Du fragst, wie und was ich mir dann vorstelle: Nebelhaftes. Erstens eine lange Dauer der Prozedur – das wäre etwas sehr Peinliches – und dann, ja, ich stell mir unbedingt Parteiarbeit vor, fürchte nur, daß es keine wirkliche für so viele geben wird, es steht ja dann für hübsch viele Funktionäre das gleiche Problem. Ein bisserl hab ich schon an legale Journalistik gedacht, aber das wird ein Wunschtraum sein. Hoffentlich kommen wir bald an die Front und der ganze Spuk hat ein Ende.

Daß ich für einen Urlaub bei Rose *[einer französischen Genossin, bei der Otto wohnte]* eingeladen bin, finde ich sehr rührend, aber an Auslandsurlaub ist nicht zu denken, erstens bin ich gerade erst gekommen, und dann ist er jetzt gesperrt außer für Tenientes *[Leutnants]*.

Jetzt habe ich auch schon gebadet und Kurt war mich wieder besuchen dabei. Er kommt täglich zum Bad, ich weiß nicht, mehr wegen des Wassers oder meinetwegen. Bin froh darüber und red gern mit ihm.

Ich schreib nicht gern ernste Gedanken und Politisches, müßt mich nur dazu reizen. Es redet sich schwer allein. Weiß nicht mehr genau, welche Stelle in meinem Brief Dir unklar war, aber sicher wird der Faschismus »wirtschaftlich« und nur wirtschaftlich zusammenbrechen. Wir wären ja keine Marxisten, würden wir das nicht als Ursache aller anderen Schwierigkeiten ansehen. Und ebenso sicher, wie es dem Faschismus durch seine Totalität, Zwangspolitik und seinen Wirtschaftsterror gelingt, eine Krise noch dann zu verschleiern und offiziell »noch nicht zu besitzen«, wenn sie schon länger da ist – siehe Italien und auch Deutschland –, genau so sicher wird hier die Quantität mit ungeahnter Vehemenz und verheerenden Folgen in die Qualität umschlagen und alle braven bürgerlichen »Politiker« und »Wirtschaftler« werden eines schönen Tages ganz erstaunt sein. Ich habe das sichere Gefühl, er ist nicht so weit; wenn es gestattet ist, Termine zu prophezeien, geb ich ihm höchstens knappe zwei Jahre Spielraum, wenn ein Weltkrieg nicht die Rechnung verzögert (er kann natürlich ebenso beschleunigen). Die Zahl kommt aus der Erwägung, daß ich spätestens dann den Höhepunkt der Weltwirtschaftskrise ansetze. Dann also werden die bürgerlichen Politiker vor einem »Wunder« stehen und Erklärungen konstruieren müssen.

Du schreibst, Du verstehst nicht, daß die fortdauernde innere Verschuldung und ihre unproduktive Verwendung ein Faktor für Deutschlands Zusammenbruch sein soll. Glaubst Du, daß man ungestraft Volksvermögen in solcher Weise zusammenschmelzen lassen kann? Rüstungsausgaben haben ja großteils keine Gelegenheit mehr, in den Verkehr zurückzufließen. Und kann man die sozialen Spannungen bis ins Unendliche vergrößern und gleichzeitig unterdrükken? Je weiter man eine Feder spannt, desto schärfer muß die zurückschlagen.

Die herrliche Wahrheit bleibt ja bestehen, daß der Kapitalismus zwangsläufig seine Totengräber großzieht. Der Faschismus versucht es bei ihnen mit Alkohol und mit Peitschen. Die schärfste Peitsche büßt ihren Schrecken ein, wenn größerer Schrecken dort ist, wohin man ohne Rebellion kommt, und aus dem schwersten Rausch gibt es ein Erwachen.

Du schreibst, Hitler und Mussolini können lange weiter wirtschaften, solange Chamberlain und Bonnet *[der englische Premier und der französische Außenminister]* so »gute Demokraten« sind, daß sie ihnen immer helfen. Vergiß nicht, daß beide – Ch. und B. – zwar sehr gut die Interessen ihrer Klasse vertreten, aber in beiden Ländern ein Klassenkampf von großer Stärke stattfindet und auch hier der berühmte Sprung von der Quantität zur Qualität gemacht werden muß. Wir sind gegen die täglichen Revolutionen und Demonstrationen abgestumpft und denken nicht mehr daran, daß das die ständigen Tropfen sind, die das Faß zum Überlaufen bringen werden – und das englische Faß halte ich für ziemlich voll.

Abgesehen davon, je unsicherer die Lage der Diktaturstaaten wird, desto unsicherer wird auch ihre Unterstützung. Man investiert nicht gern Geld in ein Pleitegeschäft.

Ja, die Geschwindigkeit in der Entwicklung der österreichischen Nazi freut mich ebenso wie sie mich überrascht. Wenn ich auch einige Prozent Übereifer unserer Emigrantenpresse abrechne, bleiben so viele Fakten, die einem eine rosige Zukunft zeigen.

Radio Madrid habe ich noch nie deutsch gehört. Die »Internationale« und die anderen Kampflieder packen mich hie und da auch, wenn sie auch meiner Ansicht nach zu oft gesungen werden. Der Text hat hier manchmal wieder seine ursprüngliche Bedeutung und das wirkt.

Wegen »Kriegsformen in Spanien« ändern: Zuerst, ich bin weiter und durchaus verstandesgemäß Optimist. Denn es ist nicht gestattet, diesen Krieg aus der militärischen Perspektive zu betrachten, sonst wären schon diese zwei Jahre unverständlich; und – moralisch betrachtet – gehört die Zukunft unbedingt uns. Die größte Gefahr – die anarchistische – ist bedeutend verkleinert dadurch, daß die zwei Jahre das Weltbild der Anarchisten geändert hat, und sonst: Diese Zeit läßt sich nie in diesem Volk ungeschehen machen. Wenn ich von einer eventuellen Änderung der Kriegsformen spreche, so meine ich, daß Umstände eintreten können, die den militärischen Charakter des Krieges ändern können, so wie sich der Kriegscharakter in Abessinien gründlich geändert hat und wie es in China nebeneinander ganz verschiedene Kriegsformen gibt, übrigens hier auch. Nationalspanische Demonstrationen und Sabotageakte im Franco-Hinterland – ist das keine Kriegsform?

[Mussolinis Truppen hatten in Abessinien zwar die Städte und die wichtigsten Verbindungslinien erobert, aber Partisanen beherrschten das übrige Land trotz brutalsten Terrors. In China hatten damals Partisanen Dämme großer Flüsse durchstoßen und so das von japanischen Truppen besetzte Land überschwemmt.]

Daß Du wegen Fridolin mit Heine *[der illegale Name eines Funktionärs der KPÖ]* gesprochen hast, halt ich für unverantwortlich und es ist mir vollkommen unverständlich. Willst Du ihm jeden Weg zurück versperren? Man muß so etwas doch nicht früher als nötig an die große Glocke hängen, noch dazu, wo Du Heine selbst als so schlecht schilderst.

Daß es Bolschewiken und Bolschewiken gibt, ist klar. Jede Kampfstufe läßt andere zur Entwicklung kommen und andere zugrunde gehen, und der wirkliche Bolschewik ist meines Erachtens nur der, der sich in jeder Kampfform bewährt.

Wegen Australien: Hab hier einen Engländer getroffen und gleich gründlich ausgefragt: Ein Bergarbeiter bekommt in England 2 Pfund, in Australien ist aber das Lebensniveau höher und Spitzengehälter für Arbeiter sollen zumindest bis zu 7 Pfund gewesen sein. Die Überfahrt soll über 50 Pfund kosten. Ui, wie lang wirst Du da zu Deinen zwei Touren brauchen, zwei Jahre mindestens. Und wo soll ich das Geld zu einem eventuellen Besuch hernehmen? No, die Geldsorgen kommen noch rechtzeitig, denken wir jetzt möglichst wenig daran.

Du schreibst, wenn ich eine Entfremdung durch Australien befürchte, bleibst Du. Ich kann selbstverständlich nicht prophezeien, aber sollte so ein bisserl Wasser so großen Einfluß haben? Es ist zwar salzig, aber trotzdem.

Du wünscht mir viel Arbeit; ich mir auch.

Zu Nicki bin ich noch immer nicht gekommen, schon rein aus zeitlichen Gründen. Meine ganze Freizeit nimmt ja Kurt in Anspruch.

So, jetzt bin ich fertig, wollt Euch zwar noch meinen jungen spanischen Freund schildern, aber eben ist er eingetreten. Vielleicht später.

Wir haben nun weiße Athletenleibchen für morgen bekommen, daher gab's selbstverständlich wieder die Schwierigkeiten beim Schreiben meines Namens. Ich muß mich noch rasieren und dann doch auch Wäsche waschen. Wenn noch Zeit bleibt, tratsch ich vor'm Nachtmahl noch bissel.

21.7.

Habe soeben im hiesigen Kulturhaus diese Karte entdeckt und so bekommt Ihr sie ganz programmwidrig.

Wir hätten heute endlich zurück zu unseren Leuten sollen, inzwischen sind sie schon weggefahren gewesen und jetzt müssen wir warten, bis die hier nachfahren und wir uns wieder erreichen. Dann kann ich auch erst wieder Post bekommen. Na, hoffentlich sind wir morgen schon so weit.

Die Feier vom 19. war anarchistisch-lustig, so was von Patzen und Unbekümmertsein!

Sonst könnt ich höchstens wieder über Fliegen und Bauchweh schimpfen – heut hat's wieder angefangen. Laß ich's bleiben und grüß Euch recht fest.

Schlacht im Ebro-Bogen

In der Nacht vom 24. zum 25. Juli setzte die republikanische Armee an mehreren Stellen über den Ebro – eine Entlastungsoffensive wurde begonnen. Auch die 11. Internationale Brigade nahm daran teil.

24. 7.
Jetzt wirklich und Gott sei Dank »in aller Eile«: Zuerst bestätige ich freudestrahlend Ottos Brief vom 7. Beantworten werde ich ihn, wenn wir Zeit dazu haben. Und dann das Packerl vom 5. 7. Schon die Dimensionen ganz wunderbar. Ich hab's grad knapp vor einem Marsch bekommen und wir haben uns seinen Inhalt beim Schleppen ehrlich verdient . . . Viel, viel zu teuer! Muß immer dran denken, was Du Dir absparen mußt.
Nun: Bin gestern wieder zur Kompanie zurück und gerade zur rechten Zeit. Hab eine Riesenfreude, aber eine recht ernste Freude.
Macht Euch ja nichts draus, wenn etwas länger keine Post kommt.

[In der Nummer 88 der Zeitschrift für die Internationalen Brigaden »El Voluntario de la Libertad« habe ich meine Erlebnisse in der ersten Nacht der Offensive so beschrieben:]
Sonntag wars, am 24. Juli um 10 Uhr abends. Die Transmissionskompanie lag unterhalb des Kammes von jenem Höhenzug, dessen Steilabhang bis in den Ebro hineinragte. Noch trennte uns der Fluß von den Truppen Francos. Jeder wußte es: Heute Nacht geht es über den Ebro. Sollen wir uns noch schlafen legen? Gespannt warten wir auf unsere Aufgabenstellung.
Mich weckte die Stimme unseres Teniente Sepp *[Leutnant Sepp Spanner, Schutzbündler aus Favoriten]*: »Wer von euch ist Bergsteiger?« Es meldeten sich eine ganze Reihe.
Sepp führte uns – den Max, Heinz und mich – an den Abhang. Wohl über 200 Meter ging es hier steil hinunter. Unten schlängelte sich still und friedlich der Ebro, drüben dämmerten Bergrücken und über uns

stand das Sternenheer still und ewig. Wie zu Hause. Nichts mahnte daran, daß hier eine Schlacht vorbereitet wird.

Sepp erklärte uns unsere Aufgabe. Wir müssen eine Telefonlinie hinunter zum Ebro legen, von dort wird dann ein Unterwasserkabel angeschlossen, um die Verbindung mit den ersten am anderen Ufer gelandeten Truppen rasch herstellen zu können. Er brauchte uns nicht lange erklären, wie wichtig diese Aufgabe ist und wie notwendig es ist, jedes Geräusch zu vermeiden.

Max band sich die Enden der Drähte um die Hand – vorsichtshalber legten wir zwei Linien – Heinz nahm ein Gewehr mit und ich hängte mir den Telefonkasten um. Oben auf dem Kamm blieben Kameraden, die die Drahtrollen langsam abzurollen hatten.

Wir zogen uns unsere Alpargatas (Segeltuchschuhe) an, damit wir uns geräuschloser bewegen konnten. Die hatten allerdings schon einige Ein- und Ausgänge. Aber was macht's, wenn man einmal neben und zwischen den Schuhen ein bissel barfuß geht. So ging es los.

Leicht war der Weg nicht. In der Finsternis mit einem Telefonkasten klettern ist nicht einfach. Dabei hieß es noch, besonders aufzupassen, daß ja kein Stein fällt oder ein anderes Geräusch gemacht wird und dann vor allem darauf achten, daß die beiden Drähte gut liegen, nirgends hängen bleiben, sich schön nachziehen lassen – ich glaube, es wäre uns allen leichter gewesen, wenn wir hie und da laut hätten fluchen können.

Ein, zwei Stellen waren richtige Wetterstellen. Das griff sich an wie Alpen und wir fühlten uns heimisch. Sonst griff es sich aber oft recht stachlig an und die Steine waren ganz ekelhaft locker.

Die gegenüberliegenden Berge wuchsen empor, der Ebro wurde immer breiter und die Baumgruppe, die uns die Richtung angab, immer höher. Langsam arbeiteten wir uns hinunter. Still war's noch immer und das leiseste Geräusch schien uns laut.

Unten angekommen, überprüften wir die Linien. Auf beiden Linien meldete sich niemand. Das ist doch unmöglich. Sollten beide gerissen sein? Die Verbindung muß jedenfalls hergestellt werden. Noch einmal überprüfen wir. Wieder nichts. Wir beschlossen, daß einer sofort hinaufklettern soll, dabei die Linien kontrolliert und oben Meldung macht. Während ich mich auf den Marsch machte, kamen die ersten Lastwagen mit den Pontons, Pioniertruppen und anderen Soldaten. Die ratternden Motore der Camions weckten auch die faschistischen Posten am jenseitigen Ufer, die ersten Schüsse krachen.

Ich kletterte hinauf, in der einen Hand immer die beiden Linien. Das ging recht geschwind und ich war ganz erstaunt, als ich oben war. Beide Leitungen waren ganz. Schnell meldete ich mich bei unserer Zentrale. Die hatten inzwischen schon Verbindung mit beiden Kameraden unten, beide Linien klappten. Vorher war keine Verbindung zustande gekommen, weil die Leitungen noch nicht an die Zentrale angeschlossen waren. Wir waren schneller als unsere Kameraden oben auf dem Berg.

Ich berichtete dem Sepp alles. Mir wurde aufgetragen, unten anzurufen. Das ging nun wieder nicht, da die Telefonglocke abgestellt war. Läuten durfte es nicht am Ebroufer. Es blieb nichts anderes übrig, als wieder hinunterzukraxeln und dann von unten anzurufen.

Mittlerweile schossen schon die Faschisten recht lebhaft. Sie hatten die Bewegung an unserem Ufer bemerkt. Jetzt machte ich den mir bekannten Weg schon müheloser nach unten. Dort waren schon die weiteren Verbindungen hergestellt und unser Auftrag erledigt. Befriedigt kletterten wir zu dritt wieder hinauf.

Das Feuer wurde heftiger. Am nächsten Tag konnten wir bei einer Linienkontrolle feststellen, daß ein Draht an einer Strecke von 10 Metern durch Schüsse oder Gesteinssplitter unterbrochen war.

Oben angekommen, schauten wir nochmals zurück. Sterne, Fluß und Berge standen da wie vorhin, aber der Friede in diesem nächtlichen Bild war geschwunden. Schüsse blinkten ununterbrochen am feindlichen Ufer auf, ein Hin und Her von Schatten gab's auf unserem Ufer und die ersten Boote standen schon im Wasser.

Voll froher Hoffnung und hundsmüde legten wir uns schlafen.
[So weit der Zeitungsartikel.]

29. 7.

Mittags: Schlachtberichte brauch ich ja keine schreiben, weißt eh alles. Welches Gefühl es war, über den Ebro und vorwärts zu gehen, auch nicht. Damit Ihr aber seht, wie alles in Ordnung ist: Heut hab ich Ottos Brief vom 20. und Gretls Karte vom 21. bekommen. Mir geht's recht gut, freu mich über jede verantwortungsvolle Arbeit unheimlich, »Feuertaufe«-Nervosität ganz, ganz gering. Überhaupt bin ich draufgekommen, daß der ganze Krieg Nervensache ist und bin diesbezüglich mit mir zufrieden. Hab bis jetzt nur einen kleinen Tippel am Kopf von einem Stein und auch alle Bekannten sind heil, soweit ich's weiß. Fridolin gestern abend und Kurt heute früh gesehen. Dreckig und zerlumpt sind wir und fressen ununterbrochen Faschistenkonserven und müssen ununterbrochen in Fliegerdeckung! Nochmals Paket-Dank, das Allerbeste: Maronicreme und Zucker! Bitte immer Zucker!

30. 7.
Abends. Gretl, habe eben Deinen Brief vom 19. 7. bekommen und den festen Entschluß gefaßt, bei der ersten guten Gelegenheit recht ausführlich zu schreiben. Jetzt sind wir alle sehr müde und müssen alle angeblich irgendwo hinkommen, mit recht viel Gepäck. Und die Avione sind ganz ekelhaft gemein, bombardieren, als ob eine Bombe überhaupt nichts kosten würde. Man bekommt allerhand Gefühle dabei.

Leider geht die Offensive nicht im gleichen Tempo vorwärts, eben hauptsächlich wegen der Flieger.

Ja, schickt mir im nächsten Packerl auch eine recht kleine metallene Dose gutes Fußpuder mit, meine Füße werden langsam heißgelaufen.

So ein Krieg, der gibt einem allerhand Gedanken und es ist bezeichnend, daß ich schon immer in Briefform an Euch denke. Das meiste werd ich allerdings vergessen. Ich komme mir vor wie ein alter Krieger und hie und da greif ich mir an den Kopf – bildlich – und denk mir, wenn mich einmal einer fragt, was Kapitalismus ist, führ ich ihn einen Tag hier spazieren und brauch nur wenige einleitende Sätze sagen.

Ausführlich später. Ihr seht, ich bin jetzt zu müd, um das zu sagen, was ich möchte.

[In dem von der »Legion Condor« im Jahr 1939 in Berlin herausgegebenen Buch »Deutsche kämpfen in Spanien« steht knapp:
Im Juli 1938 brach die rote Entlastungsoffensive im Ebrobogen los und das Schwergewicht der Einsätze der J(äger) verlagerte sich dorthin.
Und an anderer Stelle:
Alle verfügbaren Kräfte, einschließlich der LC (Legion Condor) (wurden) auf den Ebrobogen konzentriert.]

2. 8.
Nachmittags. Endlich hab ich Ruh zu dem lange versprochenen Brief. Ich sitze am Rand unseres Refugiums – einem ungefähr halbmetertiefen Graben, den ich diesmal mit Gustl und einem jungen Wiener Architekten teile – er kennt Dich übrigens, Otto, flüchtig von der Lisl *[so wurde das Wiener Polizeigefangenenhaus genannt].* Refugiumbauen ist eine recht blöde Beschäftigung, wir übersiedeln nämlich fast täglich und überall ist es notwendig.

Ich sitz also da in meiner Turnhose, Gott sei Dank sind wir schon im Schatten, Artillerie schießt ununterbrochen, aber diesmal nicht zu uns, und eben ertönt die Pfeife, das Zeichen für Aviation. Wollt grad schreiben, Aviation haben wir schon lange nicht gehabt, statt dessen verstecke ich aber geschwind das weiße Papier.

Jetzt sitz ich nicht mehr, sondern lieg und denke mir, habt's mich gern – nämlich die Flieger.

Wie soll ich Euch die letzten 10 Tage schildern? Nicht einmal Tageschronik kann ich bringen, weil ein Tag in den anderen übergeht. Kaum eine Nacht, die wir durchgeschlafen haben, hab mir das Schlafen auf Raten, wenn nur irgendwo bissel freie Zeit ist, angewöhnt. No, seit gestern Vormittag haben wir fast »Ruhe« und ich bin seit langem wieder ausgeschlafen. Ich versuch doch eine kurze Chronik:

Vorm Ebroübergang gabs einen Nachtmarsch und dann etwas abenteuerlich Schönes. Drei Mann mußten wir geräuschlos in der Nacht einen Felshang hinunterklettern (250 m) zum Ebro und eine Leitung legen. So waren wir die ersten unten am Fluß. Im Lauf der Nacht und des nächsten Vormittags mußte ich fünfmal diese »Wand« hin und zurück durchklettern, auch einmal unter Feuer, und hatte so bei Tag einen schönen Überblick über den Kampf.

[Diese Episode ist in dem obenstehenden Artikel beschrieben.]

Und gleich am ersten Nachmittag machten wir recht gründliche Bekanntschaft mit der Aviation. Die Bomben, das ewige Schauen: Kommen sie über uns?, die Riesendreckwolken und der Gestank und der Höllenlärm – wir haben oft gehört, die Hauptwirkung der Fliegerbomben ist moralischer Natur. Wir haben's nun auch gut gespürt. Freilich verursachen sie auch Verluste, aber sie stehen in keinem Verhältnis zum verschwendeten Material.

Du liegst fest auf der Erde, versteckst den Kopf, die Erde zittert und Dir kommt das Ganze unglaublich gemein vor. Und auch daran gewöhnt man sich; neulich – ich ging mit zwei Tenientes (Leutnants) vom Stab, um unsere Kompanie dann auf einen neuen Platz führen zu können, bin seit neuestem sowas wie Adjutant oder Bote – also neulich flog wieder so eine Staffel und ziemlich genau über uns – man kann das ja nur schwer exakt feststellen –, seh ich zum erstenmal, wie sie die Bomben schmeißen. Kleine silberne Eier. Na, sie sind mindestens 200 m neben uns gefallen und wir haben nicht einmal den Dreck abgekriegt. Und wie ich dann ungefähr 3 Stunden später über denselben Platz zurückging, erinnerte ich mich daran wie an ein recht altes Abenteuer. Überhaupt eine sonderbare Erscheinung, vielleicht automatischer Nervenschutz: So schnell ist alles dunkle Vergangenheit.

Nach dem Ebroübergang kam der Vormarsch, der für uns aus endloser Schlepperei und endloser Aviation bestand. Und einmal konnte ich im Ebro baden, eine friedliche Episode.

So ein Schlachtfeld: Gestank von Geschützen, Blut, Dreck, aufgerissene Krater und in der Umgebung graugefärbte Natur, überall herumliegende Sachen, Decken, Mäntel, Patronen, Fetzen, Pferdeleichen – die Menschenleichen werden bald eingegraben –, ein Bild, an das man sich gewöhnen kann, ein Bild, das einen aber schwer verlassen kann.

[Die Erinnerung an meine erste Begegnung mit dem Tod im Krieg hat sich mir so tief eingeprägt, daß sie mir auch heute noch trotz all der zahlreichen Eindrücke der nachfolgenden Zeit gegenwärtig ist:
Wir marschieren unmittelbar hinter der Front. Sanitäter tragen im Laufschritt Bahren aus der Feuerzone. Zwei laufen auf uns zu, bleiben kurz stehen, schauen auf den auf der Bahre Liegenden, kippen die Bahre um und laufen wieder nach vorne. Ich gehe zu dem nun auf dem Boden Liegenden: Er ist tot. Die Sanitäter haben sich beeilt, einen Verwundeten aus der Feuerzone zu holen, dem noch zu helfen ist. Alle rationalen Überlegungen müssen ihnen recht geben; dennoch war dieser Eindruck – das Abladen des Gestorbenen – so stark, daß ich jetzt noch das Bild vor mir sehe. Daß ich diese Episode nicht in meinem Brief beschrieben – auch nicht angedeutet – habe, mag daran liegen, daß ich die Meinen mit krassen Schilderungen nicht allzusehr beunruhigen wollte.
Im Brief heißt es weiter:]
Und jetzt hier der harte Kampf. Oft eine lange Kette von Sanitätern mit Tragbahren, Verwundeten, die humpeln – Bilder, die nicht schön sind.
Und am 31. 7., so um ¾2 Uhr, da hab ich den Krieg kennengelernt. Wir saßen gerade in einer kleinen Schlucht, ich wickelte mit anderen Draht, andere tratschten, es flog gerade das erste Mal eines unserer Flugzeuge über uns und wir freuten uns sehr, beachteten das Artilleriefeuer kaum, da schlug eine Granate 6 bis 7 m von uns ein.
Wir hatten 4 Tote und 4 ernstlich Verletzte. Der neben mir saß (ein Deutscher), sank blutüberströmt über mich und ich mußte mich erst unter ihm hervorarbeiten, die anderen waren auch alle auf der Stelle tot. Einer – Moses aus Leipzig, ich kannte ihn noch am besten von den vier – badete gerade und lag nun unter dem Wasser. Und die Verwundeten schrien. Wir mußten schnell ins Refugium, alles kugelte übereinander, vor uns lagen die Leichen derer, mit denen wir noch vor wenigen Minuten Witze gemacht oder gestritten hatten.
Von unseren Bekannten ist Robert *[Löffler]* an der Hüfte verletzt, glaub aber nur eine Fleischwunde, ich ging dann mit ihm zur Sanität und er konnte so lange gehen. *[Er ist auf meiner anderen Seite geses-*

sen. Ich habe damals nur von einem Stein eine Beule auf dem Kopf bekommen.] Bei der Sanität trank ich das erste Mal einen Schluck Kognak. Dabei ist's das Schlimmste, still hocken und nichts tun; durchs Feuer gehn mag gefährlicher sein, ich tu's hundertmal lieber.

Ja, wegen mir braucht's Ihr Euch nicht schämen, ich glaub, ich hab hier einen ganz guten Ruf, bin natürlich nicht der einzige. *[Nachdem unsere Einheit diese schweren Verluste erlitten hatte – auch unser Kommandant Sepp ist damals schwer verletzt worden – und viele unter dem Schock standen, wurde ich zum Verbindungsmann zum Brigadestab bestimmt.]*

Merkwürdig, die Spanier unserer Kompanie sind durchschnittlich viel ängstlicher und weniger verantwortungsbewußte Soldaten als wir Internationale, obwohl wir auch einige Typen haben. Freilich sind viele mobilisiert *[also keine Freiwilligen]*. Und dann – glaub ich – ist ihnen technischer Krieg noch viel ungeheuerlicher als uns »Mitteleuropäern«.

So, jetzt antwort ich flüchtig, seid vorderhand mit so schmalen Berichten zufrieden:

Zuerst, lieber Fritz *[ein Wiener Bekannter meines Bruders, der nun auch nach Frankreich gekommen war]*, danke ich Ihnen sehr für die Österreich-Schilderungen, die uns hier nur recht teilweise bekannt waren und recht freuten. Und gleich noch einen ungebetenen Rat: Bitte suchen Sie sich einen Beruf oder ein Lebensziel. Ich fürchte für Sie sehr; Emigration ist ein gefährliches Gift. Seid's mir nicht bös wegen der ungebetenen Ratschläge, aus dem Schützengraben – hab im Krieg noch keine Waffe in der Hand gehabt! *[wegen Mangel an Gewehren blieben die meisten Mitglieder unserer Nachrichteneinheit die ganze Zeit hindurch ohne Waffe]* – darf man sich's eher erlauben.

Wegen »Non Intervention«: Ich meinte, daß Chamberlain wohl einen reinen Klassencharakter hat, die andere Klasse dank der Demokratie aber heute gerade in der Frage seine Handlungsfreiheit eingeengt hat. No, inzwischen ist das Ganze ja schon versandet und hier spricht kein Mensch mehr davon.

Liebe Gretl, gestern Nacht, da hab ich Sehnsucht gehabt. Ja, unser Kurt *[so wollten wir unseren Sohn nennen, sobald wir einmal einen bekommen durften]* kommt viel in die Sonne und gleich wird er turnen, und schaun wir dazu, daß er keinen Krieg notwendig hat.

Im Aussehen hab ich mich wohl noch nicht verändert, außer daß ich verdreckt bin und vielleicht weniger trainiert.

Grad fliegen wieder Bomben, aber ziemlich weit von uns, es kracht nur. Jetzt fängt auch die Artillerie in der Nähe wieder an, ich werd schnell abschließen. Sie bombardieren immer weiter, Max – der Jurist – ist bissel nervös, immer hat's einen anderen ein bissel, und so mach ich Schluß, werd später schon wieder aufgelegt sein zum Schreiben. Aber das wißt: Geschehen wird mir nix, hab auch bei dieser einen Granate wieder nur meinen obligaten Tippel am Kopf bekommen.

5.8.

Wir haben jetzt die letzten Tage Ruhe, sind zwar in denselben Stellungen an der Front, aber diese ist stabil und relativ ruhig und so ist unsere Hauptbeschäftigung schlafen und schwitzen; manchmal beides auch gleichzeitig. Zu Mittag ist's so arg, daß dort, wo z. B. der Arm auf dem Körper aufliegt, alles naß ist. Jetzt – um 5 Uhr – beginnt in unser Refugium der Schatten der Steinmauer zu fallen, an der es liegt. Wir sind auf einer der unzähligen Terrassen, in die jeder Berg und Hügel hier eingeteilt ist – und so benütz ich den ersten Streif, um im Schatten zu schreiben.

Seit Mittag war kein Fliegeralarm. Artillerie nur sehr selten. Wenn einmal ein Schuß fällt, fällt gleichzeitig der bekannte Witz: »Die wern noch so lang schießen, bis es Krieg gibt.«

Ich muß noch eines hinzufügen: So ekelhaft und kulturwidrig der ganze Krieg ist, wenn ich noch einmal wählen könnte, ich würde zweifellos wieder Spanien wählen. Dies ist keine Phrase.

Ich kann freudestrahlend 1. das Paket vom 12. 7., 2. Gretls Brief vom 24. 7. und 3. Ottos vom 27. 7. bestätigen. Zum Paket: Ich bin schon weit und breit berühmt wegen meiner häufigen und umfangreichen Packerln, sie sind auch wirklich luxuriös. Otto, Du willst genaue Kritik: Sehr gut Lebkuchenmehlspeise, Keks, Kondensmilch (ich hab sie zwar noch nicht aufgemacht, aber sicher), Erbsen, Ananas. Die Schokolade leidet bei der Hitze ein bisserl, schick bitte weniger und robustere, solang die Temperatur anhält, und mit dem Kakao muß ich wohl warten, bis Kochgelegenheit besteht. Ja, die Zahnpasta war auch fast so gut wie ein Essen. Einmal hab ich mir den Luxus des Putzens erlaubt, Wasser ist nämlich ein Wertgegenstand.

Meine Packerln haben die anderen auch zur Aktivität auf diesem Gebiet angespornt. Sie schreiben allen Bekannten Schnorrbriefe. Stefan, ein Brigittenauer, hat seiner Mutter geschrieben, sie soll ihm Buchteln schicken, und das ist jetzt ein beliebtes Gesprächsthema. Überhaupt, die Österreicher werden nur sentimental – aber da alle –, wenn das Gespräch auf Mehlspeisen kommt. Und das tut's oft.

Und jetzt zu Gretls Brief: Was Du schreibst über »ewig« etc., Du, das hat mich froh und stolz gemacht. Wenn Du mich nicht auch in der

Entfernung ein bisserl idealisierst? Aber schön ist's, so sichere und ruhige Worte über dieses Thema lesen zu dürfen und daran glauben zu können. Man hat viel mehr Verantwortungsbewußtsein sich selbst gegenüber und ich liebe dieses Gefühl.

Wegen der Gewehre: Ich und viele andere von der Transmission auch haben noch immer keins und hätten auch kaum Verwendung dafür. Unsere Waffe ist eben Telefon und Kabel.

Du schreibst: »Du bist doch sicher ein ganzer Krieger und kein Sentimentalist.« Sentimentalist bin ich keiner, wenn ich freilich auch über einige solche Augenblicke nicht hinüberkommen kann, ohne sie registrieren zu müssen. Aber ein »ganzer Krieger« bin ich ganz und gar nicht, ich bin sehr pflichtbewußt und hab mich recht in der Hand und weiß genau, wofür ich etwas tu, aber zum »ganzen Krieger« gehört noch was anderes, das Landsknechtische des »richtigen« Soldaten, das Kulturarme des bedenkenlosen Kriegers und das sich nicht Rechenschaft über Taten und Gefühle Geben eines Abenteurers. Nein, ich bin ganz und gar kein Krieger und das ist, glaub ich, der Grund, weswegen man sich auf mich hier verlassen kann. Ich bin Soldat mit dem Kopf, ein »ganzer Krieger« muß es auch mit dem Herzen sein und vor solchen Leuten tät's mir grausen.

Als kriegerische Begleitmusik meldet sich eben die Artillerie. Sie schießen meist über uns hinweg und das Pfeifen, das Wechseln in der Tonart, ist schon ein altbekanntes Geräusch, man hört schon, wie weit sie einschlagen wird, und Fachleute wollen auch das Kaliber erkennen, weswegen ich sie gern ein bisserl pflanze.

Taschenlampenbatterie brauch ich keine mehr, hab mir hier eine andere »organisiert«. Beim Vormarsch gab's überhaupt allerhand zu organisieren, nur war das Schleppen zu schwierig.

Wegen Bauer-Nachruf *[der Führer der SPÖ, Otto Bauer, war gestorben]*: Welche Meinung hattest Du über ihn in letzter Zeit, insbesondere nach den »Kampf«-Artikeln nach dem März *[1938]*? Und nur, weil er gestorben ist, soll man diese Meinung ändern? Tod ist für mich kein politisches Argument.

[Otto Bauer schrieb in der Nummer vom 2. Juni 1938 der Zeitschrift »Der sozialistische Kampf« von einer »reaktionären Utopie der Wiederherstellung der Unabhängigkeit« Österreichs und führte dazu aus: »Binnen einem Jahr wird die österreichische Wirtschaft dermaßen in die gesamtdeutsche einbezogen sein, daß es nicht mehr möglich sein wird, sie aus ihr herauszureißen, ohne in Österreich eine Wirtschaftskatastrophe herbeizuführen ... Wer kann ernsthaft meinen, daß der Sozialismus die österreichischen Arbeiter und Angestellten, die öster-

reichischen Gebirgsbauern, die österreichische Intelligenz zum Kampf um die Wiederherstellung einer Unabhängigkeit zu mobilisieren vermöchte, die für sie den Rückfall in furchtbare strukturelle Arbeitslosigkeit . . . bedeuten würde?« Dieser Standpunkt wurde von den Kommunisten leidenschaftlich bekämpft.]

Auf Deine Lobeshymne auf die DVZ *(Deutsche Volkszeitung?)* hab ich die nächste Nummer recht aufmerksam gelesen. Das hat dazu beigetragen, daß ich Deinen Brief an die Zeitung abgedruckt fand, aber mein Urteil hat es trotzdem nicht geändert. Ich kann mir nicht vorstellen, daß die Zeitung über einen ganz beschränkten Kreis hinaus Einfluß nehmen kann. Von einer guten Zeitung verlange ich, daß sie unbedingt interessant und bunt ist. Die ewigen Aufrufe, Resolutionen, Erklärungen etc. sind aber – mit allem Respekt – das Gegenteil. Wenn Du sie allerdings als Fachzeitung der politischen Emigranten erklärst, ist's was anderes. Aber das sollte sie doch nicht nur sein.

9.8.
Ich wollte schon den ganzen Nachmittag zu schreiben beginnen, aber immer kam was dazwischen. Zuerst kam Nicki und lud mich ein, mit ihm in die Weintrauben zu gehen. Einzelne Beeren sind schon recht schön blau und wir pickten sie fleißig heraus. Dann – als gerechter Ausgleich für den Magen – kam Max, der Jurist, der meinen Kakao im Rucksack hat, und eröffnete mir, daß er ihn gekostet hat und er so auch recht gut schmeckt. Ich hab gekostet und daraufhin fleißig gefressen. Gut! Heut abends wollen wir uns einen Wasserkakao kochen. Bin neugierig.

Aus dem könnt Ihr entnehmen, daß wir in Ruhe einige km hinter der Front sind. Sonntag nachts marschierten wir her. Leider ist die größte Hoffnung nicht in Erfüllung gegangen, nämlich das Waschen. Wir haben nur einen Ziehbrunnen mit schmutzig-gelbem Wasser und das Trinkwasser ist so rar, daß ich gestern raufen mußte, um auch welches zum Zähneputzen zu bekommen. Wir träumen alle von einem Badeausflug zum Ebro. Inzwischen hab ich meine Drecksachen weggehaut – mitsamt den Läusen, hoff ich – und bin augenblicklich Zivilist in meinem dunkelbraunen Schnürlsamtanzug. Bin froh, daß ich ihn am Camion mitgenommen habe.

Es ist jetzt an der Zeit, eine Betrachtung über meine ersten 14 Tage Frontzeit anzustellen. Diese Zeit wird von alten Hasen allgemein in Bezug auf Artillerie und besonders Aviation als eine der schwersten angesehen. Es war ein deutsches Schulbeispiel für die »Nichtintervention«. Ohne Flugzeuge hätten die unsere Offensive nicht so bald abgestoppt. Technische und ausländische Truppen sind das einzige Auskunftsmittel Francos.

Die Bedeutung unseres Vorstoßes schätze ich hoch ein, obwohl ich von hier aus nur geringen Überblick habe. Sowohl für beide Spanienteile als auch international. Bei der engen Verflechtung aller Probleme wirkt auch eine geringe Verschiebung einer Frage stark auf alle anderen, glaub ich. Auf unsere Soldaten hat die Offensive jedenfalls eine recht günstige Wirkung gehabt. Die Opfer sind groß und hart. Aber wirklich nicht vergebens.

Ich selbst bin jetzt richtig im Krieg drin, erst jetzt. Ich kann nicht sagen, daß ich mich darin wohl oder zu Hause fühle, durchaus nicht, aber ein ruhig sicheres Gefühl hab ich; weil ich meine Arbeit weiß, die Gefahren kenne und mein Ziel liebe. Und an unheilbarem Optimismus leide.

Kurt hab ich neulich wieder gesprochen. Ich bin stolz auf ihn. Er hat sich vor paar Tagen freiwillig in seiner Kompanie zum leichten Maschinengewehr gemeldet, wo dieser Posten doch gefährlicher ist, weil MG-Nester beliebte Zielpunkte sind. Er möchte gern zu mir in die Einheit und ich werd's versuchen.

Nach dieser umständlichen Einleitung bestätige ich die eingelaufene Post: Otto, Deine Karte, und Gretl, Deinen Brief. Ich beantwort ihn gleich. Beim starken Wind wird's allerdings auf Schwierigkeiten stoßen.

Wegen Fridolin: Da muß ich Dir ganz energisch antworten. Ich bin selbstverständlich gegen alles Versteckspiel vor der Partei und werde niemals einem dafür Verantwortlichen auf »dienstlichem Weg« auch nur das geringste verschweigen diesbezüglich. Aber ebenso entschieden bin ich gegen jede Tratscherei, die schon recht, recht viel angerichtet hat und wohl auch nie genützt hat. Es tut mir sehr leid, daß Du das nicht einsiehst. Hast Du nicht genug von den Tratschereien ehemals in unserem Bezirk *[dem 9. Bezirk in Wien, wo beide in der KP-Organisation tätig waren]*?

Was Fridolin selbst tut, um diese Tratschereien und Stammtischübertreibungen zu fördern, ist seine Sache. Unsere selbstverständliche Pflicht ist es, diese volle Wahrheit dem Verantwortlichen – aber nur diesem, alle andern geht's überhaupt nichts an – zu sagen. Nicht nur im Interesse Fridolins, sondern auch in dem der Partei. Tratschereien sind ein Grundübel, das überall bekämpft werden muß.

Und noch etwas: Du urteilst recht wegwerfend über Fred. Ich weiß, daß ich's auch mehr als einmal tat. Aber aus Deinem Mund tut's mir weh. Wenn er vor der denkbar schwersten Prüfung des Lebens theoretisch versagt hat – praktisch wirkte es sich ja eigentlich noch nicht aus –, so soll man nicht zu geschwind hochmütige Verachtung da haben, wenn man selbst diese Prüfung nicht kennt.

Ich weiß, die letzten Absätze sind scharf, aber ich soll nichts beschönigen, hast Du neulich geschrieben.

Stell Dir nicht vor, daß ich die »Frente Rojo« fließend lese. Erstens gibt's in der Politik sehr viele internationale Ausdrücke und im Militärischen auch, und dann les ich auch »intuitiv«, weißt. Aber den Inhalt bekomm ich schon richtig heraus. Sonst machen meine Kenntnisse leider keine Fortschritte.

Australien behandel ich schon in meinen Gedanken als Realität und denk schon ernsthaft daran, wie ich einmal das Geld zu einem Besuch auftreiben kann. Denn sehen möcht ich Dich gleich, wenn's von hier aus möglich ist.

So, jetzt noch bisserl Tratscherei: Wir haben hier sehr schöne Aussicht auf »unsere« ehemalige Ebroseite. Jetzt sind ja beide unsere. Die Landschaft macht einen »biblischen« Eindruck. Hier könnten alle diese Gestalten auf ihren Eseln herumziehen; ich muß oft an diesen Vergleich denken; und an Landschaftsgemälde mittelalterlicher Maler, die wir überheblich als »vollkommen unnatürlich« abtaten, weil sie nicht der uns bekannten Natur entsprachen. So ungegliedert, unmotiviert sind Hügel, Berge, Täler, und gar kein ebenes Stückchen.

Ich selbst hab jetzt eine eigentümliche Zwischenstellung: Bin zwar offiziell noch in einer Telefonistengruppe – die technische Gruppe wurde ja im Lauf der Offensive aufgelöst, wir arbeiten nur mit Telefon –, aber schlaf bei den Offizieren und arbeit auch nicht mit meiner Gruppe mit. Weiß nicht, was sie mit mir vorhaben, fragen will ich nicht. No, mit der Zeit wird's sich ja herausstellen.

Gestern hab ich mir vom Camion wieder die Mehring'sche »Literaturgeschichte« geholt und es ist ein ganz eigenartiges Vergnügen, wieder in Ruhe zu lesen. Ich koste es bis zum Letzten aus.

Wollt heute noch dem Wachs *[einem Wiener Rechtsanwalt, der Gretl und mich verteidigt hatte, als wir unter Schuschnigg nach dem Staatsschutzgesetz angeklagt waren, und der ebenfalls nach Frankreich emigriert ist]* schreiben, aber erstens bin ich zu faul, dann ist's schon spät und wir wollen heute abend noch eine Besprechung organisieren und ich fürchte bisserl, wenn ich nicht dahinter bin, ist niemand dahinter. Also grüß Euch inzwischen. Ich schreib Euch in Gedanken sehr viel, wenn immer jemand meine Gedanken, die in Briefform sind, mitschreiben würd, es gäb Bände. So fällt leider viel unter den Tisch – symbolisch, denn einen Tisch hab ich schon lang nicht benützt.

14.8.

Ihr kommt heute kurz weg, dafür schick ich diesmal zur Entschädigung die Zeichnung. Mir gefällt sie sehr gut, ein bisserl idealisiert komm ich mir vor und dann schau ich so gequält aus. Sollt das Tatsache sein?

Daß Ihr von unserem Sieg begeistert seid, freut mich. Wir warten schon wieder ungeduldig auf den nächsten. Ich glaube, man übertreibt nicht, wenn man sagt, daß wir hier ein bisserl Weltgeschichte machen. Wir liegen hier weiter in Ruhe, sind reorganisiert, ich bin wieder bei der technischen Gruppe, bin neugierig, wie sie arbeiten wird.

Eine ganz große Enttäuschung haben wir mitgemacht. Endlich sind wir zum Ebro baden gefahren und er war so entsetzlich dreckig und lehmig, daß ich nicht einmal ganz hineingegangen bin. Nachher waren wir alle ganz grau.

Sonst gibt's täglich massenhaft Aviation, seit neuestem recht oft Luftkämpfe, die sich nur leider in solcher Höhe abspielen, daß wir Zuschauer fast nichts davon »haben«. Abschmeißen tun die Kerle sowieso hier noch nicht und so ist uns die »Fliegerdeckung« zu einer alltäglichen – fast stündlichen, oft stundenlangen Gewohnheit geworden.

Sonst: Mit der »Literaturgeschichte« bin ich fast fertig und hoffe, nachher wieder ein so interessantes Buch zu erobern. Man ist hier gezwungen, gründlich seine Gedanken, sich und die anderen zu überpüfen, so eine Ruheperiode nach großen Bewegungen heischt das.

21.8.

Ich hab Euch zwar einen Brief mit Rückblicken etc. versprochen und heut ist fast eine Woche seitdem vergangen, aber Ihr müßt entschuldigen, hier ist Krieg und der verhindert gerne Vorsätze und stört die schönsten Pläne.

Wir sind von unserem Ruheplatz hinten – gar so weit hinten war's ja gar nicht – nachts weg und sind hierher in schöne, wilde Berge an die Front [die Sierra Pandols]. In den ersten Tagen gab's lebhafte Angriffe mit kleinen Erfolgen, jetzt ist unsere Front recht stabil und nur Aviation und Artillerie arbeiten recht lebhaft.

Unsere »technische Gruppe« hat wiederum ein genauso kurzes Leben gehabt wie letztes Mal an der Front, sie wurde als solche überhaupt nicht eingesetzt, es ist auch schwer möglich und bei einer stabilen Front wohl auch zu unpraktisch und langsam. Telefon ist besser, vom Wetter unabhängig und nur die häufigen Unterbrechungen sind nachteilig.

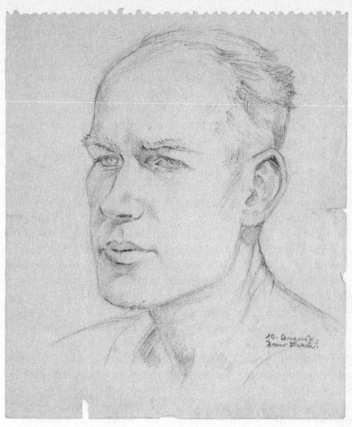

Hermann Langbein, gezeichnet von einem Kameraden

In den ersten Tagen waren wir »technikos« – sozusagen die Transmissionsaristokraten – so Aushilfe und tachinierten ein bißchen, dann aber hatte ich wieder eine Freude: Unser Brigadestab meutert oft auf die Transmission – sie ist überhaupt so eine Art Sündenbock, immer war die Verbindung schuld, wenn was nicht klappt, und so ist's am verantwortungsvollsten, direkten Dienst beim Stab zu machen. Erstens gibt's hier naturgemäß die wichtigsten Linien, dann muß man hier am meisten die Ehre der Transmission verteidigen. Unser Teniente schickte mich hinauf mit zwei Spaniern.

Wir sitzen jetzt hier in einem Felsenloch und unsere Aufgabe ist, auf drei Linien aufzupassen. Eine zur Zentrale, die ist nicht so lang, und zwei zu verschiedenen Observationen *[Beobachterstellen]*, eine davon ist 5 km und leider natürlich auf einem Berg oben. Zur einen muß man außerdem noch durch ein Tal.

Jetzt gibt's da verschiedene Gefahren: Erstens zerreissen die Mulis gern die Linie. Sie liegt zwar nicht am Weg, aber so ein Muli kommt überall hin. Dann gibt's in unserem Tal – es ist schon eher eine Schlucht – starken Artilleriebeschuß. Seit neuestem spezialisiert sich der Feind auf uns und am meisten leiden darunter natürlich die Telefonlinien. Dabei gibt's massenhaft Steinsplitter, die die Drähte zerreissen. Gestern war's besonders arg, da waren alle drei Linien zugleich kaputt nach so 10 Minuten anständigem Feuer, wir haben noch im Feuer hinausgemußt und als wir die erste repariert haben und froh zurückgekommen sind, um die zweite zu flicken, ist inzwischen die erste schon wieder hin. Dabei immer Feuer, ununterbrochen muß man in Deckung gehen, aber beeilen muß man sich auch – das Ganze riecht hie und da ein bisserl nach »heldenhaft«. Ich hab wieder einen Stein abbekommen, das scheint schon zur Regel zu werden. Diesmal fiel ein großer Brocken runter.

Vorher war ich einmal mitten zwischen Fliegerbomben, sie werfen meistens gleich eine Kette, ich war aber in einem Zwischenraum – eine sehr laute Angelegenheit; und ein andermal ging oben am Berg 3 m vor mir eine Granate in die Erde, hat mir aber überhaupt nix getan. So habt Ihr alle gefährlichen Situationen ausführlichst beschrieben.

Meine zwei Spanier hier: Der eine, ein 19jähriger katalanischer Student, er will Lehrer werden, ungeschickt mit so eckigen Händen, ohne den geringsten Orientierungssinn, ungeheuer lernbegierig und eifrig, sehr gewissenhaft. Er fürchtet sich recht fest, ist aber viel zu pflichtbewußt, um daraus Konsequenzen zu ziehen. Wenn Kontrolle im Feuer ist und ich sage F. »vamos« – »gehn ma«, übrigens kann jeder Spanier als erstes deutsche Wort dieses »gehn ma« – dann geht er sofort.

Wenn Artillerie pfeift, dann legt er sich auf die Erde und gibt beide Hände über den Kopf. Und nachher schaut er mich so schuldbewußt an wie ein Hund, der ein schlechtes Gewissen hat. Ich hab ihn gern, wenn er mich auch oft nervös macht mit seiner Ungeschicklichkeit.

Der andere: Zuerst hab ich ihn überhaupt nicht schmecken können. Der feigste unserer Kompanie. Er hat sich hier beim Stab immer zum Telefondienst gedrängt, weil er da im sichersten Unterstand hockt. Ein Spanier macht immer Telefondienst, der andere ist mit mir in Bereitschaft für Linienkontrolle. Bis ich ihm neulich gesagt hab, daß er kein guter Kamerad ist. Es war zum zweiten Mal am gleichen Tag unter Artilleriefeuer auf den Berg zu hatschen und man hat dem jüngeren angesehen, daß er sich darüber nicht freut, aber unser Held war nicht vom Telefon zu trennen. Wie wir dann zurückkommen, kommt er zu mir und sagt, er gibt zu, daß er kein guter Kamerad war und von nun an soll ich die Zeit genau einteilen, wann jeder Telefondienst und wann Liniendienst hat. Ich war sehr froh und tat's. Und am nächsten Tag hatte er gerade bei dem starken Feuer, wo alle drei Leitungen auf einmal hin waren, Dienst und zitternd und schnaufend ging er mit mir – aber er ging. Nur einmal, nachdem mich der Stein getroffen und Einschüsse sehr in der Nähe waren, verkroch er sich in ein Loch und »hörte« mich erst, als ich zum dritten Mal rief.

Jetzt noch etwas: Von den Observationspunkten ist wunderbare Aussicht und Übersicht über's Schlachtfeld, ich geh deswegen fast gern hinauf, wenn's auch ein Tschoch ist, bei Tag riesige Hitze und bei Nacht derstesst man sich. Und dann: Hier ist man sehr zufrieden mit uns dreien und ich bin ungeheuer stolz darauf.

Und noch etwas Trauriges: Meinen Rucksack hab ich zwei Tage allein unten am alten Platz stehen gehabt und da haben mir »gute« Kameraden folgendes heraus »organisiert«: Meine Waschsachen, Rasierapparat, Dein schönes Nähzeug – es war so viel »Gretl« am Nähzeug dran, hatte es sehr gern –, Nagelschere – unsere historische, Otto, die noch an Mutter erinnerte – und gemeinerweise die wunderbare Zahnpaste und -bürste. Um letztere zwei möchte ich Euch dringend wieder bitten, hier gibt's nix Gutes auf dem Gebiet. Und bitte auch ein bisserl Nähzeug, aber ja nichts Teures, sonst gefällt's wieder jemandem andern gut. Ihr Armen, kommt mir vor wie ein Unterstützungsverein für mich.

Und nun zur Post, zuerst zu Gretls: Daß Du eventuell schon Mitte September fährst: Natürlich ist's gescheiter, wenn schon, dann gleich, und doch bin ich zuerst erschrocken.

Ich merke, Du bist enttäuscht, daß Du unter lauter Genossen und Spanienkämpfern in einem Gewerkschaftsheim so viele Schwächen und Fehler findest. *[Gretl hatte vorübergehend in diesem Heim in der französischen Provinz Beschäftigung gefunden.]* Das ist eine Strafe für Illusionen, die man sich in einem illegalen Land gemacht hat. Das ist ja das ungeheuer Schwere unserer Sache, daß wir eine neue Zeit mit Leuten anfangen müssen, die ganz und gar noch mit der alten verbunden sind.

Wegen Hero und Leander und dem großen Ozean: Gretl, ich hab das Gefühl, wir sehen uns bald – relativ natürlich – und Wasser schreckt mich nicht, seitdem Schiffe erfunden sind. Wir müssen uns doch einmal wiedersehen und was man muß, das geht auch.

Jetzt fängt die Artillerie an und schießt auf den gegenüberliegenden Hang, ich schau nur immer, ob's in unsere Leitung geht, bis jetzt sind sie glücklicherweise viel weiter rechts. Dort können sie ruhig hinpledern, dort ist nix außer Steinen.

So Otto: Nein, Stahlhelme haben in unserer Kompanie bloß zwei und die privat organisiert, denk doch, daß mehr als die Hälfte von uns nicht einmal ein Gewehr hat, daß oft viele mit halben Schuhen herumrennen, daß ja »Nichtintervention« ist.

Ja, mich freut's auch immer, wenn ich denke, was dem Mussolini unsere Offensive hier am Ebro kostet. Das Material! Wie lang er das noch durchhalten kann? No, wir jedenfalls länger und der Tintinger ist ganz bestimmt er. Kann nur noch recht blutig sein, bis es so weit ist, und das tut einem schon weh.

Wegen Hitze: Heute ist's direkt kühl und sehr ruhig. Der Wind hat uns sogar schon eine Leitung zerrissen. Und gestern hat's das erste Mal seit sehr langem gewittrig geregnet, gleich zweimal, davon das eine Mal fast ausgiebig.

So, die Artillerie schießt noch immer auf Eidechsen und Steine, wenn auch schon bissel tiefer ins Tal herein, Linien sind alle gut, somit ist auch nichts los. Unsere Kompanie hat bis jetzt einen Verletzten, bei unserem Camion ging eine Granate hinein und unser Magazinmann hat Splitter im Bein.

24.8.

Schon gestern hab ich den heutigen Tag feierlich zum Schreibtag erklärt, aber trotzdem ist es schon nach 5 Uhr, wenn ich jetzt beginne. Das kam so:

Zuerst war einmal »zeitlich« in der Früh so um ½ 8 Uhr Linienkontrolle. Wir stehen hier beim Stab im allgemeinen – wenn nix »los« ist – recht spät auf. Erstens hat das Frühstück einen langen Weg und kommt dementsprechend spät und dann gibt's auch oft in der Nacht Unterbrechungen, Dienstgänge, Feuer, was am ununterbrochenen Schlafen hindert.

Anschließend gingen wir auf einen Sprung in die Kompanie – die Kontrolle führte uns fast bis hin – tratschen, Neuigkeiten hören und eventuell Sachen holen wie Post, Zigaretten, Schuhe etc. Sie sind dort mindestens so faul wie wir hier und beneiden uns heuchlerisch, daß wir nix zu tun hätten.

Dann setze ich mich ein bisserl in die Sonne, ja, das tut man jetzt schon zuweilen, ich glaub, Otto, wegen Hitze brauchst Du uns nicht mehr zu bedauern. Hierauf suchte ich etwas zum Lesen und entdeckte eine Nummer vom »Wort« – eine literarische Monatszeitschrift von uns –, die ich fast auslas. Ganz eigenartig war folgendes: Ein Artikel handelte von den Spanienkämpfern im September 36 um Toledo, mit ihrem ganzen Durcheinander, Unorganisiertheit, Unmilitärischem und Zufälligem. Wenn man das so mitten im richtigen, ausgewachsenen Krieg dicht neben einem richtigen militärischen Stab liest und weiß, es ist derselbe Krieg, dann versteht man, was der Krieg gekostet und gelehrt haben muß. Denn wir unterscheiden uns von einem »richtigen« Heer nur in mangelhafter Ausrüstung, vom Stahlhelm bis zum Flugzeug. Dafür aber glücklicherweise auch noch durch unseren politischen Charakter.

Dann aßen wir unsere Fischkonserven und nun »mußte« ich doch die eben angekommenen Zeitungen lesen. Sie waren ja auch, so weit ich verstehen konnte, interessant genug.

Eure Regierungsumbildung. Wie ganz anders doch als unsere! Ich glaub, Ihr müßt jetzt doch schließlich entscheidenden Tagen entgegengehen, das Manöver, mit Volksfrontmehrheit eine Regierung der Volksfrontsabotage zu haben, muß meines Erachtens seine Grenzen haben. Wenn hier aber eine Wandlung eintritt, dann glaub ich, werden sich alle diese grimmig getäuscht haben, die glauben, eine Volksfront zu töten, indem man sie sabotiert. Sie wird lebendiger und stärker sein, als manche hoffen, und ich habe nur Angst, daß sie den Zeitpunkt versäumt, in dem sie aktiv werden muß.

[In Frankreich ist das zweite Volksfront-Kabinett der Regierung Blum von einer Regierung unter der Führung des Radikalsozialisten Daladier abgelöst worden, dem vorgeworfen wurde, die Volksfront zu sabotieren.]

Dann die Franco-Antwort. Hoffe ich zu viel, wenn ich darin Chamberlains Todesurteil sehe, das freilich in echt »englischer« Manier nicht überhastet und in konzilianter Form gesprochen werden wird.

Franco konnte freilich nicht anders antworten, höchstens etwas geschickter. Denn zwischen Planannahme und Francos Antwort liegt einiges, womit Mussolini nicht gerechnet hat. Hoch wir! Wir machen wirklich Weltpolitik und das gibt einem ein wunderbares Gefühl in den Augenblicken, wo man das so richtig spürt.

[Franco verlangte, daß auf beiden Seiten je 10 000 Freiwillige abgezogen werden, also ihm nachher weit mehr ausländische Soldaten zur Verfügung stünden. Ferner lehnte er eine internationale Kontrolle als »erniedrigenden Eingriff in die spanische Souveränität« ab. Das bedeutete faktisch eine Ablehnung des Freiwilligenabzugsplans. Tatsächlich war damals Mussolini gegen Franco aufgebracht, wie sein Außenminister Ciano bezeugte.]

Und dann die Hitler-Manöver: Darauf muß etwas folgen oder ist zumindest unbedingt etwas geplant. Denn nur als Geste und Druckmittel kostet's zuviel Geld. Hitler hat in einem eventuellen Krieg – je später er ausbricht – ein ungeheueres Minus. Alle dem einzelnen unangenehmen Kriegsmaßnahmen – Ersatzstoffe, Zwangsmaßnahmen, Aushebungen und Verschickungen – muß er schon lange im »Frieden« durchführen und gibt so seinen künftigen Gegnern einen Kräftevorsprung, der leicht die Entscheidung enthalten kann.

[Damals richtete sich das Trommelfeuer der nationalsozialistischen Propaganda auf die Tschechoslowakei unter dem Vorwand, daß die in diesem Land lebenden Sudetendeutschen unterdrückt werden. Hitler erzeugte eine Kriegspsychose.]

Auf jeden Fall bestätigen alle diese Ereignisse meine These, daß die internationale Entwicklung zu endgültigen Entscheidungen drängt und danach auch unsere Sache nicht mehr allzu lange auf ihre Entscheidung warten lassen wird.

Nach dieser Lektüre habe ich einmal eine Stunde geschlafen – no, und jetzt bin ich eben so weit, daß ich schreibe.

Ich habe absichtlich den heutigen Tag so ausführlich geschildert, damit Ihr seht, daß es auch an der Front einen Alltag gibt, der sehr fern von allem Heldentum etc. ist. Den Krieg bekommen wir nur zu hören und daran ist man bald so gewöhnt, daß man es – nicht hört.

Und dann natürlich die ewige Aviation. Die Faschinger haben sich jetzt eine neue Methode zurechtgelegt: Nachdem sie Dutzende Bomben runtergehaut haben, daß Rauchwolken von 100 m daliegen und man glauben muß, dort kann niemand existieren – es existieren natürlich recht viele dort –, dann werfen sie – Flugblätter ab. Es schaut zwar sehr schön aus, wenn sie runterflattern, aber mein lieber Franco, Zweck hat das keinen in dieser Mischung.

Die Unsrigen haben gestern auch Flugzettel abgeworfen, italienisch. Ich konnte sie nur recht ungefähr verstehen. Sie fordern die Italiener auf, nach Hause zu schreiben wegen der dortigen Zustände etc. Neulich haben unsere mit einem MG einen großen Bomber abgeschossen. Da hättest Du uns alle sehen sollen: Keiner war ruhig. Niemand hat den Feind gern, aber die Flieger hassen alle wie die Pest. Das ist direkt persönliche Feindschaft mit jedem einzelnen. Nachher gab's großen Streit, von wem er abgeschossen wurde. Zwei MG's beanspruchten es für sich und unsere Telefone hatten wieder einmal zu tun. Durch Schiedsspruch wurde er dann einem, der zuerst berichtet hat, zugesprochen *[dem Kärtner Gustl Holzer]*.

Heut haben übrigens die Hunde einen Unsrigen abgeschossen. Da hab ich eine Wut gehabt. Haben eh so wenig. Die Piloten sind zwar abgesprungen, aber unsere Observationen konnten nicht erkennen, ob sie noch auf unser Gebiet runterkamen, es war zu weit weg.

So, jetzt Schluß mit der Schmuserei, jetzt beantwort ich einmal Deinen Brief vom 15., Gretl:

Daß die jetzt erst draufkommen, daß Du für Australien einen gültigen Paß brauchst! Haben sie denn nicht genau gewußt, daß Du keinen hattest? *[Sowohl Gretl als auch mir waren nach einer Verurteilung im Jahr 1937 von der österreichischen Polizei die Pässe abgenommen worden. Im März 1938 sind wir deshalb illegal über die Grenzen.]* Ich weiß gar nicht, ob ich mich freuen soll oder traurig sein. Wenn's hier nicht mehr lang dauert, wär's ja wunderbar und herrlich und ich hätte eine Riesenfreud, aber wenn's doch noch dauert und Du müßtest richtiges Emigrantenleben leben und das längere Zeit, das möcht ich nicht. Und wie solltest Du in Frankreich richtig verdienen können? Ein bisserl pfuschen.

Ich rat Dir – obwohl ich eh weiß, daß der Rat zu spät kommen muß, und glaub, daß Du dasselbe machen wirst –: Tu alles, um mit Stella fahren zu können, und wenn ja, so bald. Wenn's nicht geht, no, dann haben wir Glück gehabt mit einem bisserl Pech – oder umgekehrt. Schreib mir jedenfalls schnell, wie sich die Australiengeschichte geregelt hat, die Ungewißheit ist mir unangenehmer als die unangenehmste Gewißheit.

Hier an der Front turn ich nicht. Platz ist keiner da dazu und so gar keine Gelegenheit zum Waschen. Und man kommt ja auch nie aus seinen Kleidern heraus, da macht's einem keine Freude. Es wäre eine reichlich künstlich-krampfige Angelegenheit, es hier zu versuchen.

Die Faschistenkonserven waren sehr, sehr gut, drei verschiedene Marmeladesorten, Gulasch, Fleisch mit Gemüse, allerhand fressen die.

Wir kriegen hier meistens Fischkonserven, Frühstück und Nachtmahl sind warm, oder sagen wir halbwarm; norwegische, gut, aber eintönig. Es hat wieder einmal alles Durchfall. Wenn man bei uns »ums Eck« geht, hockt der halbe Stab, die Wache etc. einträchtig nebeneinander. Ich bracht es gestern auch auf siebenmal, heut steh ich erst bei drei. Es ist oft recht interessant hier beim Stab, man lernt gleich so ein bisserl Strategie mit, auch Topografie – ich leb mit ihnen in einer Höhle – und natürlich auch Menschenkenntnis.

Nur sind einige Herren bisserl arrogant. Z. B. zum Essenholen waren sich einige aus dem Politbüro zu gut, obwohl sie sicher nicht sooo viel zu tun haben. Haben dafür zu sorgen, daß Kameradschaft in der Brigade herrscht und Aktivistengeist, wo jeder freiwillig Arbeiten übernehmen soll, und nicht einmal für sich können sie das Essenholen regeln, jeder drückt sich, und so bekommen wir einmal das Frühstück um ½12 Uhr. Hab mich recht geschämt für die Bimpfe. Jetzt haben wir eine genaue Liste und es klappt.

Gestern abend war ich wieder auf »unserem« gegenüberliegenden Berg, Linie richten. Es war gegen Abend, nicht mehr heiß, sehr schöne Beleuchtung und die Felsen und der gute Geruch der Nadelbäume, bzw. Sträucher machen einen ganz heimisch. Die Aussicht ist schwer klass und interessant, weil man die Fronten und die Tätigkeit gut sehen kann.

Jetzt muß ich rasch Schluß machen, unser ehemaliger Politkommissär ist hier – er ist eingesprungen für den Erkrankten, der ist nun zurück und er zum 2. Bat. gekommen – und will anscheinend mit mir tratschen. Hab früher gar nicht bemerkt, daß er mich so gern hat.

26. 8.

Schon wieder schreib ich, obwohl wir heute die halbe Nacht marschiert sind, wir sind nämlich schon wieder in »Ruhe«, die so ausschaut, daß seit zwei Stunden ununterbrochen Flieger über uns sind, die teilweise bombardieren, dann wieder Luftkämpfe aufführen, die von uns auf's leidenschaftlichste verfolgt werden.

Heut ist Packel – Du nennst es bescheiden klein, unser Politkommissär hat mich mit den Worten empfangen: »Dafür, daß ich dir solche Riesenpakete herschlepp, muß ich aber auch am Inhalt beteiligt sein« – vom 1. 8., Ottos Brief vom 18. 8. und Gretls vom 19. gekommen. Und alles so schön ordnungsgerecht zum ersten Ruhetag! Und inhaltlich alles eine Freude.

Am Packel – Otto – hat mich die Chinakarte am allermeisten gefreut, was was heißen soll. Daß Du sie mit Liebe gezeichnet hast, ist feiner als alles andere. Und die Sorge, der Maßstab stimmt um ein i-Tipferl nicht! Na, ich protz mich gleich überall gehörig damit. Sonst auch alles fein, nur wieder eine Bitte: Kannst Du eventuellen zukünftigen Zucker – wenn's keine Kosten verursacht – wieder in einer Blechbüchse schicken, ich bekomm sonst alles voll Zuckerstaub.

Otto, Du schreibst von der Verlegenheit des Nichtstuers, der einem Helden schreiben soll. Otto, ich weiß bestimmt, daß ich kein Held bin, ein Held muß ein Mensch auf einer höheren Stufe sein und das bin ich nicht, hab ebenso wie gute schlechte Gefühle und Gedanken, und wenn Du mich als Helden gelten lassen willst, müßte hier jeder Freiwillige einer sein – no, und das ist doch ein wenig idealisiert. Ich bin hier nur ein Mensch, der eine Notwendigkeit – auch durchaus für mich persönlich, es gibt hier keinerlei Grenze – erkannt hat und daraus eine Schlußfolgerung gezogen hat, die durchaus nicht angenehm, aber logisch ist.

Die letzte DVZ-Nummer (21. 8.) war besser, aber entlockt mir noch immer nicht ähnliche Superlative wie Dir. Mir zahl kein Spanierabonnement, man kriegt sie ohnedies. Höchstens wenn Du Kurt eines zahlen willst, hab aber augenblicklich seine Adresse nicht. No, im nächsten Brief. Er tät sich auch sicher über paar Zeilen freuen. Daß er so schön über mich schreibt, macht mich ganz gewaltig stolz. Sagen tut er nichts dergleichen, höchstens zwischen den Zeilen.

Santiago, ein junger 19jähriger Katalane, begrüßt mich: »Guten Morgen, mein Freund.«

Du fragst wegen meiner Spanischkenntnisse bei der Nachrichtenübermittlung: Erstens braucht man da meistens nur deutsch können und dann gibt es ein eigenes »Militärspanisch« der Internationalen, zwei Dutzend Vokabel, damit kommt man zur Not durch.

Gretl, der Kognak war das eine Mal sehr gut und sonst trink ich eh nicht, höchstens einen Schluck bei schlechtem Magen. Diesbezüglich kannst Du vorderhand noch unbesorgt sein.

Inzwischen sind Zeitungen gekommen, dann mußten wir Linien legen und schließlich hab ich gegessen.

Verdreckt bin ich leider schon wieder und bis jetzt haben wir noch keine Waschgelegenheit hier ausgekundschaftet. Eklig. Läuse hab ich heut sieben auf einmal gefangen, pfui Teufel. Durchfall ist noch immer da, mittlere Stärke; augenblicklich in der ganzen Kompanie. Bohnen und Weintrauben ist auch eine bissel aufreizende Mischung. Ansonsten wunder ich mich täglich, wie schnell die Zeit vergeht. Jetzt kommt schon der Herbst – und augenblicklich zur Abwechslung wieder Aviation, es ist schon fad, wenn's nicht auch unangenehm wär.

Wenn sie genau über einem sind, hält man doch immer wieder den Atem an, und wenn dann ein kleiner Windstoß kommt, glaubt man, die Bombe ist schon da. Das Anfangsgeräusch ist nämlich das gleiche. Ansonsten hab ich Schreibitis und freu mich nachher schon auf W. u. Z. [*»Weg und Ziel«, die theoretische Zeitschrift der KPÖ]* und ärger mich über die Fliegen. Sie sind die richtigen Kriegsgewinner.

31. 8.

Heut ist schon ein richtiger Herbsttag, die Sonne ist nicht mehr zu fürchten, ein ständiger Wind macht sie harmlos und abends und morgens gibt's gelbe Herbstbeleuchtung.

Außerdem gibt's heute einen ganz wunderbaren Frieden. Flugzeuge waren den ganzen Tag erst einmal da – es ist jetzt nach 4 Uhr –, und Artillerie kann ich mich überhaupt nicht erinnern, heute schon gehört zu haben. Nur ganz selten meckert ein fernes Maschinengewehr und es klingt fast unzeitgemäß.

Na ja, ich verstehe ja, der arme Franco hat's auch schwer, er weiß nicht, gegen welche Offfensive er die Gegenoffensive machen soll. *[An mehreren Abschnitten des Brückenkopfes über den Ebro rannten die Truppen Francos gegen die Republikaner an.]* Bei uns hat er Flugblätter abgeworfen, alle Brücken seien zerstört, wir sind verloren – und dabei hat nur er, anscheinend recht viel, verloren.

Wir haben heute Dienst – ja, da muß ich zuerst erzählen, daß unsere glorreiche Gruppe technico endgültig aufgelöst ist, mit ihren Apparaten könnte man nur im Hinterland arbeiten. Ich bin jetzt bei einer »gewöhnlichen« Gruppe eingeteilt. Unsere hat also heute Dienst, jeden Tag eine andere, wenn wir in Ruhe sind. Da liegen wir bei der Telefonzentrale in Bereitschaft, Linien zu reparieren, wenn's einmal notwendig ist. Heut war's erst einmal notwendig und so besteht die Arbeit im Lesen oder Schlafen. Ich – und nicht nur ich allein – hab übrigens ein ungeheures Schlafbedürfnis. 11 bis 12 Stunden im Tag.

Mit meinem Magen steh ich wieder auf Kriegsfuß, übrigens ¾ der Kompanie. Bei mir kam's so: Schon vorher war er frech, aber in Grenzen. Gestern kochte nun einer eine wunderbare Mehlspeise und ich wurde dazu samt meinem Kakao eingeladen. Er machte einen wunderbaren Schmarrn nur aus Brot und Zucker, das Brot ganz aufgeweicht, daß es wie Gries war. Und viel Weintrauben gab er als »Rosinen« hinein, das war fein. Der einzige Nachteil: Er mußte ihn in Öl backen. Im Geschmack hat's mir nichts gemacht, aber heut mach ich dafür Hungerkur.

Nun zur Antwort:

Gretl, Du schreibst, Du idealisiert mich sicher nicht. Ich fürchte aber, daß ich mich in dem Briefwechsel hier selbst idealisiere, meine guten Seiten und Gefühle zu sehr hervorkehre und dadurch bei Euch ein falsches Bild erwecke. Glaubt, ich habe auch schwache Stunden, schlechte Laune und Gedanken, die nicht »heldenhaft« sind. Na, in meinen Briefen kommt das nicht zum Ausdruck, wohl aus instinktiver Scham und auch, weil ich beim Schreiben meist gut aufgelegt bin, ich schreib ja recht gern.

Neulich hab ich das erste Mal Heimweh nach der Sowjetunion gehabt. Bis jetzt war das Wort »Vaterland« in Verbindung mit der SU bei mir doch immer Phrase. Neulich, wie ich Zahlen über Säuglingsschutz, Entbindungsheime, Krippen etc. gelesen habe, da hab ich mich danach gesehnt, einen kleinen »russischen« blonden Kurtl zu bekommen, den man frei von allen Wirtschaftssorgen herbeisehnen kann.

Ja, was mir augenblicklich am meisten Sorgen macht: Ich bin kein guter Kamerad; nicht in dem Sinn, daß ich ein schlechter wär. Ich kann nur nicht ein gutes Verhältnis mit den einzelnen herstellen. Jeder hat so seine Eigenheiten und kleinen Schwächen, über die ich hinwegsehen kann, die ich aber bei einer Freundschaft nicht in Kauf nehmen kann. So hab ich ein »gutes« Verhältnis zu recht vielen, ein Vertrauensverhältnis aber zu keinem einzigen in der Kompanie. Das kränkt mich sehr, denn der Mangel muß offensichtlich bei mir liegen.

Übrigens, es geht ein großes Gerede wegen Urlaub um, »alte« Kämpfer sollen sogar Frankreichurlaub bekommen. Wenn ich Sau hab, seh ich im September auf 2 bis 3 Tage Barcelona. Hätt eine große Freude damit.

6.9.

Ich wollte Euch schon längst schreiben, aber ich wartete täglich auf eine Post von Euch und verschob so meinen Brief immer. Schließlich war ich schon einigermaßen besorgt, daß mit unserer vielgerühmten Postverbindung was nicht klappt, da kam heute Ottos Brief mit den vielen Beilagen vom 30. 8., und nun fürchte ich, daß Ihr in der Zwischenzeit wieder über meine Brieflücke besorgt seid. Hoffentlich setzt sich das nicht so fort.

Wir sind inzwischen übersiedelt, nicht weit, und liegen wieder in Reserve. Das, was ich bis jetzt mit »Ruhe« bezeichnet habe, war eigentlich Reserve. Die wirkliche Ruhe soll aber, wenn die Front es erlaubt, demnächst kommen.

Sonst ist nichts zu tun. Heute hat unsere Gruppe wieder Dienst und macht, wenn nötig, Linienkontrolle. Augenblicklich feuert fast ausschließlich unsere Artillerie und so überanstrengen wir uns auch hier nicht.

Otto, ich hab schon rechte Gewissensbisse, daß ich meine Lage als »Frontkämpfer« ausnütze, um mir alles, was gut und teuer ist, schikken zu lassen. Es ist hier nur sehr schwer einzukaufen. Zahnbürstel hab ich mir z. B. ein so billiges japanisches gekauft – andere gibt's in der Kantine nicht –, da hab ich jedesmal den Mund voller Borsten und bissel stinken tut's auch, wenn man fest reibt.

Daß Tante Hilda's Pension *[eine Tante, die Nationalsozialistin war]* kleiner wird, freut mich trotz allem ungeheuer. Hier wird sogar vielleicht sie die Möglichkeit haben, Anschauungsunterricht zu nehmen, für wen Hitler regiert. Wenn sie auch nicht viel lernen wird, bissel abkühlen wird es sie sicher und das gönne ich ihr. Wenn diese Leute einmal wacklig werden, ja wer in ganz Österreich schreit dann noch begeistert »Heil Hitler«? Ich sehe hier recht, recht günstige Perspektiven – freilich auf längere Sicht.

Der Magen geht wieder halbwegs, dafür sind beide Haxen beschädigt. Gar nichts besonderes, bissel aufgekratzt, aber bei dem Wassermangel fängt alles gleich zu eitern an und ich hab deswegen bissel Angst, denn ins Spital möcht ich nicht mit sowas. No, vorderhand geht's noch und ich laß sie mir fest einbinden. Leider ist unser Sanitäter kein Licht, außerdem hat er fast kein Material.

Das Essen ist in letzter Zeit weitaus besser, seitdem sich anscheinend auf unser Drängen der Politkommissar dahintergesetzt hat. Es war auch schon durchaus eine politische Frage, jeder war krank und einige haben furchtbar ausgesehen. Muß noch vom gestrigen Sensationsnachtmahl berichten: gemischter Salat, Käse und Brot. Wir waren alle ganz restlos begeistert, das könnt Ihr Euch überhaupt nicht vorstellen.

Dein Auszug aus der Goebbels-Presse hat mich trotz aller Erwartungen sehr überrascht. Können denn das noch Menschen glauben? Aber sicher, wenn ich an Kasslers *[die Familie meiner Nazi-Tante]* denke. Und viele andere werden die Hälfte abziehen und die andere gehorsam schlucken. Und das ist ja Goebbels-Prinzip.

Du überschätzt augenblicklich meine technischen Fähigkeiten. Eine Telefonlinie zu reparieren ist gar kein Kunststück, und ich fürchte, Otto, daß wir trotz dieser meiner Kenntnisse bei einem Kurzschluß in unserer Wohnung (?) wieder ratlos dastehen.

Wegen des winzigen Granatsplitters: Ja, ich hab tatsächlich einen gehabt, weiß aber gar nicht, wann ich ihn bekommen hab, da ich nie was spürte, lediglich bei Druck tat's ein bissel weh. Neulich ist er herausgekommen. Er ist ungefähr halb so groß wie ein Reiskorn – aber unaufgekocht, bitte! – gewesen und ein paar Millimeter unter der Haut gesteckt. Hab also jetzt ausführlich meine Unterlassungssünde gutgemacht und hoffe, Ihr verzeiht. *[Offenbar haben die Meinen von anderer Seite darüber erfahren.]*

Wir sind in unserer Gruppe augenblicklich sieben; wir sind nämlich in Arbeitsgruppen eingeteilt. Da man versucht, möglichst Spanier als Kader heranzuziehen, haben wir auch einen spanischen Gruppenführer. Er ist erst wenige Wochen hier und es imponiert mir sehr, mit welchem Eifer, Fleiß und Ernst er seine Aufgabe zu erfüllen sucht. Es ist ja oft nicht ganz leicht, eine Gruppe reibungslos zu führen. Sonst sind wir drei Internationale (zwei Deutsche und ich) und drei jugendliche Spanier (18 bis 21 Jahre alt). Der eine ist Arbeiter in irgendeinem chemischen Betrieb gewesen, in letzter Zeit wurde er aber auf eine der neuen Schulen geschickt, bei denen der Staat alles zahlt, Taschengeld, Kost, Quartier und Schulungsmaterial. Sie ist in einem stinkvornehmen ehemaligen Konvikt in Barcelona, mit Tennisplätzen etc., und er schwärmt begreiflicherweise sehr davon. Heute hab ich mit ihm einen Pakt abgeschlossen, daß er mit mir spanisch lernt, ich mit ihm Mathematik. Er ist so lernbegierig wie alle jungen Spanier hier. Zum Spanisch-Unterricht sind wir allerdings noch nicht gekommen.

Ein anderer, der von seinem »feschen« Kappel nicht zu trennen ist, ist ein ausgesprochener Spaßvogel und Komödiant. Nennt sich »Tschapajew« und blödelt schauspielerisch so gut, daß ich ihn meistens verstehe. Dabei sind sie alle so gute Arbeiter und wenn jemand einen Vergleich zu scheuen hat, dann nur der eine Reichsdeutsche. Ein armer Kerl, 25 Jahre, war zwei Jahre im Hefen, anscheinend gerade in seiner Entwicklungszeit, und ist jetzt daher recht unfertig und einigermaßen »schwierig«.

P. S. Ich hab auf unserem vorigen Platz den Briefwechsel Marx–Engels teilweise gelesen – die Bibliothek war nur schwer zugänglich, da alles durcheinander und Belletristik wollt ich nicht. War interessant. Du, der Marx hat Schulden gehabt! In jedem Brief hat er den E. angepumpt. Was hätte er erst ohne Geldsorgen leisten können!

10. 9.
Endlich bin ich ausgeschlafen genug, um mich über diesen Brief heranzumachen. Wir sind nämlich . . .
Eine kleine Unterbrechung. Die Zeitungen sind angekommen und ich hab geschwind die »Frente Rojo« von heute durchgeblättert. Fein,

daß man hier ganz an der Front die Zeitung so pünktlich bekommt und ebenfalls fein, daß man als Hauptüberschrift lesen kann, wie tapfer gerade in unserem Abschnitt unsere Truppen sind.

. . . nämlich in der Nacht von 7. zum 8. wieder »übersiedelt«. Diesmal in die erste Linie *[in der Sierra Caballs]* und am 8. gab's einen recht heißen Tag. Heftiges Artilleriefeuer dorthin, wo wir lagen, und ebenso heftiges dort, wo wir arbeiten mußten. Die Faschisten scheuen in dieser Beziehung tatsächlich keine Kosten und die Nachrichten über Materialverbrauch stimmen sicher.

Zwei kleine Episoden:

Ich lag gerade in meinem Refugium, einem recht engen und durchaus noch gar nicht tiefen Loch unter einem Baum, als eine Granate direkt in den Ast, der über ihm war, einschlug. Er liegt jetzt malerisch drüber, es ist sehr gut gegen die Sonne, die es augenblicklich zwar gar nicht gibt. Es war ein hübscher Krach und die benachbarten Spanier riefen ängstlich: »Hermann«, sie glaubten mich schon tot, während ich bloß mit einer Staubschicht überzogen wurde.

Und dann: Ein Spanier und ich müssen Draht nach vorne zu einem Bataillon tragen. Der Weg war ziemlich ausgesetzt und es pfiff in einigen Tonarten. Beim Rückweg schlug 8 m vor uns eine Granate in einen großen Steinhaufen ein, beide bekamen wir nichts ab, obwohl Steinsplitter sonst sehr gemein sind. Eine Sekunde später waren wir in einer ganz dichten, schwarzen Rauchwolke. Wir sagten da beide gleichzeitig: »El faschismo«. Jetzt hab ich schon einige Male Glück gehabt.

Gestern war es mit dem Feuer schon besser und heute ist's fast gemütlich. Ununterbrochen schießt zwar die Artillerie von beiden Seiten über uns hinweg, aber zu uns verirrt sich kaum mehr etwas.

Arbeit haben wir hauptsächlich in der Nacht. Da jetzt Vollmond ist, geht's an. Nicht die geringste ist das Essenholen, man muß eine Stunde weit die Sachen schleppen und das spürt man schon.

Bei Tag hocke ich in meinem Refugium, wenn ich nicht gerade drin schlafe. Ich habe es jetzt mit einigen »organisierten« Sandsäcken ganz annehmbar ausgebaut. Meine Füße sind nämlich noch immer ziemlich miserabel und darum zieh ich so oft als möglich meine Goiserer aus und erspare mir jeden nicht dienstlichen Schritt. Ganz gut werden sie aber erst bei absoluter Ruhe, fürcht ich. Der eine eitert schon ein bissel und es dauert immer einige Zeit, bis ich mich eingegangen hab. Mit meinem Magen bin ich ziemlich in Ordnung, hab aber dafür ununterbrochen Hunger.

Hab gestern »Weg und Ziel« Nr. 8 und heute die »Rundschau« vom

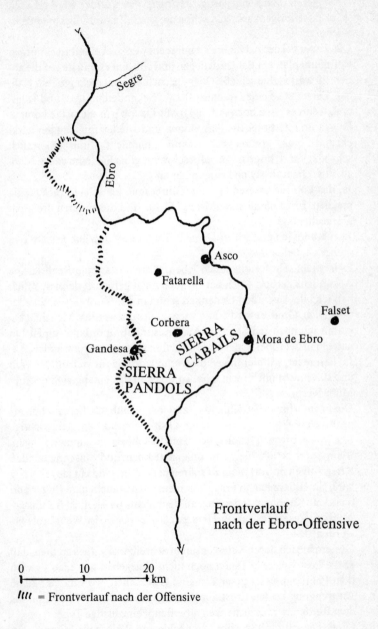

Segre

Ebro

Asco

Fatarella

Falset

Corbera

SIERRA
CABAILS

Mora de Ebro

Gandesa

SIERRA
PANDOLS

Frontverlauf
nach der Ebro-Offensive

0   10   20 km

//// = Frontverlauf nach der Offensive

103

1. 9. gelesen. Ganz eigenartig, das hier vorn mit der Begleitmusik. W. u. Z. ist übrigens sehr gut, schon die ganze Zeit gefällt es mir ausgezeichnet.

Das Feuer bei der Arbeit macht mir recht wenig, ekelhaft ist es nur, im Refugium platt am Bauch zu liegen und von einer Granate auf die andere zu warten. Sie schießen hier anscheinend mit recht großem Kaliber, Du hörst so eine Granate oft zwei Sekunden pfeifen, und jedesmal, wenn es ganz hoch anfängt, paßt Du, ob's in die Nähe kommt. Dieses ununterbrochene Anspannen und wieder Entspannen wirkt ekelhaft, man kommt sich dumm, ohnmächtig und erbärmlich schwach vor. Übrigens – Briefbeschwerer gibts hier eine ganze Menge, nur schaut sie schon keiner mehr an.

Ja, das Lob für unseren Gruppenführer muß ich schnell rückgängig machen. Er ist nämlich mordsfeig. Dafür sind die anderen drei Spanier recht klass.

Jetzt komm ich endlich zu Deinem Brief, Gretl. Ich hab gestern den vom 30. 8. bekommen.

Er ist nicht sehr freudig geschrieben, führe das auf die Realisierung Australiens zurück. Mich hat sie auch recht gefuchst, denn heimlich hab ich alle Australien-Gedanken schon in den Winkel gestellt, aber tröst Dich, Gretl, es wird schon wieder alles gut werden. Vielleicht bekomm ich nächsten Sommer Auslandsurlaub und dann hupfst Du halt ein bissel rüber. Oder es ist bis dahin schon alles ganz anders.

Ja, hast recht, wir hier tragen die Verantwortung für viel auf der Welt und das macht mich recht froh. Ist doch all das Unangenehme »der Mühe wert«.

Die Front »Innerdeutschland« kann man, glaub ich, heute schon als positiven Faktor von ziemlicher Größe einschätzen. Die richtige Kriegsbegeisterung kann auch kein Goebbels zusammenbringen, wenn jeder schon die recht unangenehmen und einschneidenden Kriegsfolgen im vorhinein zu spüren bekommt. Und ein langer Krieg kann für Hitler nicht in Frage kommen, dazu braucht man Butter und nicht nur Kanonen. Jeder Tag, an dem nichts passiert, ist für uns gewonnen. Resistir es vencer [Widerstehen ist siegen] ist Weltparole geworden.

Gestern bin ich durch Zufall unserem Schreiber draufgekommen, daß er die Post von zwei Tagen noch nicht abgegeben hat. Hab's gleich dem Politkommissar gesagt, ist eine Gemeinheit, wo's ihn gar keine Anstrengung kostet. Er ist aber zu feig, um auch nur den Kopf aus dem Refugium rauszustrecken, überhaupt eine lustige Type.

Gretl, Du schreibst, es gibt mehr schlechte Weiber als Männer, Du möchtest fast verallgemeinern. Kannst Du ruhig tun, Gretl, und sagst damit doch noch lange nichts gegen die Frau. Denn sie hat ja auch die weitaus schlechtere Erziehung und Bildung – im Durchschnitt –, ein ganz anderes und viel engeres Weltbild und eine andere Tradition. Das muß doch seine Folgen haben.

Jetzt muß ich noch die obligate Beschwerde über die Fliegen schreiben, heut sind sie aber auch schon ganz ekelhaft, ununterbrochen kriechen sie einem im Gesicht herum und auf den Beinen stechen sie sogar.

Mit Waschen ist's hier wieder aus. Unser Trinkwasser stinkt ganz erbärmlich, aber was bleibt einem schließlich übrig.

Lesen tu ich jetzt aus Mangel an etwas anderem – mein Marx-Engels-Briefwechsel ist auf dem Camion und dieser jetzt unerreichbar – einen russischen Roman »Das Wasserkraftwerk«. Es sind sehr schöne Einzelheiten, aber als Ganzes bin ich gar nicht zufrieden. Bin ich schon in Ottos Stadium, in dem man jede Belletristik als Zeitvergeudung ablehnt, oder ist das Buch daran schuld?

Grad war wieder eine Granate in der Nähe. Diese Musik, ganz eigenartig. Und nachher, wenn die Splitter herumsurren, da hört man sie sich förmlich in der Luft überschlagen und näherkommen. Und dann klirrt's irgendwo wie Glas – eben, wie ich das schreibe, brummt ein gewichtiger vorbei und fällt schwer und patzig hin, nur um mich Lügen zu strafen. Gut, daß wir diesmal noch keinen Verwundeten in der Kompanie haben.

Politische Arbeit wird's wieder sehr viel geben, bis man daran gehen kann. Es gibt schon einige recht müde Leute und die zwei Auslandsurlauber haben auch die Phantasie einiger zu stark beschäftigt. Wunderbar und schön ist's nur, wie wir alle mit Ernst solche Erscheinungen betrachten und bekämpfen. Das kann es unmöglich in einer bürgerlichen Armee geben und darauf bin ich stolz.

13.9.

Ich schreib Euch heute; erstens bin ich wieder einmal ausgeschlafen – ich schlaf jetzt unheimlich viel. Schuld daran ist sicher auch der viele Wein, den ich in letzter Zeit als Wasserersatz trank. Jetzt greif ich wieder zum Wasser mit Nachgeschmack, man kann doch nicht so verschlafen. Zeitung ist auch gerade gelesen, allerdings die von Sonntag, Montag erscheint hier keine.

Die Arbeit bewegt sich in durchaus bescheidenen Bahnen. Ich bin übrigens seit heute in der wiederauferstandenen Gruppe technico. Sie besteht aus drei Mann und hat nur die Reserveverbindung mit der Division aufzunehmen, wenn die Telefonlinie zerrissen ist. Heute haben wir das erste Mal nur Verbindung aufgenommen, hab dabei bemerkt, daß ich das Morsen fast vergessen habe.

Daß ich Cabo *[Gefreiter]* geworden bin, habt Ihr ja im »Ehrenblatt« des »Pasaremos« *[ein Nachrichtenblatt der 11. Brigade]* gelesen. Bitte hebt es mir auf. Bin recht stolz und froh darüber, bin ja von den neuen Internationalen der einzige. Wie Ihr aus den Namen sehen könnt, befördert man ja viel lieber Spanier aus durchaus begreiflichen Gründen. Es ärgert mich nur, daß ich mich hier nicht trau, meine Freude zu zeigen, weil es selbstverständlich viele »Verschnupfte« gibt, die mit allem Eifer das Ganze bagatellisieren und denen ich doch nicht widersprechen möchte. Aber Euch kann ich's sagen: Ich freu mich. Praktische Folgen hat es vorderhand noch keine, außer daß ich jetzt monatlich statt 300 308 (!) Peseten bekomme. Übrigens Geld: Ich habe schon selbst zwei alte österreichische Tausend-Kronen-Scheine gesehen, die bei Gefangenen gefunden wurden. Sie erhielten sie als Bezahlung, kein Schmäh!

Wieder ein kleiner Zufall: Neulich gingen wir abends Essen holen. Als wir zurückkamen, war die Gegend unserer Refugien mit der typischen Staubschicht überzogen und in meinem lag ungefähr in Kniehöhe ein mindestens 12 cm langer Granatsplitter mit ganz gemein scharfen Kanten.

So, jetzt zu Deinem Brief vom 3., Gretl, den ich vorgestern bekam: Du sagst, ich schone Euch in meinen Berichten. Ich hab gar nicht so den Eindruck, daß ich nur Schönes schreibe, aber vielleicht zensuriere ich mich in dieser Hinsicht unbewußt, da ich ja selbst nicht gern an Häßliches nochmals denken mag.

Weißt ja eh, was die Gruppe technico tut: Mit Spiegelapparaten morsen.

Freilich, unser Brigadestab ist nicht gar so weit hinten, wär ja auch zu unpraktisch. Im Bereich des Artilleriefeuers liegt er immer. Das reicht nämlich ziemlich weit nach hinten; und dem auszuweichen, würde die Arbeitsmöglichkeit einschränken.

Unsere Berge sind den Metern nach gar nicht hoch, liest es ja eh auf den Karten, so zwischen 300 und 650 m. Aber erstens ist die Talsohle sehr niedrig und dann sind sie steil und felsig, so daß das Ganze viel »gebirgshafter« wirkt als die Zahlen. Mindestens wie eine spanische »Hohe Wand« *[ein Voralpen-Berg bei Wien]*.

Wieso es kein Wasser gibt: Erstens regnet's nicht – seit Anfang Juni glaub ich viermal und davon höchstens zweimal länger als eine Viertelstunde, und dann gibt's hier sicher durchlässiges Gestein. Das mit dem im Regenwasser-Waschen ist doch ein bissel zu idyllisch und ausflughaft. Kannst Dich ja nicht, wenn Du Bereitschaft hast, einfach ausziehen und große Toilette machen, Gretl!

Daß Du im Grund gut aufgelegt bist, ist gescheit. Wenn man das nicht wär und immer Optimist, und sich nicht immer vorstellen könnte, was Schönes noch auf einen wartet, dann wäre vielleicht das jetzige Häßliche und Traurige für jeden von uns zu viel, um ein zielbewußter Mensch bleiben zu können. Optimist muß man sein, das ist eine Grundbedingung eines Marxisten und eines »Kämpfers« erst recht.

Daß jetzt so geschwind großer Krieg kommt, glaub ich nicht. Nehme sogar an, daß sich die akute Gefahr in der letzten Zeit verringert hat und wir dadurch wieder sehr viel – nämlich eine schnell arbeitende Zeit – gewonnen haben.

Zum »Organisieren«: Hier sind die Grenzen zwischen verboten und erlaubt schwer zu ziehen. Es liegt auf einem Schlachtfeld – besonders, wenn Bewegung an der Front ist – massenhaft herrenlos herum und da nimmt sich selbstverständlich jeder, was er braucht. Hier ist dann der Begriff »herrenlos« dehnbar, mein Rucksack war's entschieden nicht und das muß der Organisator auch gewußt haben. Schön ist so was nicht, aber »Kameradschaftsdiebstahl« ist ein zu hartes Wort dafür, hier kann man so was nicht akademisch und genau nehmen.

Die Natur ist hier auch schon recht »kriegerisch« eingestellt. So ein Heer gibt ihr einen ganz eigenen Charakter. Nich nur die Granat- und Bombentrichter mit ihren grauen Staubflecken rundherum und ihrer Vegetationsvernichtung, nein, auch die Wege z.B., die sich ein Heer schafft.

Überall sind neue Wegerln und Wege improvisiert, wo einmal eine Kolonne gegangen ist, bleibt der Weg. Und die Hauptzufahrtswege, die sind eine ganze Symphonie des Krieges. Viele Zentimeter hoher Staub, ein wirres Hin und Her, Geschoßtrichter und Granatsplitter, Reiter, die lebensgefährlich dahinsprengen und Riesenstaubwolken zurücklassen, Mulis mit seitlich weit ausholenden, unheimlich schweren Säcken und Körben, mit denen sie jeden hart und unweigerlich puffen, Sanitäter mit nach Blut stinkenden Tragbahren, der widerlich süßliche Gestank von Pferdeleichen, der Latrinengeruch, Schlafende in Säcke eingerollt dicht am Weg im Staub, Fragen und Schreien in allen Sprachen vom Urwienerisch bis zum unverständlichsten Spanisch (der Superlativ ist erlaubt, es gibt viele recht verschiedene Dialekte), marschierende Truppen, Fortifikationsarbeiter, Posten, das alles im ungewissen Mondlicht, das durch die ständige Staubwolke durchschaut, in der Ferne dann und wann ein MG oder ein Handgranatenregen, der sich wie ein Klopfen anhört – das sind die Wege hier; bei Nacht, denn dann erwachen sie erst zum richtigen Leben.

Wenn da eine Truppe marschiert, bist Du fest überzeugt, daß erstens die halben Leute versprengt werden und die andere Hälfte nie das Ziel findet, und wunderbarerweise kommen doch immer alle dorthin, wohin sie wollen.

Ob man unsere Berge mit den Alpen vergleichen kann? Nein. Leute, die im Kaukasus waren, haben mir gesagt, mit den Alpen kann man nix vergleichen, und ich glaubs ihnen gern. Hier schaun die Berge so aus wie ein recht schäbiger Pelz, bei dem der Grund überall vorschaut. Nur die Nadelsträucher – richtige Bäume gibt's nicht viel – sind grün, alles andere so oliv-staubfarben und dazwischen überall die felsige, rotgraue Erde. Schon schön, aber ganz anders als bei uns. Und in jeder Mulde die Steinterrassen mit Olivenbäumen oder Feigen oder Wein.

Heute waren wieder sehr viele Faschinger-Flieger da. Die trauen sich jetzt nur mehr in ganz großer Zahl her, denn wenn's einen Zusammenstoß mit den Unseren gibt, zahlen sie unweigerlich drauf! Unsere haben eine viel größere Geschwindigkeit und fliegen klass.

Sonst ist's heut ruhig. Artillerie singt über uns hinweg, aber sogar eher mehr unsrige als die von Franco. Dafür haben diese gestern spät abends, wie's schon lang dunkel war, plötzlich ganz regelwidrig geschossen. Bei uns war gerade Essenausteilen und es hätt bös ausfallen können. Ja, einen Verwundeten hat unsere Kompanie jetzt auch schon, ein junger Spanier hat einen Splitter im Bein. Der Antonio Santiago, der auch Cabo wurde, ist der, von dem ich Euch schon so oft schreiben wollte.

P.S. Meine Hände sind dreckig, dafür habe ich heute die Zähne geputzt! Hurra.

18.9.

Ich fürchte, heute gibt's einen kurzen und reichlich uninteressanten Brief, denn ich bin ganz angefressen und faul. Möcht aber jedenfalls, daß der Brief morgen früh abgeht, da sonst wieder eine »besorgniserregende« Lücke entstehen könnte.

Hätt ja sowieso schon früher geschrieben, aber am 14. kam gleichzeitig mit Ottos Brief vom 7. ein Schein von der Post, daß mein Paket da sei und ich eine Vollmacht ausstellen muß, daß ein anderer es in Empfang nehmen darf. So genau sind sie jetzt auf der Post. Sie kommt nämlich nicht direkt hierher nach vorne, sondern gibt alles der Küche mit. Und so wartete ich bis heute früh vergebens und wollte in dem Brief doch auch schon bestätigen.

Neues gibt's hier fast gar nichts, das Leben ist sehr eintönig und uninteressant, die Front war jetzt eine zeitlang ganz still, Herr Franco schöpft Atem und muß das anscheinend ganz energisch tun, denn in der letzten Zeit dürft ihm hier viel Luft ausgegangen sein.

Heute schießt wieder mehr Artillerie, auch Aviation gibt's, aber alles in recht gesicherter Entfernung – vorderhand wenigstens.

Meine Füße sind ziemlich gleichbleibend. Gestern hab ich mich durch langes Zureden unseres Teniente bewegen lassen, zum Arzt zu gehen. Es gehen mir nämlich ein bisserl zu viel hin und lassen sich »Ruhe« verschreiben, so daß ich es für richtig hielt, nicht hinzugehen. Wär auch gescheiter gewesen. Der Arzt war gar nicht dort und ein Sanitäter hat mir genau dasselbe gemacht, was unserer nach langem Zureden täglich tut, nämlich auswaschen, Salbe drauf und frisch verbinden. Nur haben die irgend eine Sardellenpasta draufgegeben statt des gewohnten Vaselins. Übrigens haben dank der ekelhaften Fliegen sehr viele eitrige Füße oder Hände und ich bin noch einer der zahmsten »Fälle«.

Vom Paket haben wir heute 'das erste Festessen gemacht, Teniente, Politkommissar und noch paar, aber sie haben das alles nicht recht gewürdigt, haben's gegessen wie was Gewöhnliches, es hat mich gar nicht gefreut. Heut abend lad ich mir andere ein, da wird's hoffentlich wieder feierlich.

Du bist rührend, Otto: Schreibst: Bissel was zum Naschen und das Bissel-was wiegt dann über 7½ kg. Fein war alles. Daß die Marmelade den Höhepunkt darstellt, ist einwandfrei. Ich hab von ihr erst heimlich genascht, die bekommen heute nur die, die so was richtig würdigen können. Du hast mir früher geschrieben, sie sei sehr teuer, und ich hatte den festen Vorsatz, wegen dieser Eigenschaft Vorwürfe zu machen, aber ich bin vollkommen entwaffnet und wage nicht zu heucheln. Danken kann man für so was gar nicht.

Daß Maxl abgestürzt ist, find ich so widersinnig und blöd, daß ich es erst gar nicht glauben wollte; und seine vielen Bekannten hier auch nicht. Ich hab ihn gern gehabt und es ärgert mich so ein Ende sehr.

[Max Scheer war ein Genosse in der illegalen KP-Organisation im Kreis 1 in Wien, mit dem ich auch in einer Einzelzelle im Wiener Landesgericht zusammen saß. Er ist in die Tschechoslowakei emigriert und wollte zusammen mit anderen nach Spanien. Das Flugzeug, das sie nach Frankreich hätte bringen sollen, ist abgestürzt.]

Otto, Du machst mir Vorwürfe, daß ich so viel wegschmeiße. Ich weiß zwar nicht, worauf speziell das sich bezieht, aber ich kann ruhig versichern, es gibt in der Kompanie keinen, der so viel Sachen mitschleppt wie ich. Einen ziemlich vollen Rucksack und dann noch das große Packl am Camion. Mehr geht beim besten Willen nicht, hätte wohl auch keinen Sinn.

Dann wegen der Läuse: Wenn damit jeder zum Arzt ginge, müßten buchstäblich alle gehen. Deine Salbe dürfte sich auf Filzläuse beziehen, wir haben aber »nur« kommune Gewandläuse. Ganz wegzukriegen sind sie nur durch vollkommenen Kleidungswechsel und gründliches Bad – leider hier unmöglich. So dezimiere ich sie täglich durch gewissenhafte Sucherei; ich setz mich nackt in die Sonne und schau alle Falten nach. Und hab die Genugtuung, daß ich täglich weniger find – aber es genügt noch immer.

Ich wasch mich jetzt übrigens auch täglich mit dem Stinkwasser auf recht komplizierte Art, aber fein ist's doch. Trinken tut dort fast doch niemand mehr und so darf ich das Wasser »verschwenden«.

Meine Goiserer sind tapfer und mächtig zahnluckert. Ob sie den Winter noch erreichen werden? Ich werd mein möglichstes tun, einen Schuster aufzutreiben, wenn wir in Ruhe kommen.

Wir haben Geld zum Schweinefüttern hier, dürfen aber natürlich nichts außer Land schicken. No, bei dem Barcelona-Urlaub wird's schon draufgehen, Barcelona soll unglaublich teuer sein.

Stellt Euch vor, der eine, der in der Sierra Pandols verwundet wurde, schon ein guter Dreißiger, hat im Spital eine Krankenschwester kennengelernt und wird sie jetzt heiraten. Etwas schnell, gel? Daß es da natürlich genügend Witze gibt, könnt Ihr Euch vorstellen.

Noch was lustiges: Hab eine feierliche Bestätigung meiner Ernennung zum Cabo bekommen, in der »Commandante Don José Reiner« es persönlich tut. Daß er sonst schlicht »Peperl« heißt, steht nicht drauf.

[Unter dem Namen »Reiner« war Dobritzhofer in Spanien, ein Schutzbündler aus Floridsdorf.]

20.9.

Hab gestern Eure beiden Briefe vom 12.8. bekommen, no, und da muß ich doch gleich antworten. Zu allererst: Gretl, wir zwei sind zwei rechte Kinder. Zuerst stellen wir beide fest, daß es das Gescheiteste ist, wenn Du nach Australien fährst, wenn's dann aber Ernst wird, erschrecken wir vor der Wirklichkeit und sind ganz tramhappert unglücklich. Macht nichts, ich hab uns trotzdem auch so gern.

Neulich früh hab ich übrigens so geträumt. Es war gestern, beim Frühstück bekomme ich Eure beiden Briefe, lese sie im ersten Morgengrauen, und schlaf dann wie gewöhnlich noch fest. Und dann kommt die

Zeit, wo ich dreiviertel schlafe und bissel wach bin und so phantasier. Und da hab ich mir gewünscht: Ein dunkles Zimmer, schöne, große Lederfauteuils, eine matte Stehlampe mit Schirm, wir zwei allein und ich les Dir Gedichte vor, von Goethe und so. Und sonst reden wir kein Wort und sitzen auch weit auseinander. – Das war schön.

Wie Ihr schon draus ersehen habt, haben wir überhaupt nichts zu tun. Ich faulenze und vertrödle den Tag wie im Hefen. An der Front ist gar nichts los, nur die Aviation ist heute wieder hochaktiv. Die Faschinger sind aber gegen früher viel vorsichtiger geworden, wenn sie ihre Bomben schicken, kommt gleich ein ganzer Schwarm Jäger mit und weit über unser Gebiet fliegen sie auch nicht mehr so gern wie früher. Unsere »Gloriosa« ist aber auch was wert. Zuerst hab ich diesen Namen für einen südländischen Superlativ gehalten, aber seitdem ich die Luftkämpfe gesehen hab, wie unsere fliegen und wie die anderen, auch wenn sie stark in der Überzahl sind, sich gewöhnlich schnell aus dem Staub machen, anerkenne ich diesen Namen auch.

Das Paket ist nur mehr rudimentär vorhanden, dafür gab's 12 mehr oder weniger glückliche Gesichter und mein ganz glückliches als dreizehntes. Eine kleine Anregung für ein nächstes Paket, was aber ja nicht heißen soll, daß Ihr schon wieder eins schicken sollt: Sicher nicht! Also: Limonadepulver oder so was, damit man auch schlechtes Wasser trinken kann. Hier hat nämlich fast jedes einen Beigeschmack. Kurts Adresse kann ich Dir wohl erst schicken, wenn wir in Ruhe sind, was jeden Tag erwartet wird. Dann geh ich gleich alle besuchen.

Wegen auf den Magen achtgeben: Leicht gesagt; wenn man mords Hunger hat, ist's schon schwerer. Dasselbe ist's ja auch mit dem Wassertrinken. Übrigens glaub ich fest, daß paar Wochen normale Kost alles in alte Ordnung bringen. Schon das Paket, das gerade in einer Bauch-Krisenzeit ankam, hat sehr wohltätige Wirkung gehabt.

Du glaubst, ich bin zu streng mit den andern. Das ist aber nur die Folge davon, daß mir fast alle Leute mit irgendeiner Eigenschaft auf die Nerven gehen. Ich glaub eher, ich bin zu reserviert. Drausmachen tu ich mir nicht viel und vor allem nicht oft, auch ist's jetzt schon bissel besser.

Die Faschinger-Flugblätter, ja, die sind ganz lustig. In den einen schreiben sie, alle Brücken sind zerstört und wir müssen alle sterben, wenn wir nicht überlaufen, dann: Die Gerechtigkeit ist Königin in ihrem Land und es gibt keinen Hunger. Gut war noch keines, Goebbels hat einen unfähigen Vertreter hergeschickt.

Dafür machen wir jede Nacht mit Lautsprechern Propaganda. Reden, Lieder etc. sollen sehr gut sein und die ersten Überläufer haben wir schon. Sie sagen, es wollen viele, aber das Regiment ist drüben so straff, daß es sehr schwer ist. Uns haben sie rübergerufen: Wir greifen wieder an, bis die 11. weg ist. Hie und da schießen sie mit MG, wenn die Reden zu gefährlich werden, aber das geht auch nicht endlos und dann kommen wir wieder dran. Fein? Ich kenn das alles nur aus den Erzählungen, denn dazu sind wir doch zu weit hinten.

Die beiden Politkommissäre sind beide Reichsdeutsche und Dir sicher unbekannt. Der jetzige ist ein junger Sachse, der schon 21 Monate hier ist. Schon eine ganz hübsche Zeit.

Also, dreimal am Tag Karawanzen essen, das ist sicher übertrieben, im Frühstückskaffee waren wirklich noch nie welche. Jetzt ist das Essen übrigens besser. Mittags gibt's kaltes Fleisch – die Küche ist zu weit zum dreimal holen – und höchstens jeden zweiten Tag Karawanzen. Auch Strümpfe stopfen hab ich noch nicht viele von uns gesehen, das ist eine zu idyllische Vorstellung.

Jetzt hast Du Deinen Permit *[für die Reise nach Australien]* doch schon, schau, daß alles möglichst schnell geht, es ist am schmerzlosesten. Schreib mir alles genauestens und auch die Postverbindungen.

Jetzt kommen die obligaten Tratschereien:

Mein Fuß wird, glaub ich, schon besser, er schaut schon viel freundlicher aus. No, ich hab ihn ja auch ganz gründlich geschont.

Die Stimmung hier ist »knapp vor der Ruhe«. Schad, daß schon so lang davon gesprochen wird, dann ist immer alles nur halbert. Verdient haben wir sie ja schon, jetzt sind's bald zwei Monate Front und die Infanterie hat auch jetzt nichts zu lachen. Den ganzen Tag im Graben stilliegen und in der Nacht Fortifikation.

Sonst noch Betrübliches: Ich hab heut Vormittag meinen kostbaren und vom Frühstück mühsam abgesparten Kaffee halb ausgegossen und war 10 Minuten untröstlich. Du siehst, solche Sorgen hat man im »Feld«.

26.9.

Endlich komm ich wieder dazu, Euch zu schreiben, aber inzwischen ist so viel geschehen, daß ich am besten statt jeder Entschuldigung gleich der Reihe nach alles aufzähle, so weit ich es noch nicht vergessen hab. Ihr wißt, hier vergißt man Ekelhaftes bewundernswert geschwind und merkt sich Schönes sehr lang, vielleicht die Ursache, daß viele Weltkriegsteilnehmer noch nicht genug vom Krieg bekommen haben. Also: Am 20. beschwerte ich mich noch bei Euch wegen zu großer Eintönigkeit und Ruhe. Am 21. mittags wurde meine Beschwerde berücksichtigt.

Die Faschinger begannen mit einem ganz gemeinen Artilleriefeuer, direkt in unsere Talmulde. Sie wollten anscheinend Zufuhrwege abschneiden, um bei der Attacke uns entscheidend schlagen zu können. Mein Refugium war ziemlich luftig gebaut und Ernst, ein 45jähriger Saarländer, lud mich in sein viel sichereres ein. Ich ging hinüber und es war gut: Franco schickte eine Granate direkt zu mir, da sie mich nicht fand, ärgerte sie sich anscheinend sehr und tötete augenblicklich meine Feldflasche, verwundete mein Eßgeschirr, schlitzte meinen Rucksack auf und bohrte sich in diese Blockpost hinein – sie ist aber noch so dick, daß sie nicht ganz durch konnte – das heißt natürlich, kleine Splitter dieser Granate –, zerriß meinen schönen blauen HL-Sack und nagte drin die Schuhbürste bissel an. Dienstfertig riß sie auch eine Außentasche auf und schleuderte durch das Loch gleich mein Verbandspackerl heraus. Und naschen wollte sie auch. In's Freßpackerl ging sie gleich an mehreren Stellen und die einzige noch halbvolle Maronikonserve durchbohrte sie – aber zu hoch, sie bekam nix. An diesem Tag nahmen wir das Ganze noch bissel von der lustigen Seite, hatten auch nur einen Leichtverwundeten.

Am 22. begannen sie um ½ 10 Uhr – die Faschinger beginnen immer später, weil sie die Uhr nicht wie wir 2 Stunden vorgerückt haben – und schossen den ganzen Tag, ebenso den nächsten mit kurzen Unterbrechungen, unterstützt von Fliegerbomben.

Hab heute gar keine rechte Lust zum schreiben.

Könnt Ihr Euch vorstellen, was das heißt, so 2–3 Stunden lang ununterbrochen fast jede Minute eine Granate ganz in der Nähe einschlagen und zerreissen hören, meistens mehrere in einer Minute? Und jede sechste bis achte haut Dir Dreck in's Refugium, den Pulvergeruch und den gelben Staub; und die Rauchwolken hören nie ganz auf, man hockt und fürchtet und hofft gar nicht mehr, man ist nur mehr wund und stumpf. Es war eine richtige Materialschlacht diese drei Tage und sicherlich das Schlimmste, was wir bis jetzt hier mitgemacht haben.

Am 22. sitz ich also wieder mit Ernst im Refugium, er ist ehemaliger Fremdenlegionär und auch so, trinkt gern und viel etc. Da wird er gerade zur Linienkontrolle gerufen. Schnell trinkt er noch einen tüchtigen Schluck Wein – er wußte sich immer irgendwo einen aufzutreiben, »er riecht den Wein schon kilometerweit«, wie's im Lied heißt – und sagt: »Jetzt kann's mich meinetwegen erwischen, ist mir ganz wurscht, Hauptsache, ich bin voll.« Und paar Stunden später erfahre ich, daß er tot sei und der Spanier, der mit ihm kontrollieren ging, schwer verletzt. Ein scheußliches Gefühl, so überraschend anzustreifen an den Tod. Pfui.

Das Feuer wurde eher stärker als schwächer, die Linien rissen ununterbrochen und die Armen kamen mit dem Flicken in dem Kugelregen gar nicht nach. Sie schwitzten vor Angst und Hast. Ich war als Mitglied der technischen Gruppe und fußkrank nicht eingeteilt. Wie ich das hörte und sah, beschloß ich, mich freiwillig auch zur Kontrolle zu melden. Aber von dem Entschluß bis zu dem Augenblick, wo ich mir die Schuhe anzog, verging immer noch fast eine Stunde und es war eine greulich ekelhafte. Angst und Pflicht, Hoffnung auf Aufhören und ständige Gewissensbisse, dazu das nervenerschütternde Zerreissen der Granaten – es war scheußlich.

Endlich war ich so weit und meldete mich unten freiwillig und da war dann schon alles gut und ich war heilfroh, daß ich's getan. Kam bei der Arbeit eigentlich kein einziges Mal in unmittelbare Gefahr und brauchte mich nicht genieren.

Am nächsten Tag war mein Fuß durch das Schuhanziehen wieder bedeutend schlechter, recht entzündet, und ich hätt wohl keinen Dienst machen können. Sagte aber nichts, sondern wartete ab, ob man mich einteilt. Sie taten's nicht.

Der Tag war der furchtbarste. Das kann man gar nicht beschreiben. Immer wieder und wieder. Zu Mittag schien noch dazu die Sonne in mein Refugium – ich hatte das von Ernst jetzt geerbt, ebenso wie seine Feldflasche, da meine hin war, man tut das hier mit einer ganz grausamen Selbstverständlichkeit –, ich bekam richtiges Kopfweh. Der Tag war kein schöner Tag.

Wir hatten einige Verletzte. Darunter Ady, ein kleiner, so 35jähriger Sachse, höherer Parteifunktionär, ein korrekter, gewissenhafter Pedant. Ihm wurde ein Fuß so abgeschlagen, daß er nur mehr an bissel Fleisch hängen blieb. Er hielt sich wie ein Held. Erzählte, daß er den Splitter gar nicht merkte, erst, als er beim nächsten Schritt statt auf den Fuß auf den Stumpf auftrat und der Fuß nebenan knickte, brach er zusammen. Dann schleppte er sich auf allen Vieren zu uns. Er wird amputiert werden müssen. Und dabei war Ady ein passionierter Bergsteiger!

Abends erfuhren wir, daß wir in der Nacht endlich abgelöst werden, es war höchste Zeit, wir waren alle mehr oder minder fertig. Und dann kam einer von der 2. Bataillonsgruppe runter zu uns und berichtete, daß spät am Abend noch eine Mine knapp bei ihnen oben eingeschlagen hat. Ein Spanier tot, zwei leicht verletzt, Nicki ebenfalls verletzt. Er hat einen Splitter im linken Oberschenkel ganz oben, fast beim Gelenk, aber ich hoffe, es ist nichts Bleibendes, da er mit Unterstützung noch selbst zur Sanität ging, wenn's ihm auch schwerfiel. Hoffentlich.

Es war wohl der letzte Schuß, der auf die Internationalen der Transmission abgegeben wurde.

In der Nacht wenig und unruhiger Schlaf, ich hatte Kopfweh, dazu war nur Wein zu trinken da und ich hatte starken Durst. In der Nacht hörte ich zum ersten Mal von der Zurückziehung. Die letzten Zeitungen hatten wir nicht bekommen, es hätte auch in den furchtbaren Tagen demoralisierend gewirkt. Ich träumte mich mit Dir in Australien.

Dann Marsch auf den Euch bekannten Wegen, Camionfahrt, Mora de Ebro, unheimlich zerschossen wie Kulissenruinen, die etwas übertrieben aufgestellt sind. Ebrobrücke und hinüber die Fahrt ins herbstliche Land.

Die Spanier lebten auf am anderen Ufer, sangen, lachten, scherzten – sie sind so schnellebig. Ich mußte immer an die Opfer der letzten Tage denken.

Die Interbrigaden werden zurückgezogen

Der Brief ist noch nicht zu Ende. Aber da ein neuer Abschnitt beginnt, der durch das politische Geschehen in der Welt verursacht wurde, ist eine Erläuterung wohl erforderlich.

Der neue Abschnitt entstand nicht nur dadurch, daß die 11. Brigade aus dem Kampf zurückgezogen wurde und den Ebro überschritten hat. Seine Ursachen liegen tiefer.

Nach der Annexion Österreichs im März 1938 hat Hitler systematisch als nächsten Schritt die Niederschlagung der tschechoslowakischen Republik vorbereitet. Brandreden, Drohungen, organisierte Zwischenfälle der Sudetendeutschen mündeten schließlich in Mobilisierungsbefehlen. England und Frankreich, mit denen die Tschechoslowakei durch einen Beistandspakt verbunden war, gaben nach, der englische Premier Chamberlain flog zu Hitler und einigte sich mit dem französischen Ministerpräsidenten Daladier, daß die von Sudetendeutschen bewohnten Gebiete der Tschechoslowakei an Deutschland abgetreten werden. Ende September kapitulierten England und Frankreich endgültig vor Hitler – dem Mussolini zur Hilfe geeilt war – bei einem Gipfeltreffen in München. Das Sudetengebiet kam zu Deutschland, die Tschechoslowakei war entmachtet, Hitler hatte sich den Rücken für den Weltkrieg, den er plante, freigemacht. Chamberlain und Daladier ließen sich nach ihrer Rückkehr aus München zu Hause als Retter des Friedens feiern.

In diesen hektischen Tagen hat der spanische Ministerpräsident Negrín am 21. September dem Völkerbund in Genf mitgeteilt, daß seine Regierung die Freiwilligen zurückzieht. Denn er wurde durch die Ereignisse davon überzeugt, daß Spanien nicht mehr auf eine Unterstützung der Großmächte rechnen kann. Er ersuchte den Völkerbund, die Aufsicht über diesen Abzug zu übernehmen. Damit war das Ende des Bürgerkriegs, das Ende der spanischen Republik eingeleitet.

In meinem vorhin unterbrochenen Brief vom 26.9. ist weiter zu lesen:

Wir kamen wieder in unser altes Kampo; fast auf denselben Ort, wo unser Instruktionsbatt. unseligen Angedenkens lag. Ich schlief und erholte mich langsam. Mein Kopf wurde gegen Abend besser.

In der Nacht regnete es leise, bei Tag schon viel intensiver und so wurde die Brigade – besser, die Reste der Brigade – in benachbarte Ortschaften gebracht, damit sie in Häusern schlafen könne. So konnte ich Euch gestern auch nicht schreiben, obwohl ich's vorhatte und auch Deinen Brief vom 16. bekam, Gretl.

Eine wilde Camionfahrt im Regen und dann hier Einquartierung. Nicht sehr schön, nicht sehr bequem, aber was tut's. Heut war ich endlich mit meinem Fuß beim Arzt, beim Kaiser *[einem Wiener Bekannten]*. Er hat mir so ein kleines Pappendeckelgestell mit Gaze überzogen gemacht, vielleicht heilt's jetzt endlich zu.

Unsere Zurückziehung ist ja inzwischen wohl eine sichere Angelegenheit geworden, zumindest wird sie so überall behandelt, auch im »frente rojo«. Ich hab wieder dieses unangenehme Übergangsgefühl, wenn man noch nichts weiß, noch nicht Pläne machen kann. Weiß nicht, ob ich mich freuen soll oder traurig sein. Angeblich soll es sehr schnell gehen, wenn auch sicher wir aus den illegalen Ländern *[Länder, in denen Arbeiterparteien verboten sind]* zum Schluß drankommen. Jetzt ist's wieder sehr schwer: Sollst Du trotzdem fahren? Ich weiß gar nicht, was die Partei mit uns vorhat, vielleicht ist sie froh, wenn sie uns für den Augenblick los wird und ich könnte mit Dir? Vielleicht bleiben wir in einem Internierungslager. Vielleicht wechseln wir nur den Kriegsschauplatz? Ich glaub noch immer – oder erst recht nicht – daß es augenblicklich zum Krieg kommt.

Ich trau mich Dir gar nichts zu raten, außer, wenn's geht, verzöger Deine Abreise um paar Wochen. Nach Deinem letzten Brief dürft es ja sowieso nicht so schnell gehen und jetzt bin ich froh drüber.

Wenn die Partei mit mir nichts anzufangen weiß außer Emigranterln, die SU nix – was ich sicher annehme –, so wär ich schon für Australien, nehme an, daß die Völkerbundstaaten eventuell prozentuell die aus den faschistischen Ländern unter sich aufteilen.

Was wird das für eine Zukunft werden? Wieder ein Kapitel im Leben zu Ende, schneller als gedacht. Es war ein lehrreich strenges. Hoffentlich, daß es jetzt schnell geht und wir uns bald sehen, so unnötiges Herumziehen ist eklig. Und was später wird, Gretl, wenn wir uns gesehen haben, wird die Zukunft schon ein bißerl ein Bild bekommen?

Verluste sind starke, von Euren Bekannten hab ich leider noch nichts erfahren können. Nur Pepi M. hat irgendwas am Knie, leichte Knochenabsplitterung oder so was. Humpelt herum. Hab Angst wegen Kurt, Poldi und Fridolin.

Die Läuse haben sich seit dem Regen ganz unglaublich vermehrt, ich bin hier am Rande der Verzweiflung.

Bis jetzt haben wir natürlich noch nicht spüren können, daß weniger Material aus Deutschland kommt, aber unsere Zurückziehung war ein ganz genialer Zug zur rechten Zeit und wird recht bald recht günstige Folgen haben, glaub ich bestimmt.

Jetzt werden wir uns ja vielleicht bald sehen. Kann's noch gar nicht wirklich glauben. Und das ist auch der einzige Punkt, der mich augenblicklich eindeutig freut.

Auf Wiedersehn also und vorher noch auf viel Wiederhören – Euer verhinderter Krieger.

29.9.

Es kommt schon wieder ein Brieferl und diesmal sogar mit Luftpost. Letzteres deswegen, weil erstens seit langem zu ersten Mal wieder Marken erhältlich sind bei uns und dann: Wenn man weiß, daß man sich bald richtig sehen und sprechen wird, ist die doch recht lange Dauer der Korrespondenz unangenehmer als sonst.

Wir sind noch immer im gleichen »pueblo« *[Dorf]*. Noch bei der Kompanie. Aber die ist schon fest in der Reorganisation drin und jeder internationale Funktionär hat schon seinen Nachfolger. Regnen tut's jetzt recht viel, wir sind grad zur rechten Zeit von der Front in die Häuser rein.

Verwöhnt werden wir hier auch. Als tapfere Frontsoldaten bekommen wir Marmelade zu kaufen, unser Radio spielt fast ununterbrochen, meistens Toulouse, scheinbar das Einzige, was wir rein reinbekommen.

Übrigens Radio: Ganz eigenartig, wie wir das erste Mal wieder Musik hörten, Kultur an uns anstreifte. Leider hatte unser Techniker den Apparat in der Hand und so was ist immer schlecht. Ihm war's um's Basteln und nicht um's Hören zu tun und so bekamen wir Musikfetzen und Nebengeräusche in bunter Folge. Aber wir waren ja so bescheiden. Und dann gleich, als Gruß der Heimat, ein langer Fetzen Hitlerrede.

Wenn man den eine Zeitlang nicht gehört hat, ist man von neuem ganz verblüfft über die Frechheit der Lügen und die Plumpheit der Demagogie. Man möchte gar nicht glauben, daß so was Wirklichkeit ist. – Aber nachher kam wieder französische Musik und wir hörten bis nach 12^h und waren alle ganz »anders« gestimmt.

Vorgestern abend war Aktivistentagung wieder in unserem schon bekannten Kino. Wir fuhren mit unserem Camion hin. Sehr viele lange

Reden, als letzter auch Marty. Sinn: Wir Internationalen bleiben spanische Aktivisten auch im Ausland. No klar. Dann gab's einen blöden Film, noch dazu hab ich ihn schon gesehen gehabt, wie wir bei der Division waren und so oft ins Kino gingen. Das Ganze dauerte bis nach 3^h.

Und dort erfuhr ich, daß Kurt gefallen ist. Walter W. sagte es mir. Er hat ihm selbst die Dokumente abgenommen. Erinnert sich noch an seinen Doppelnamen *[Kurt hieß Pollitzer, sein Theaternamen war Retzer]*, ein Irrtum wohl ausgeschlossen. Am letzten Tag in der ersten Linie. – Möchte gar nicht sagen, was ich denk und fühl dabei. –

Ja, zur Antwort auf Eure Briefe: Daß Ihr schon im halben Krieg lebt, muß nicht gerade beruhigend sein. Bei uns tauchen jetzt auch schon Kriegsgerüchte auf, no, mit dem Radio ist's geschwind dementiert. Trotz allem glaub ich doch nicht, daß es jetzt zum Krieg kommt. Die Stellungen sind schon zu klar und die Manövrierfähigkeit auch Chamberlains heute schon zu eingeengt. Fürchte daher auch nicht, daß heut nachmittag in München ein Kompromiß für Hitler zustande kommen kann. Es kommt hauptsächlich darauf an, daß der Tscheche stark bleibt, und ich glaube sicher, daß hier der kritische Punkt schon überwunden ist. Wenn der Regierung die Möglichkeit des Nachgebens offenstünde, hätte sie früher davon Gebrauch gemacht. Der heutige Nachmittag dürfte nur einer Einschaltung Mussolinis in die Großpolitik dienen und sein Prestige auffrischen. Sonst – Hitler kann kaum vor und kaum zurück. Weiß der Teufel, wie er die Situation beenden wird.

Wegen der Füße: Deine Vorwürfe sind akademisch richtig, aber nur akademisch. Spitäler und Ärzte haben übergenug mit Verwundeten zu tun gehabt, bestenfalls hätt man mich 3 Tage in ein Spital gesteckt und dann wieder raus ohne viel Behandlung. In Alpagaten und auf normalem Boden, wo der Fuß halbwegs grad steht, hab ich keine Schwierigkeiten. Gestern hat er wieder zu eitern angefangen. Ich glaub, das ist gut, denn heraus muß aller Dreck ja doch.

Jetzt werd ich Dir, Gretl, auf theatralische Art mitteilen, wo mein berühmter Splitter war: Denk Dir, 2 – 3 cm unter dem Herzen! – nur auf der anderen Seite, rechts.

Meine Mathematiklehrerschaft war ganz kurz, jetzt ist so viel Umstellung, Kulturgenießen, Abschiedsstimmung und hohe Politik, daß nicht daran zu denken ist. Daß Du die Vorstellung lustig findest, beleidigt mich fast, das kann ich doch wirklich noch und sie waren auch recht zufrieden, weil sie nur Lehrsätze lernen, ich ihnen aber ihre Beweise gezeigt habe.

Daß Du das Zimmer so heimlig schilderst, macht mir schon Sehnsucht danach. Grad das will ich jetzt: Behagliches Zimmer, Kultur und volle Handlungsfreiheit. Es heißt schon was, ein halbes Jahr in keinem auch nur annäherndem Bett geschlafen zu haben.

Vergessen hab ich noch zu erzählen, daß ich 2 mal unten am Fluß – ½ Stunde steil hinunter – baden war. Wäschewechsel gab's auch, sodaß wir sogar einen Tag die Illusion hatten, entlaust zu sein. Davon sind wir jetzt gerettet, aber zumindest sind wir zum ersten Mal seit langem in einem normalen Reinlichkeitszustand und – dezimiert sind sie doch!

Und als Nachtrag zur Kultur: Gestern war ich oben beim Stab auf einer Rummypartie und da gab's richtigen heißen Tee aus Champagnergläsern! – Bei unserem Kompaniestab natürlich.

Und nun zu unserem Rückkehrproblem: Hätt schon gern Nachricht von Euch, wie man sich das bei Euch vorstellt. Ein bißerl fürcht ich nämlich, daß wir in eine Art Konzentrationslager vorübergehend kommen, bis wir auf die aufnahmsbereiten Länder aufgeteilt sind. Das wär scheußlich, denn ich möcht Euch doch unbedingt schnell und lang sehen.

Die Partei wird wohl nicht viel Dauerhaftes mit uns vorhaben, wie könnte sie das auch mit so vielen. Und unter den Ersten bin ich ja sicher nicht. Glaub, sie wird froh sein, uns irgendwo zu verstauen, wo wir ihr wenig Sorgen machen und nix kosten.

Daß Australien halt so furchtbar weit ist! Ich fürcht, wenn man dort ist, verliert man schon aus räumlichen Gründen unweigerlich jeden Kontakt mit Europa. Kenn mich mit mir noch gar nicht aus und das drückt sich auch in meiner augenblicklichen Stimmung aus.

3.10.

Wollt schon gestern schreiben, hab aber doch noch die heutige Post abgewartet und das war gut so, denn es kamen Eure Briefe vom 27. bez. 28. Das Paket hab ich auch schon lang bekommen – heut sind grad die Kastanien fini – und Deinen Brief, Gretl, vom 23. hab ich ja schon flüchtig bestätigt.

Zuerst Neuigkeiten – sie sind eh ziemlich spärlich.

Wir sind entgegen allen Gerüchten – die jetzt naturgemäß wieder eine Blütezeit erleben – noch immer hier, seit 1. aber schon aus dem Heeresverband entlassen und gestern war große militärische Abschiedsfeier. Mir waren zu viele Kommandos und Hin und Her und das unvermeidliche Herumstehen, um Stimmung aufkommen zu lassen. Diesbezüglich war's schon besser bei der Abschiedsfeier der Partei.

Mit den Leuten aus legalen Ländern soll's sehr schnell gehen, uns will anscheinend niemand, man spricht von englischen und französischen Kolonien. Ich fürchte am meisten diese Übergangszeit, am Ende auch noch ein Lager in Frankreich, kein Vergnügen. Nun, man muß sich eben aus seinen Zukunftsträumerein – Hoffnungen und begründeten Befürchtungen – herausreißen und wieder ganz auf Parteiarbeit – die ja in diesem Fall sehr schwer sein wird – einstellen, dann wird auch diese Periode erträglich.

So fühl ich mich weder körperlich noch geistig ganz auf der Höhe, ich vegetiere ein bißchen und hab gar nicht mehr dieses gute angespannte Körpergefühl, das mein Stolz war.

Aber nun zur Antwort:

Das Paket mit seiner Luxusausstattung hat mich ganz verblüfft. Wenn ich weiter hier geblieben wäre, hätt's mir sehr leid getan um die vielen schönen und wertvollen Sachen, so aber paß ich die paar Wochen höllisch auf und hab dann eine Garnitur eines Gentleman. Wo nimmst Du nur immer das viele Geld her, Otto? Messer und Rasierpinsel haben mein größtes Entzücken erregt. Echt Friedensware! *[Die Mittel für diese Pakete stammten auch von französischen Genossen, mit denen Rose und Otto in Verbindung standen.]*

Nun kommt Dein Brief dran, Gretl: Hast recht, ich kann mir wohl Australien mit mir vorstellen, nehme sogar an, daß ziemliche Wahrscheinlichkeit dazu besteht, aber so einen richtigen bürgerlichen Beruf, das kann meine begrenzte Phantasie vorderhand noch nicht verdauen. Bißerl, ganz bißerl Zukunftspläne hab ich ja schon – anders könnt ich's ja kaum aushalten, aber darüber einmal mündlich.

Sydney mit Gebirge, Wasser, Garten und Meer – schad, daß es außerhalb der Welt ist! Stell Dir z.B. vor, wie lang eine Rundschau braucht, bis sie dort ist!

Ja, a propos ČSR. Hier muß ich zugeben, daß ich mich ganz gewaltig geirrt hab. Und zwar hab ich das französische Proletariat falsch eingeschätzt. Glaubte, daß eine französische Regierung gar nicht die Möglichkeit hätte, so ein München zu machen. Derweil scheint der Protest ein recht geringer zu sein. Und das Ganze, abgesehen von aller gefühlsmäßigen Einstellung dazu, eine so gewaltige innen- und außenpolitische Hilfe für Hitler, daß er daran sicher länger als an Österreich zehren kann, abgesehen davon, daß er sich ja eine wunderbare Ausgangsposition für den nächsten Streich geschaffen hat. Es kommt jetzt darauf an, daß sich die proletarischen Bewegungen in den großen Demokratien auf ihre Kraft und auf ihre Interessen besinnen, dann braucht man auch heute nicht Pessimist sein. Eine große Gefahr seh ich nur darin, daß der Trotzkismus die Situation weidlich ausnützen wird.

Wir müssen uns in allen kleinen Gedanken und privaten Kombinationen endlich wieder darauf besinnen, wo unsere Kräfte stehen und wo die des Gegners sind. Eine Verschleierung führt zu der Möglichkeit, daß Daladier das genaue Gegenteil tun kann, was seine Wählermassen wollen – oder bei richtiger Propaganda wollen müssen.

Das, was die spanische Partei so vorbildlich macht, nämlich über der demokratischen Form den revolutionären Kern nie vergessen oder vertuschen, fehlt der KPF und sie war meines Erachtens der Hauptfaktor in den vergangenen Wochen. Wäre Frankreich stark geblieben, hätte selbst Chamberlain mitgehen müssen. Harte, harte Lehren und viele verlorene Zeit!

Inzwischen wirst Du ja – außer aus meinen folgenden Briefen – eine andere und schnellere Perspektive unserer Rückziehung bekommen haben. Mich wundert es, daß Du sowohl wie Otto die Sache anscheinend nicht ernst nehmt. Die – übrigens ausgezeichnete – Negrínrede war doch klar genug, und daß man uns nachher nicht mehr lang herumkugeln lassen kann wegen Moral und Kosten, ist doch selbstverständlich. Unsere Zivilsachen liegen schon in der Intendanz.

[Am 2. Oktober deutete Negrín in einer Rede erstmals an, daß ein Verhandlungsfrieden anzustreben sei. »Soll denn der Krieg so lange fortgesetzt werden, bis das ganze Land zerstört ist«, fragte er.]

Ja, Gretl, alt werd ich sehr. Hie und da spür ich das so erschreckend deutlich, daß mir ganz gruslig wird. Körperlich werd ich umständlich und ohne jede Spannung, augenblicklich graust mir in dieser Beziehung vor mir selber und geistig kann ich gar nie mehr bei jungenhaftem Blödsinn mit. Kann nicht mehr über Kleinigkeiten streiten, werde beängstigend still und zurückgezogen. Sollte das Schönste schon vorbei sein? Es wäre sehr traurig.

Jetzt folgt der obligate Tratsch:

Ich sitz im Zimmer, wo unser Stab wohnt, neben dem Radio, das immer begeisterte »Spieler« hat, augenblicklich hat's ein Spanier in der Reißen, sie lieben Musik sehr, aber leider auch laut. Unglaublich übrigens, wie hier die Kultur im Volk verwurzelt ist: Nicht nur, daß gewöhnliche Arbeiter und Bauern lange Verse aufsagen, die anscheinend allen bekannt sind, neulich war irgendeine Opernstelle im Radio und da haben 2 die beiden Partien mit vollständigem Text mitgesungen.

Eben bewundern die Spanier, wie viel und klein ich schreibe, das täten sie gar nicht, stellen sie fest, sie »enden gleich«.

Bei der Reorganisation der Kompanie sind natürlich viele Spanier befördert worden, leider auch viele von den Älteren. Und da ist es jetzt recht spaßig, zuzuschauen, wie sie sich einerseits in der neuen Würde spreizen und andererseits doch bißel wegen Überheblichkeit genieren, die Jungen haben einmal deswegen deutlich mit ihnen gesprochen.

8.10.

Jetzt meld ich mich endlich wieder, muß genau so beginnen wie Du in Deinem letzten Brief, Otto: »Was ich in diesen Tagen denk und fühl, brauch ich Euch wohl nicht zu schreiben.«

Geistig die ČSR und die Partei, die Ungewißheit, die mir doch immer auf die Nerven geht. Und vor allem körperlich. Mein Fuß ist zwar schon deutlich besser, aber dafür hab ich ganz scheußliche Geschwüre oder so was am After bekommen. Wie schmerzhaft, unappetitlich und peinlich das ist, brauch ich nicht erst schildern. Noch dazu sind jetzt durch die Umorganisierung – wir sind schon von unseren Spaniern getrennt, die sind schon wieder an die Front, allerdings an einen ruhigen Abschnitt, wir sind in Kompanien nach Nationalitäten eingeteilt und tun mehr oder minder nichts, was keinem gut tut – ja also, durch die Umorganisierung ist auch die Sanität durcheinandergekommen, noch dazu sind wir zweimal übersiedelt – einmal in einen Nachbarort und am nächsten Tag zurück.

Gestern gelang es mir endlich, mich untersuchen zu lassen, der Arzt stellte eine Infektion – glücklicherweise nicht Hämorrhoiden – fest, Fisure anale, was ich absolut nicht verstehe, und riet mir, ins Spital zu gehen, da er hier auch nicht die primitivsten Hilfsmittel hätte. Er stellte mir diesbezüglich einen Zettel aus und jetzt sitz ich an der »Hauptstraße« und paß den Ambulanzwagen ab, der für heute sicher versprochen wurde. Na, werden ja sehen.

Die paar Tage waren ganz ekelhaft, heut ist's schon besser. Ich war furchtbar grantig, hab kein Wort gesprochen, bin herumgeschlichen und herumgehockt und hab eine furchtbare Wut auf mich und alle gehabt. Jetzt muß ich hier noch krank werden und so blöd auch noch! Gut, daß ich den Marx-Engels-Briefwechsel noch zu lesen hatte, an ihn klammerte ich mich. Der arme Marx, jammert auch durch Jahre hindurch über Furunkeln und Karbunkeln an ebenso peinlichen Stellen. Daß er dabei das Kapital geschrieben hat, mitten in Schulden etc., vergrößert meinen Respekt vor ihm womöglich noch, wie überhaupt die Briefe ihn persönlich viel näher bringen und gleichzeitig seine Leistung viel ungeheuerer erscheinen lassen. Vielleicht, weil man gewohnt war, als Autor einen Halbgott und keinen vielseitig geplagten Menschen zu sehen.

Jetzt sind wir hier alle gesunden Österreicher beisammen, aber von Poldi und Fredl keine Spur. Von Poldi ist nichts zu erfahren, seitdem er im Spital war, von Fridolin konnte ich leider nur seinen schlechten Ruf wiederholt bestätigt hören mit einer Auskunft, er sei Anfang September irgendwohin versetzt worden. Kann mir aber nicht vorstellen, daß er dann nicht trotzdem mit der Zeit hier eingetröpfelt wäre, wenn er gesund ist.

Weiter weiß ich nix, geh also zur Antwort über:

Mich freut unsere Übereinstimmung, die proletarische Bewegung Frankreichs als Hauptschuldigen an der ČSR festzustellen. Du nennst sie zwar gleichzeitig mit England, aber ich glaub, daß hier ein Unterschied besteht:

1. Die französische Regierung ist dank ihrer Entstehungsgeschichte unbedingt »druckempfindlicher« als die englische.

2. Frankreichs nationale Interessen sind viel wesentlicher getroffen als die Englands, und dadurch hätte Frankreich die Rolle des Starken spielen müssen, England wäre nur wohl oder übel notwendigerweise mitgegangen. Initiative von England – im positiven Sinn – durfte man nicht erwarten, wäre auch unnatürlich.

3. Frankreich hat eine jahrelange Volksfront und eine viel intensivere Geschichte. Das Proletariat und die Mittelschichten mußten dadurch höheres politisches Verständnis als die Insulaner haben.

Ich glaub auch, daß man die Schuldfrage weiter stellen muß, als Du's tust, nicht nur SPF, Volksfront F, haben wir nur den Mut dazu, das auszusprechen.

Hier ist eine gründliche Kritik und Revision nötig und wird zweifelsohne auch eintreten. Natürlich verstehe ich darunter keine solche im negativen Sinn, im Gegenteil.

Was mich am meisten irritiert hat, ist das, was Du über die geteilte Stimmung schreibst und über die daraus folgende Isolierung des revolutionären Teiles. Das ist eine ungeheure Gefahr. Ich schrieb schon neulich, daß ich eine Entwicklung zur Genügsamkeit und zum Trade-Unionismus befürchte, anscheinend ist das alles jetzt in ganz großem Maßstab eingetroffen.

Ich glaube, es wäre wieder Zeit zu einem Weltkongreß *[der Kommunistischen Internationale],* um ganz gründlich diese Probleme zu prüfen. Die Rechtsentwicklung in der ČSR ist ebenso logisch, wie sie einem weh tut. In solchen Fällen merkt man deutlich, daß man nicht nur mit dem Kopf denkt. *[Nach dem Münchner Abkommen wurde die Re-*

gierung der Tschechoslowakei umgebildet.] Das Ganze bedeutet für Hitler einen relativ sehr großen Zeitgewinn und für uns genügend Stoff, um anständig zu lernen.

Erstaunt bin ich nur über die Stellungnahme der »Pariser Tageszeitung«. Sie freut sich ungeheuer, daß der »Frieden gerettet« ist. Ich habe, vielleicht voreilig, hier die Bemerkung getan, da müsse etwas stinken, eine Transaktion oder so was, und jetzt wird das hier als halbe Gewißheit herumkolportiert. Schreib mir, wenn Du etwas derartiges erfahren kannst.

Muß man unbedingt heute in Frankreich »passiver Zuschauer« sein? Du weißt, ich halte von politischen Arbeitsmöglichkeiten als Emigrant fast gar nichts, aber im kleinen Kreis, durch private Einflußnahme müßte doch gerade in politisch so bewegten Zeiten ein ganz kleines bißel zu machen sein.

Ja, daß Du auf's Kouvert »Cabo« schreibst, nehme ich als einmalige Pflanzerei. Hoffentlich nicht wieder, ist ja peinlich.

Wegen meines Artikels *[vom Tag des Ebro-Übergangs:]* Einige Druckfehler wirst ja bemerkt haben, aber c'est la guerre. Überschrift und Unterschrift sind nicht von mir, ich war so unvorsichtig, beides auszulassen, und so kam der Kolportagetitel zustande und mein voller Name, was mir unangenehm war. Zustandegekommen ist der Artikel so, daß mich der Politkommissar dazu aufgefordert hat. So werden wahrscheinlich alle zustandekommen, die PK werden g'stessen und stessen weiter. Freilich kann man auch aus eigener Initiative einschikken, aber weißt eh, wie's mit den Korrespondenzen bei einer Zeitung ausschaut. Geschrieben hab ich ihn so um den 10.8. und schon längst nicht mehr daran gedacht.

Packel schick jetzt selbstverständlich keines mehr, erstens wird's jetzt mit meiner Post wegen Spital sowieso hapern und dann, so lang dauert's hoffentlich doch nicht mehr. Über Termin kann man gar nichts prophezeien, die – übrigens vollkommen unbegründeten – Meinungen sind geteilt, eher überwiegen die pessimistischen. Ein paar Wochen dürft's schon noch dauern. Gretl, hoffentlich fährst Du mir nicht grad vor der Nase davon.

Habt Ihr in Paris einen guten und billigen Zahnarzt? (Genosse) Möcht mir auch meine Zähne nachschauen lassen, spür zwar gar nichts, aber mindestens ist Zahnstein zu entfernen.

Zukunftsgedanken: Wenig, ich werde langsam müde, ins Blaue hinein zu kombinieren. Australien ist immer noch das realste.

Jetzt ist's schon 4 Uhr und vom Ambulanzwagen noch immer keine Spur. Wenn das Ganze nur kein Aufsitzer wird.

Tratscherei? Was soll ich da schreiben? Was für ein eklig-beschämendes Gefühl es war, die Spanier allein an die Front fahren zu lassen. Noch dazu nach so kurzer Ruhe und so starken Veränderungen in der Zusammensetzung.

Daß hier im Ort nix »los« ist, ein Café, in dem's wie überall nur ungezuckerten Kaffee gibt, der übliche Riesenbau einer Kirche und die malerischen Steinhäuser, dazwischen die hier schon so gewohnten Refugios? Daß hier sehr viel kartengespielt wird und ein Französischkurs angefangen hat, der sehr reichliche Beteiligung aufweist?

Am besten ist's, ich schreib Euch, daß ich Euch gern hab und gern und lang wiederzusehen wünsche.

12.10.

Abends. Zu berichten gibt's jetzt viel: Gleich nachdem ich im vorigen Brief Zweifel ausgesprochen hatte, daß die Ambulanz noch kommt, war sie schon da. Der Brief war noch gar nicht aufgegeben. Mit dem Kaiser und einem Linzer setzen wir uns also in den Sanitätswagen und fahren nun stundenlang mit der Kirche ums Kreuz, überall Kranke einsammeln. Dabei schepperte es furchtbar, ich hätte auf dem Transport nicht ernstlich verletzt oder krank sein wollen.

Endlich, nach 2 ½ Stunden Fahrt, werden wir in einer Sammelstation ziemlich in der Nähe unseres Ortes ausgeladen, eine recht abenteuerliche Station. Eine hohe, kahle, dunkle Halle – es war inzwischen Nacht geworden –, lauter Tragbahren aufgestellt und überall Kranke und hauptsächlich Leichtverwundete, abenteuerlich in ihren Verbänden und reduzierten Uniformen aussehend. Wir bekamen Milchkaffee im Schein einer Petroleumlampe von einem Mann, dessen Gesicht deutlich »Kerkermeister« sagte, streng und unbeweglich. Dann versuchten wir, bißel im Gestöhn, Gerede und Hin und Her einzuschlafen.

So um 11 Uhr wurden wir dann in die Bahn einwaggoniert und zwar in einen sehr modernen, schönen Schienenautobus. Er war nur so voll – mit uns wurde direkt ein Zusammlegspiel gespielt. Lang fuhren wir nicht und von dort ging's ganz normal in Sanitätsautos in's Spital.

Hier noch ein Herumsitzen in der Aufnahmskanzlei. Wunden wurden besehen und frisch verbunden, der Arzt war aber so rücksichtsvoll, Einsichtnahme in meine »wunde« Stelle coram publico nicht zu verlangen. Dann in's Bett, das erste Mal in Spanien im Bett! Leider schlaf ich jetzt nicht gut, aber auch das wird von Nacht zu Nacht besser.

Inzwischen war jetzt Nachtmahl – darüber wird übrigens noch viel zu erzählen sein –, gleichzeitig wurde es dunkel und bei künstlichem Licht mag ich lieber nicht schreiben. Also auf Wiederhören morgen.

13.10. Jetzt ist's schon wieder 11 Uhr, aber heut morgen war mir ganz erbärmlich schlecht und da hab ich lieber noch ein bißerl geschlafen. Also, wo sind wir stehen geblieben?

Ja, also am 9.: Gutes Essen, dann hab ich's Spital besichtigt. Vom Kaiser und dem Linzer keine Spur. Vormittag war ärztliche Visite. Der Doktor schaute auf meine Diagnose, sagte, ich werde geschnitten werden, bis sie mehr Zeit hätten, und ging weiter. Mir war dabei nicht sehr wohl zumute! Aber immerhin fetzte ich mir noch ein Bad heraus, das ich allerdings kalt nehmen mußte, weil die Heißwasserleitung hin war.

Das Spital war ein ehemaliges Irrenhaus, sehr schöner, nur jetzt ungepflegter Garten, wunderbarer Kultursaal. Es war Durchgangsspital und ununterbrochen kamen und gingen Leute. Auf die Bemerkung des Arztes hin glaubte ich aber, länger hierzubleiben. Gleich darauf hieß es, zusammenzupacken, ich komme nach Barcelona.

Um ½ 8 stiegen wir in den Autobus ein, wir fuhren zur nächsten größeren Stadt und stiegen hier in einen diesmal nicht überfüllten Sanitätszug ein. Es war ein ehemaliger Luxuszug, internationale Waggons 1. Klasse, sehr fein, und was mich freute, alles auch noch gut erhalten. Abends stiegen wir ein und nächsten Tag 2 Uhr nachmittag erst aus. Ohne 1.Klasse-Polsterung wär's für mich gar nicht möglich gewesen. Dabei hab ich das erste Mal in meinem Leben im Speisewagen gegessen. Ja, was Lustiges: Aus der langen Fahrtzeit seht Ihr ja schon, daß wir auch lange gestanden sind. In der Nacht stehen wir nun in einer Stadt, da gehen die Sirenen: Fliegeralarm, und plötzlich konnte mancher, der vorher erbärmlich humpelte, gut laufen.

Mit Barcelona war's natürlich nix. Morgens fuhren wir in die Stadt, ein langes Verschieben und Herumstehen und dann fuhren wir am andern Ende wieder hinaus. Da gab's lange Gesichter, unter anderen auch meines. Nicht nur, daß ich die Stadt sehr gern sehen möchte, ich hab auch eine ganze Liste, was ich alles einkaufen will, Geld genug, aber keine Gelegenheit!

Schließlich landeten wir in dem Ort, wo unsere erste Station bei unserer Spanienfahrt war *[Figueras]*, saßen 4 Stunden vor dem Spitalstor herum, Organisation ist nun einmal nicht Lieblingseigenschaft der Spanier, und kamen abends endlich ins Bett.

In meinem Saal waren ein paar Typen: Ein etwas tepperter Alter, ein ganz junger vollgesoffener Bursch, der sich ankotzte und darin liegenblieb, ein Skandinavier, der sehr schlecht spanisch sprach und hier schon wochenlang ohne Verständigungsmöglichkeit lag, und ein amerikanischer Student, mit dem ich hier wieder beisammen bin.

Nächsten Vormittag, bevor noch der Arzt da war, hieß es, alle Internationalen sollen zusammenpacken, sie kommen weg. Wieder im Autobus, wieder fahren und warten.

Wir fahren durch bekannte Gegenden, dort, wo unsere 2. Station war, durch die Stadt, wo wir den 1. Mai feierten. Nach 5 Uhr kamen wir an. Hier sind überwiegend Internationale, die Spanier kommen nach und nach weg. Meistens Franzosen und Balkaner, aber auch ein paar Deutsche. Zwei Neger haben wir auch.

Gestern kam hier kein Arzt auf's Zimmer, weil zu viel zu tun war. Ich lieg nun zwar nicht den ganzen Tag, aber zuerst wartete ich lang, dann las ich aus der Bibliothek zwei Broschüren und schließlich begnügte ich mich damit, daß mich die Schwester auf heute vertröstete und mir aus eigenem andere Kost gab. Die Hülsenfrüchte wirken nämlich verheerend auf mich; dabei hab ich ununterbrochen einen solchen Mordshunger, daß ich einem anderen Menschen gar nicht beim Essen zuschauen kann, ohne die häßlichsten Neidgefühle zu bekommen.

Das hiesige Spital ist ein altes Kloster, in der Kirche nebenan ist Kultursaal und am Chor oben eine recht feine internationale Bibliothek. Hab mir Marx: »Zur Kritik der politischen Ökonomie« ausgeborgt, allerdings noch nicht angefangen. Bin neugierig, ob ich in dem Zustand durchkomme.

Also jetzt – so vor 10 Minuten – war der Doktor da. Untersucht hat er aber nur meinen Bauch und mir eine andere Kost verschrieben, für meine Fisura anal zeigte er kein Interesse, ich erbat mir nur täglich ein warmes Sitzbad, was er anstandslos bewilligte, und ansonsten sagte er, es wird schon von selbst zurückgehen. Hoffen wir's.

Womit wir am laufenden wären.

Sind meine Dokumente schon da? Neulich hab ich mitten in der Nacht daran denken müssen und hab lange nicht einschlafen können.

Ja, ein Nachtrag zu meinen politischen Ausführungen vom letzten Brief:

Ich schrieb, die französische Volksfront sei schuld. Man muß jetzt untersuchen, warum sich die VF in Spanien in jeder entscheidenden Frage im Gegensatz zu Frankreich bewährt hat. Das Entscheidende der VF-Bewegung ist meines Erachtens nach nicht der augenblickliche Erfolg, der ist nur Mittel, sondern die Umwandlung der VF-Parteien. Und welche gewaltige Wandlung ist da in Spanien vor sich gegangen! Bei Anarchisten, Sozialisten, Linksrepublikanern! In jeder Partei eine gigantische Evolution. Und in Frankreich eigentlich gar keine. Die Radikalen waren bei Bildung der VF weiter, der Cot-Flügel verlor seitdem an Bedeutung und die Sozialisten hatten nur die Pivert-Klärung, gut, aber nur Reinigungsprozeß, nicht Fortentwicklung. *[Der Radi-kalsozialist Pierre Cot trat für eine Unterstützung der spanischen Re-publik ein; Pivert zählte zu den strikt pazifistisch eingestellten Soziali-sten.]* Man sage nicht, der Unterschied ist durch den Krieg bedingt. Sicher verstärkt, aber zumindest der Weg zur Entwicklung der ande-ren Parteien – und damit der Massen, das ist das wesentliche Positive in Spanien und ebenso wesentliche Negative in Frankreich – müßte beschritten sein. Und ist es nicht. Da müßte eine genaue Analyse ein-setzen, warum.

18.10.
Jetzt sind wir wieder so weit wie am Anfang, wo wir ohne Antwort zu bekommen, schreiben mußten. No, wenn alles gut geht und Ihr fleißig wart und ich nicht übersiedel, kann ich in ein paar Tagen doch schon Brieflein bekommen!
Ich wollte schon gestern schreiben, aber da war großes Fest, zweijähri-ger Bestand der Inter-Brigaden, und da kam ich gar nicht dazu.
Fangen wir gleich mit gestern an:
Vormittag hab ich wie gewöhnlich lang geschlafen, beziehungsweise im Bett gelegen, denn das ist entschieden gegenwärtig meine ange-nehmste Körperhaltung. Auch jetzt lieg ich, allerdings angezogen, auf dem Bett. Daher die Schrift.
Dann hab ich den Marx ausgelesen, es haben nur mehr paar Seiten ge-fehlt. Hab ihn leider nur flüchtig gelesen, erstens ist's doch nicht das Richtige mit ewigen »Hinter«-Gedanken und dann ist's hier nicht ru-hig und zum mich ins Grüne-setzen fehlen mir die Sitz-Voraussetzun-gen, es wäre auch kein Vergnügen.
Mittags gab's ganz großes Festessen. Es begann mit 1 ½ Stunden War-ten, aber es hat sich dafür gestanden. In der Kirche war festlich für alle gedeckt – sonst essen wir in Partien in einem Speisesaal, eigentlich ei-nem Gang, ich hab bis heute oben am Bett gegessen, heut hat der Arzt alle runtergestampert, aber ich werd schaun, daß ich wieder hinauf-komm, erstens fällt das lange Sitzen auf der Holzbank weg, dann muß man unten lang warten und bekommt auch noch weniger. Also großes Festessen, Reis, Salat, Fleisch, Mehlspeise – so eine Art Zuckerku-chen –, Kakes, Weintrauben, Wein und Champagner und schließlich Kaffee. Genug? Selbst mein chronischer Hunger war einigermaßen gezähmt, ganz nicht. Und nachher gab's Reden. Zuerst die üblichen, glücklicherweise alles spanisch ohne übersetzen, dadurch zieht es sich nicht so und mindestens den Sinn versteh ich doch.
Als letzter sprach Marty. Ja, zwischendurch gab's Musik und nicht

einmal die übliche blecherne. Und nachdem Marty gesprochen hatte, wußte man überhaupt nicht mehr, wer und was vorher geredet wurde. So gut hab ich ihn noch nie gehört. Hab ihn auch fast wörtlich verstanden. Überhaupt versteht man Ausländer, die spanisch sprechen, viel leichter als die Einheimischen.

Nachher wollt ich eigentlich schreiben, aber da stand Marty unten am Gang, ein Kreis um ihn und ich stellte mich dazu. Einige Franzosen debattierten mit ihm, warum er nicht auch französisch hier spreche und trotz dieser blöden Fragen antwortete er ausdauernd, geduldig und nicht ein bißerl überlegen. Er ist mir überhaupt schon so vertraut wie ein guter, alter Bekannter. Er hat ein bißel was von einem netten Onkel.

Schließlich fragte er mich, ob ich Skandinavier sei. Das fragen mich übrigens viele hier, muß in meinem – übrigens schon sehr schäbigen – braunen Schnürlsamtanzug gewaltig »nordisch« aussehen. Armer Hitler!

Jetzt schnappte ich gleich ein und fragte ihn zurück nach der Volksfront in Frankreich. Und jetzt begann eine länger als eine halbe Stunde dauernde »Unterhaltung«. Tatsächlich sprach ja nur er und ich stellte nur Zwischenfragen, um den Faden nicht auslaufen zu lassen und um so bißel meine Sorgen zerstreuen zu lassen.

Meine Hauptfragestellung – siehe letzten Brief – brachte ich klarerweise nicht an, denn es standen ja eine Menge herum und da kann man keine heiklen Parteifragen anschneiden. Schad.

Aber so war's auch sehr fein. Er hat einen ganz wunderbaren Optimismus, der einem sehr gut tut. Er sagte, aber so ganz ruhig lächelnd und selbstverständlich: »Die Schlacht geht hin und her. Hauptsache ist, daß uns die letzte Viertelstunde gehört und die gehört uns.« Klar, aber man hört's doch immer wieder gern.

Und dann stellte er auch eine günstige Prognose für die nächste Zukunft. Allerdings, ohne es zu begründen. Daladier erklärte er als »toten Mann«. Allerdings widersprach er sich hier einmal. Denn als ich sagte, ich fürchte, daß die heutige Situation eine günstige Situation für den französischen Faschismus biete, nicht von der Spielart Flandin, sondern etwa Tardieu, sagte er, die heutige Gefahr ist nicht der Faschismus in Frankreich, die heutige Gefahr heiße Daladier.

[Tardieu wurde von den französischen Kommunisten als Exponent der Großbourgeoisie, der »zweihundert Familien«, angegriffen, die sich um eine Reform der Verfassung mit teilweiser Entmachtung des Parlaments bemühte.]

Dann fragten auch noch die andern alles Mögliche, schließlich kamen die unvermeidlichen Fragen: »Was geschieht jetzt mit uns?« Er antwortete immer und ohne den leisesten Anschein, daß ihn das langweile. Er muß doch sicher täglich solchen Fragensturm durchmachen. Er sagte, daß wir Verwundeten und Kranken als erste und sicher zuerst nach Frankreich kämen. – Da werd ich meiner tepperten Krankheit noch dankbar sein müssen! Und dann sagte er, daß heute Gallo *[Generalkommissar der Internationalen Brigaden, Deckname des Spitzenfunktionärs der italienischen Kommunistischen Partei Luigi Longo]* herkomme und alle praktischen Fragen mit uns besprechen werde. Darum laß ich auch zum Schluß noch Platz für etwaige interessante Neuigkeiten.

Das war also Marty. Darauf gab's Gesang aller Nationen, das Übliche, jede Gruppe singt zwei Lieder und bemüht sich um besondere Nuancen, ich hab nicht zu Ende gehört, weil ich schon genug gesessen war. Abends gab's dann noch einmal Gesang und ein spanisches Theaterstück, das ich aber auch nur fragmentarisch zu mir nahm, aus demselben Grund.

Und schließlich hab ich diese Nacht das erste Mal ziemlich gut geschlafen. Schwitzen tu ich schon lang nicht mehr. Also ein zufriedenstellender Tag gestern.

Jetzt zu meinem Gesundheitszustand:

Samstag ist hier Generalvisite und bei dieser Gelegenheit wurde ich das erste Mal besichtigt und gleich vom Direktor, einem jungen polnischen Arzt, der sehr gut deutsch spricht. Er verordnete mir eine Salbe – pomada auf spanisch, nicht ganz zutreffend in diesem Fall – und neulich traf ich ihn und er fragte mich grinsend: »No, was machen deine Hemorroiden?« – Rechtschreibung nach der spanischen Aufschrift der Salbe, ich weiß gar nicht, wie kompliziert man auf deutsch dieses scheußliche Wort schreibt – Ich ganz erstaunt: »Sind's doch welche?« Und er vergnügt: »Freilich, und die größten, die mir bis jetzt untergekommen sind.« Stellte mir aber in Aussicht, daß sie von selbst vergehen. Da hat man's!

Die eine Geschwulst geht tatsächlich zurück, dafür hat sie einen Nachbarn bekommen, der stark im Wachsen ist und auch sonst durchaus Manieren aus den Flegeljahren hat. No, genug von diesem Thema. Die warmen Bäder hab ich übrigens jetzt täglich, alles kommt mit der Zeit.

Sonntag abend war ich hier im Kino, die Filme (2) nicht einmal so schlecht und alt. Amerikanisch.

Nach dem Marx hab ich mir ein russisches Theaterstück ausgeborgt, »Optimistische Tragödie« von Wischnewski, und beim Friseur, bei dem man immer endlos warten muß, gleich den 1. Akt gelesen. Es fängt sehr originell und »anders« an, ob's gut ist, trau ich mich noch nicht zu sagen.

Ja, jetzt muß ich Euch noch von der Gegend hier erzählen: Im Norden von Barcelona ist der Landescharakter ein durchaus anderer. Die Hauptcharakteristika Wein, Oliven, Mandeln, Feigen fehlen vollständig, die ewigen Terrassen ebenfalls, dafür gibt's richtigen Rasen, direkt Wiesen – unten gibt's überhaupt kein Gras – und auch Wald. Also fast mitteleuropäisch.

Sonst gibt's hier nichts Neues. Die deutsche Sprachgruppe hat wie alle anderen jeden zweiten Tag politischen Kurs über spanische und Welt-Probleme, wir haben einen sehr geschulten Referenten, so zwar ein bißerl präpotent, aber, wie gesagt, ein richtiger Marxist.

Wir sind im Saal ganz bunt zusammengewürfelt: Ein recht netter Neger ist Zimmerresponsabel, viele Amerikaner, paar Deutsche, Franzosen etc., Spanier werden von Tag zu Tag mehr Seltenheit, weil man die Internationalen hier konzentriert. Das meiste Arm- und Beinschüsse, alles kann gehen und fliegt aus. Ich bin einer der größten Bettratzen.

In unserem Dorf ist gar nichts los, alles schimpft deswegen, mir ist's sonst wurscht, nur möcht ich mein Geld nützlich anbringen und kann's durchaus nicht.

Nun mach ich vorderhand Schluß, um noch Gallo-Neuigkeiten bringen zu können. Bis dahin les ich und hoff, daß ich mein warmes Wasser bekomm. Bestellt hab ich's schon lang.

P.S.: In Eile, damit's noch heute weggeht:

Gallo hat sehr konkret, aber besonders wegen des Zeitpunktes für uns Illegale nicht optimistisch gesprochen. Rechne daher mit mindestens 1 Monat Hiersein.

In den nächsten Tagen kommt ein Fragebogen, wohin man will. Auf Grund dessen werden dann die Verhandlungen geführt. Wenn ich bis dahin keine Post bekomm, schreib ich Australien.

20.10.
Heut geh ich zum Waschen herunter und schau nur so gewohnheitsmäßig auf den Zettel bei der Post – seh ich, daß seit gestern 2 Briefe für mich da sind, von der guten Post ganz selbständig nachgeschickt. Deine beiden, Gretl, vom 9. und 11.10. Hab so eine Freud, daß ich gleich antworten muß.

Zuerst Tageschronik:

Nochmals die Gallo-Rede: Er brachte sehr interessante Zahlen, weiß nur nicht, ob ich sie schreiben darf. Das kann ich aber sicher schreiben: Am meisten Franzosen sind hier, über ¼ aller Internationalen, dann in weitem Abstand Polen, dann Italiener und dann erst Amerikaner und Deutsche. Mehr als ⅕ aller Internationalen ist gefallen, über die Hälfte verwundet.

Wegen unserer Rückkehr sagte er: »Es wird augenblicklich verhandelt. Frankreich ist anscheinend überaus unfreundlich. Zuerst kommen die Franzosen weg, da die geringsten Schwierigkeiten, dann die demokratischen Staaten und schließlich wird man uns schicken, wohin? Wir werden in der nächsten Zeit Fragebögen ausfüllen, wohin wir wollen und wo wir eine kleine Grundlage zu einer Existenzmöglichkeit haben – Verwandte etc. – Beruf usw., und auf Grund dessen wird mit den betreffenden Staaten verhandelt. Ein äußerst langwieriger Prozeß, wie mir's scheint.

Gestern . . . nein, zuerst noch: Allgemein spricht man von Mexiko als das Ziel der Träume, erst einer hat China erwähnt – vor Marty – und dieser antwortete: »Die haben Leute genug und die Sprachschwierigkeiten sind dort auch noch etwas größer.« Hab auch nie im Ernst daran gedacht.

So jetzt: Gestern war – hoffentlich – der Höhepunkt meiner Krankheit. Da ich tags zuvor so viel auf den Holzbänken gesessen bin (2 ½ Stunden Gallo und wohl ebensoviel beim Essen, es dauert unten sehr lang, eß übrigens schon wieder oben, ist ganz anstandslos gegangen) und auch so, kurz – eben war der Kadermann *[Kommunistischer Funktionär, der die »Kader« zu betreuen hat]* da, wegen Militärbuch und so, vom Fridolin weiß er auch nichts, über unsere Zukunft und die Stellung der Partei dazu ist er noch vollkommen uninformiert, letzteres hätte mich sehr interessiert – ich hab in der Nacht und auch den ganzen Tag stark geblutet, war auch fast die ganze Zeit im Bett, nur vormittags war ich in der Bibliothek umtauschen.

Die »Optimistische Tragödie« ist wohl stark als auch ehrlich und neu in der Art, aber ganz befriedigt hat sie mich nicht. Jetzt hab ich mir einen Leninband genommen, den von 1905–7. Die andern waren ausgeborgt und mir tat's leid, hätte mehr Interesse für andere, neuere Themen, aber dann hab ich zu lesen angefangen, nicht nur aktuell, sondern ein direktes, ehrliches Vergnügen. Lenin war ein Mensch mit ganz seltenen Fähigkeiten: Klar, neuschaffend, präzis und kompromißlos und dabei unglaublich populär und überzeugend. Diese Synthese in der Vollendung hat ihm noch keiner nachgemacht, schon der äußeren Form – der Ausdrucksweise nach – nicht. Auch Dimitroff nicht.

Während ich im Bett las und auf die Schwestern bös war, sie kamen stundenlang nicht und ließen mich das ganze Bett blutig machen – sind übrigens jetzt schon wieder brav. Währenddessen kam unser Doktor vorbei und fragte mich, wie's mir geht. Ich sagte: »Schlecht« und er antwortete, man wird mich doch besser operieren, so groß hätte er so was noch nicht gesehen. Ob ich wolle. Ich sagte in der Eile ja und er sagte, er wird schaun, daß ich in's Spital in die nächste größere Stadt komm.

Inzwischen will ich schon nicht mehr so. Erstens ist hier überall notwendigerweise Massenbetrieb und da schneidet oft der Einzelne schlecht ab, hab schon Beispiele gesehen, und dann ist's heute besser. Wahrscheinlich vergißt er eh und ich werd ihn erst erinnern, wenn die Besserung vorübergehend ist. Wenn er doch daran denkt, werd ich den bescheidenen Versuch machen, zwei Fliegen – Jetzt war inzwischen Essen, vorher eine lange englische Konversation mit meinem netten jungen Amerikaner, gleich kommt die nächste Unterbrechung, mein Sitzbad. Ihr seht also, man kommt zu nix! – auf einen Schlag zu bekommen und fragen, ob es nicht besser sei, die Operation in Frankreich zu machen und ich zu diesem Zweck schnell mit einem Verwundetentransport hinüberkomm. Mach mir aber keine Illusionen deswegen.

Heute will ich noch bißel spazieren gehen, aber ich werd vorsichtig sein, nach dem Sitzbad geh ich auf jeden Fall in's Bett, augenblicklich sitz ich angezogen drauf, denn morgen ist politischer Kurs und den will ich keinesfalls versäumen.

Ja, wie ernst ich's mit Australien nehm: Unser Kursleiter ist heute nach Barcelona gefahren und ich hab ihn gebeten, einen englisch-deutschen Langenscheidt *[ein Wörterbuch]* mitzubringen, wenn er ihn auftreiben kann, will ernstlich lernen, erstens wegen Vorbereitung und auch wegen verlorener Zeit jetzt. Vorderhand kommen mir immer spanische Ausdrücke in's Englisch hinein, das hat man von seinen Halbkenntnissen!

Nach dieser geruhsamen Schilderung eines beschaulichen Lebens endlich zur Antwort. Auch das ist Illusion, eben kommt nämlich mein Wasser angerückt. – So, ich hoffe, das war die letzte Unterbrechung: Wegen des Zeitpunktes Deiner Abfahrt: Da ich ziemlich sicher bin, daß ich vor 2. Hälfte November nicht in Frankreich sein werde; wenn es Dir unmöglich ist, bis Ende November den Termin hinauszuschieben, fahr lieber gleich, damit nicht so eine Hin- und Herwarterei ohne Zweck und mit allgemeiner Nervosität entsteht. Daß es mir natürlich lieber ist, Dich noch in Europa zu sehen, brauch ich ja nicht schreiben. Schad, daß alles so ungewiß ist und man gar nichts einteilen kann.

Wegen Heirat: Wenn es zweckmäßig ist, hab ich gar nichts dagegen, wenn ich mich auch früher nur gegen den Gedanken gesträubt habe. Aber darüber können wir ja noch in France reden, kommt ja rein technisch nur in Frage, wenn wir uns hier noch erwischen.

Ja, die letzten Tage Ebro waren wirklich unvorstellbar schrecklich, ich glaub, ich selbst kann's mir gar nicht mehr im ganzen Ausmaß vorstellen. Der Brigadekommissär sprach von den heftigsten Kämpfen, die die 11. mitgemacht hat.

Daß unsere Rückziehung nicht endgültig sei, ist blöder Quatsch, politisch ja ganz unmöglich. Wäre das Ganze ja nur zum ungeheueren Schaden Spaniens, statt wie jetzt zu ebenso großem Nutzen. Es ist ebenso sicher, daß wir kommen, als auch, daß es noch hübsch lang dauern wird. Hab mir wenigstens noch die relativ gescheiteste Zeit zum Kranksein ausgesucht, lesen und lernen kann ich hier besser, versäum durchaus nix und hab die Annehmlichkeit von Bett und Essen. Nicht nur China braucht uns freuen. Die angebahnte Gewerkschaftseinheit in der ČSR, das Aufwachen der Massen in Frankreich und England und doch vor allem Spanien sind Positiva, die die Zukunft in sich tragen können.

Schad, daß Du nicht auch mit André Marty reden kannst. Eine rückläufige Epoche darf uns nicht schrecken, wenn wir wissen, daß naturnotwendig die Entwicklung für uns ist, noch weniger bei der Schnelllebigkeit unserer Zeit. Nur heißt's jetzt arbeiten, viel und gründlich arbeiten und lernen und sich festigen. Es ist wohl wieder eine Zeit, wo viel Spreu abfallen wird; desto besser.

So, und noch eine kurze Rechtfertigung wegen Australien: In Frage kommen nur: Skandinavien, USA, Australien. SU schalt ich aus, werd's in erster Linie versuchen, hab aber keine Hoffnung. Frankreich lehn ich ab, zu viele Schranken für Emigranten. Skandinavien: Viele deutsche Emi und keine besondere Lust, kleinbürgerlich und was arbeiten? USA wär gut, aber wenn schon weit weg von Europa, dann gleich Australien. Glaub, daß man dort eher politisch – hinter den Kulissen – was machen kann, weil Bewegung noch unentwickelt. Und viel lernen. Eventuell schreiben, wenn ich englisch genug kann. Lern auch fest!

Ich weiß, daß ich zumindest anfangs finanziell von Dir abhängig sein werde, recht unangenehm, aber ich glaub, daß unsere Bindung stark genug ist, auch das zu ertragen. Ich seh darin augenblicklich die positivste Lösung, wenn mir auch die Trennung von Österreich und seiner Nähe weh tut, aber sie wird unvermeidlich sein. Also, ein schönes Sydney, bald und möglichst ohne Zwischenfälle vorher.

23.10.

Hab heute Eure beiden Briefe – Gretls vom 16. und Ottos Flugpost vom 17. – nachgeschickt bekommen. Ihr seht, die Post funktioniert ganz märchenhaft, und ich beantwort sofort:

Ihr schreibt beide, ich soll schauen, daß ich außertourlich schneller fahren soll. Werdet aber beide einsehen, daß das nicht so ohne weiteres möglich ist, da jeder Einzelne so schnell als möglich weg will und wohl auch jeder private Gründe hat. Wenn die Leitung sich da mit jedem spielen würde, käme sie vor lauter Arbeit überhaupt zu nichts. Und Ausnahmen würden selbstverständlich sehr böses Blut machen. Das ist doch klar?

Möglich ist nur, daß ich wegen Operation wegkomme. Habe vorgestern mit dem Direktor gesprochen deswegen. Er sagte zwar, es sei nur eine leichte Operation, aber er werde sehen. Zufällig war gestern das Tribunal Militar Medico hier und er schrieb mich nachträglich dafür auf. Die müßten zuerst feststellen, daß ich untauglich sei, dann könne er mich nach Barcelona ins Spital schicken und dort müßte ich dann verlangen, wegen Operation so schnell als möglich nach Frankreich zu kommen. Nun, die Militärkommission ist gestern nicht fertig geworden, ich bin erst am Ende aufgeschrieben und komm erst morgen zur Besichtigung.

Nun hat das Ding aber zwei Haken, wenn selbst sonst alles klappen sollte. Erstens dürfte dieser Weg auch nicht gar so geschwind gehen nach meinen bisherigen Erfahrungen. Glaube nicht zu übertreiben, wenn ich bestenfalls meine Ankunft auf 5. bis 10. November schätze.

Zweitens: Meine liebe Fisura geht augenblicklich zurück. Wenn das bis morgen andauert, ist schon der Spruch des Tribunals ungewiß, aber wenn das dann in Barcelona einige Zeit dauert, wird nix mehr da sein, was operiert werden könnte.

Also ist dieser zweite Weg recht unsicher. Freilich werd ich mich trotzdem anstrengen und tun, was nur geht, um es durchzusetzen. Vielleicht, wenn ich darauf hinweise, daß ich Erholungsmöglichkeit in Frankreich habe.

Also mein Rat, Gretl! Fahre mit Stella, ich nehme an, daß wir uns dann nicht mehr sehen werden hier, aber es ist besser für Deine Arbeit, das Warten in's Ungewisse ist schlecht für uns beide und ich bin auch so wegen baldigen Wiedersehens optimistisch.

Wegen meiner Australienfahrt:

Abhängig ist sie nur davon, ob aus der SU nix wird und ob die Partei nichts anderes mit mir vorhat, beziehungsweise sonst etwas dagegen einzuwenden hat. Nehme aber als sicher an, daß beides keine Hindernisse sind. Wegen SU mach ich mir keine Illusionen und die Partei wird jetzt eh keine Arbeit für mich haben und froh sein, ein Sorgenkind weniger zu haben.

Wegen der Fahrt gibt es zwei Möglichkeiten:
Die mir weitaus sympathischere und auch – hoffentlich – wahrscheinlichere: Ich fahre, vom Spanienkomitee offiziell nach Australien vermittelt. Da brauch ich mich dann meiner Meinung nach nicht um's Fahrgeld und um die ominösen 200 £ *[offenbar eine Summe, die man bei einer Einwanderung vorzuweisen hat]* kümmern. Außerdem hab ich dann gleich eine viel bessere Verbindung mit den Sydneyer Arbeiterorganisationen, woran mir sehr liegt.

Wenn Australien Internationale ablehnen sollte, dann bliebe noch der komplizierte Weg über Buckingham *[offenbar ein hilfsbereiter Bekannter von Gretls Chefin Stella]* etc. Falls ohne Geldausgaben und sonstige Schwierigkeiten einleitende Schritte möglich sind, können sie ja nicht schaden. Freilich, ob man par distance heiraten kann? Es wäre mir freilich äußerst unangenehm, mein Fahrgeld auch ausborgen zu müssen, denn dann sind wir faktisch finanziell so lange gebunden, daß an eine eventuelle Rückkehr überhaupt nicht zu denken ist, auch wenn ich verdiene.

Du schreibst im letzten Brief, Australien sei gerade gut genug für mich, um eine tote Zeit totzuschlagen. Das will ich nun auf gar keinen Fall. Ich will auf jeden Fall arbeiten, nur denke ich so:
Für eine Österreich-Arbeit gibt's meiner Ansicht nach keine Möglichkeiten, Emigrationszirkel lehne ich ab, als Arbeit zu bezeichnen; bleibt nur, sich für eine Zeit entschlossen von Österreich trennen und eben dort arbeiten, wo die besten Möglichkeiten sind. In Skandinavien kann, glaub ich, ein Emigrant nicht viel aufstecken, es sind zu viel dort; im übrigen in Betracht kommenden Europa sicher nicht.

Australien hat den Vorteil: Mit Dir beisammen, finanzielle Grundlage – irgendwas werd ich mit den Verbindungen doch aufreißen – und eine wenig entwickelte Bewegung, der ich eventuell mit meinen Erfahrungen helfen kann. Denke da allen Ernstes auch an Schreiben, eventuell an der KP-Zeitung oder noch besser, an Linksblättern. Da heißt's nun, mit aller Energie englisch lernen, ich hoffe, Montag das Wörterbuch zu bekommen. Träume auch von Radio und außerdem von einer feinen Schreibmaschine; wovon wir uns das kaufen sollen, davon träum ich vorsichtshalber lieber nicht. Wird aber ganz besonders klass sein, so langsam ein Stück nach dem anderen zu kaufen!

Eben hab ich mich bei einer Engländer-Amerikaner-Clique erkundigt – sie sitzt am Bett meines lieben Amerikaners –, mit wieviel £ man in

Australien leben kann. Sie einigten sich darauf, mit 2 £ gut, allerdings ohne Wäsche etc. Das wär ja ganz annehmbar. Außerdem bin ich dabei draufgekommen, daß ein Australier im Haus ist, den ich demnächst interviewen werde.

Wegen meiner Kritik an der KPF hast Du mich gründlich mißverstanden. Ich will selbstverständlich auch unbedingt eine Volksfront in Frankreich, meine Kritik betrifft nur die Arbeit innerhalb derselben. Und glaubst Du ernstlich, daß eine Politik nur mit dem Argument zu verteidigen sei, man muß schlucken aus Angst vor dem, was sonst käme. Das wäre rettungslose Schwanzpolitik und kann nie unser Maßstab sein.

Unter welchen Umständen kann man die Massen revolutionieren und damit auch die Linksparteien und wie kann man den Kampf gegen die Reaktion erfolgreich führen – nur das können die Leitfäden der Politik der KPF sein. Und hier hab ich eben leider keinen positiven Vorschlag, sondern nur die negative Kritik. Daß die Einheit das Hauptproblem ist für die Lösung beider Fragen, ist klar.

Wegen Unzufriedenheit mit mir und Spannkraft: Hier ist die schlimmste Zeit schon lang vorbei.

Bei uns wurde gestern desinfiziert, in der Nacht hat's beißend gestunken. Heut bin ich ½ Stunde spazieren gegangen, »bergsteigerisch«, ohne Weg, woraus Ihr seht, wie gut's mir schon geht. Jetzt lieg ich aber doch wieder im Bett, »muß« ja abends noch ins Kino. Leider ist's seit gestern hier kalt, relativ natürlich, aber doch genügend.

P.S.: Ja, in der ersten Zeit war ich sehr unruhig und sehnsüchtig und das Warten ging mir auf die Nerven. Jetzt hab ich eine so abgeklärte Ruhe, nicht, daß ich Dich weniger gern sehen möcht, Gretl; ich bin nur geduldiger und sicherer. Wir kommen zusammen und es wird schön, was tun die paar Wochen oder Monate? Vielleicht Einfluß Lenins.

27.10.

Eigentlich wollte ich heute schon den Brief wegschicken, weil ich sicher Post erwartete, es kam aber nichts und so wart ich noch bis morgen. Fang aber doch schon die erste Rate an, denn für morgen hab ich schon großes Programm: Vormittag bin ich auf Rundschau Nr. 52 abonniert, die man begreiflicherweise schnell lesen muß, und nachmittag ist großes Konzert zu Ehren von uns Internationalen in unserer Kirche. Peinlich ist nur, daß jetzt die Marken ausverkauft sind, also Flugpost unmöglich, und ich schon heimlich Angst hab, daß der Brief Dich, Gretl, nicht mehr erreicht.

Gehen tut's mir von Tag zu Tag besser, ich spür fast nichts mehr, sitz auch jetzt beim Schreiben in unserer Schule, tät auch gern viel spazierengehen, nur ist es saukalt und dreckig, leider.

Wegen früher Wegfahren: Hab nochmals mit unserem Direktor gesprochen. Er hat mir höflich aber klar erklärt, daß ich ja doch nicht der schwerste Fall hier sei und doch nicht jeder Fall individuell behandelt werden kann. Auch hängt es gar nicht von ihm ab, sondern wird von Barcelona aus entschieden. Ich mußte ihm recht geben und habe mich geniert, persönliche Gründe anzuführen, weil wirklich Leute hier sind, die noch auf Operation von Spezialisten warten und bei denen es um den Gebrauch von Arm oder Bein geht. Und ich möcht doch nicht gern meinen Spanienaufenthalt mit einer Tat beschließen, der ich mich später schämen müßte, verstehst, Gretl?

Ich hab nach »neuesten Informationen« wieder ausgerechnet: Wenn alles sehr gut geht, bin ich Mitte November bei Euch – wenn Ihr noch da seid –, wenn's schlecht geht, gibt's gar keine zeitliche Grenze.

Einen Vorteil hat mein langer Aufenthalt hier: Ich bin schon als Fresser bekannt und bekomm von allen Seiten Abstauber, sodaß ich faktisch ziemlich regelmäßig für zwei esse. Der ärgste Hunger ist damit verjagt.

Ja, ich hab hier einen Australier entdeckt, ein sehr netter und ebenso armer Kerl. Schiffsingenieur, dessen rechte Hand und rechter Fuß ziemlich hin sind. Seinen Beruf wird er nicht mehr ausüben können. Als ich ihn bedauerte, sagte er einfach: »Wenn man in den Krieg geht, muß man mit sowas rechnen.« Er hat mir seine Adresse gegeben, auch Sydney – und ich hoff, ihn unten wiederzusehen.

Ich hab ihn also gründlich interviewt. Das Ergebnis:

Überfahrt kostet 32 £ – ich hab bis jetzt von 50 £ gehört – und dauert 5 Wochen. Leben kann man – in Untermiete – mit 1 ½ £. Durchschnittsverdienst einer Frau 2 ½ – 3 £. Männer verdienen allerdings bis 15 £. Lebensstandard höher als in Amerika. Er war auch dort.

Sydney sehr schön, Hafen besonders. 1 ½ Millionen Einwohner, Klima sehr gut, nicht heiß, zwei Ernten jährlich, immer Früchte, kein Schnee – nur auf den Bergen – gut, daß wir unsere Schi in der Schweiz gelassen haben. *[Wir gingen im März 1938 ohne Paß illegal über die Berge auf Schiern in die Schweiz und ließen sie im ersten Dorf.]* 2 Monate Regen. Sonst sehr viel Farmer. Auf dem Land sehr leicht, Arbeit zu bekommen, in Sydney auch nicht zu schwer.

Reine Labourregierung, recht gut, sie unterstützt die Arbeiter bei Streiks, sonst noch zwei Rechtsparteien und die KP. Sie scheint nicht einmal so schwach zu sein, da er von Vertretern im Parlament sprach.

Einheitliche große Gewerkschaft. Vergiß übrigens nicht, ihr gleich beizutreten! Er glaubt, daß meiner Einreise keine Schwierigkeiten entgegenstehen werden, ich fürcht nur die »Konkurrenz« der vielen ČSR-Emigranten.

In der Nacht, wenn ich nicht schlafen kann, denk ich immer an uns beide dort unten und freu mich schon auf alles. Das Neue, ein Leben aufbauen, Schwierigkeiten überwinden, kämpfen und sparen und sich über alles freuen; ich glaub schon, daß es sehr, sehr schön werden wird. Einzige Sorge ist: Wird's unten jemanden geben, der richtig Mehlspeis kochen kann?

Jetzt mach ich für heut Schluß, erstens wirds dunkel, dann kommt die Nachtmahlzeit und da muß ich rechtzeitig zur Stelle sein, um alles »einsammeln« zu können. Also – mañana mas! *[Morgen mehr – eine bei Spaniern beliebte Redewendung.]*

28.10. Zu meiner Verwunderung ist heute wieder keine Post gekommen. Kann mir's gar nicht erklären, da Ihr doch meine direkte Adresse schon haben müßt.

Jetzt muß ich Euch geschwind von gestern erzählen:

Ich hab für mindestens 2 ½ genachtmahlt und war seit langem wieder ganz voll, lag im Bett – nach meinem obligaten Sitzbad – und kaute wieder. Dann dachte ich mir, schaust dir noch einmal die Tschechei-Karte im »regards« an, die ich schon vormittag gesehen hatte. Weißt dann wenigstens bißel, wie die Grenzen gehen. Ich schau sie recht lang an, ärger mich noch, daß zwischen Deutschen und Österreichern und Schweizern kein Schattierungsunterschied ist, schau weiter, bis ich nach Bulgarien komm und dort nach O. L. *[das Monogramm meines Bruders, der Geograf ist.]* Das hab ich sofort erkannt. Und dann auch gesehen, wie Du Dich fein aus der Schlinge gezogen hast mit »gleicher Sprache« und nicht Nation. Mein letzter Zweifel, ob Du der Zeichner bist, war beseitigt, als ich so gewissenhaft Liechtenstein eingezeichnet fand. Das tut kein anderer so brav. Sag, die Karpathorussen sprechen wirklich ganz und gar ukrainisch?

Du, ich hab eine Riesenfreude mit der Entdeckung gehabt und bin, wie immer bei ähnlichen Anlässen, stolz auf mein Brüderlein. Stammt der Artikel daneben auch von Dir? Und hast Du anständig bezahlt bekommen? Doch mindestens 200–300 Fr. Und bist auch zufrieden? Wenn Du einmal bei so was drin bist, werden die ja bemerken, daß Du immer Liechtenstein einzeichnest etc. und Dich immer beschäftigen. Und Du hast zumindest eine finanzielle Grundlage und eine Arbeit, die Du Dir doch zeitlich einteilen kannst. Oder ist so was immer Postarbeit?

Ich hab mir aus der Bibliothek wieder einen Leninband geholt, diesmal den vom Feber 17 zum Oktober. Von ihm gilt mindestens dasselbe wie vom ersten.

Übrigens, Gretl, ich hab schon den Grundstein zu unserer künftigen klassen Bibliothek gelegt: Ein Kamerad hat mir ein Buch geschenkt, schaut zwar schon ziemlich schäbig aus, aber der Autor beginnt mit A und so können wir wenigstens beim Aufbau der Bibliothek systematisch dem Alphabet nach fortfahren. Es ist Aragon: »Die Glocken von Basel«.

Wenn ich Glück habe, bekomm ich doch endlich heute abend das Englisch-Wörterbuch und dann fängt mein tägliches Lernen an, das ich mir sehr fest vorgenommen hab und auf das ich mich schon freu.

Hast Du schon bemerkt, wie meine Prophezeiungen so schön in Erfüllung gegangen sind? Wenn ich runter komm, siegen wir – Ebro. Ich werd nicht verwundet, höchstens interessante Narbe – also, interessant ist's nicht und Narbe bleibt auch nicht, aber sonst stimmt's. Wir werden uns schneller sehen, als wir glauben – no, ich hab mit längerem Getrenntsein gerechnet.

Hier gibt's einige – Gretl, Du gehörst, scheint's mir, auch dazu –, die verzweifelt sind wegen der ČSR. Ich vergleich das mit dem Franco-Durchbruch zum Meer im Frühling. Ein sehr gefährlicher Schlag, eine sehr schwierige Situation, aber man hat hier daraus gelernt und hat die Regierung der Nationalen Union geschaffen, das Heer reorganisiert und den Feind nicht nur zum Stehen gebracht, sondern auch den Ebro überschritten. Damals gab's auch genug Leute, die den Kopf verloren hatten und deswegen Spanien für verloren hielten. Dasselbe heute. Wir werden noch viele Niederlagen erleiden, aber wenn wir verstehen, aus ihnen zu lernen – wird jede Niederlage uns eine Stufe höher heben und schließlich einen Fortschritt für uns bedeuten.

Gretl, vergiß nicht, wenn Du von hier fährst: Nimm alles nur irgend Brauchbare mit, vergiß auf keinen Fall die gute Laune und die große Vorfreude! Mal Dir nur auch alles aus, das ist sehr schön.

Tratscherei von hier:

Heute war's früh arg kalt, jetzt scheint die Sonne und ich sitze »in« ihr und laß mich wärmen. Eben geht wieder ein Transport ab, täglich fahren so 10 – 20 weg und wir sind schon nur mehr zu $\frac{2}{3}$ besetzt. Übrigens soll in allernächster Zeit die Kontrollkommission vom Völkerbund herkommen, uns zu besichtigen, bin schon neugierig auf die Bonzos.

Unser Publikum ist recht gemischt: Vom dümmsten – und gleichzeitig lautesten – Meckerer und politischen Ignoranten bis zum feinsten Kerl gibt's alle Schattierungen.

141

Etwas, was mich ärgern kann: Ich hab neulich in unserem Kurs kritisiert, daß alle spanischen Zeitungen sich bis zum Urteil über den POUM-Prozess ausschweigen mußten. Halte es prinzipiell für falsch, etwas zu unterdrücken, was doch durchsickert. Durch die ausländische Presse. Es schafft immer Boden zu Gerüchten und außerdem wäre in diesem Fall eine fortlaufende ausführliche Berichterstattung eine sehr gute Propaganda. Die »frente rojo« holt's übrigens jetzt nach. Auf Grund dieser Kritik will mich nun einer hier unbedingt als Trotzkisten abstempeln. Er fängt immer wieder über das Thema Diskussionen mit mir an und will mich »fangen«. Glaubt wohl, daß jede Kritik Trotzkismus ist. Gott bewahre uns vor solchen Mitgliedern, die stupide Nachbeter und gedankenlose über 100%ige sind. Wir brauchen lebendige Geister, nicht Gebetbüchel.

[Nach den Kämpfen in Barcelona im Mai 1937 wurden Funktionäre der POUM verhaftet. Ihr Leiter Andrés Nin wurde unter ungeklärten Umständen ermordet, es wird angenommen, vom russischen Geheimdienst. Den anderen wurde im Oktober 1938 der Prozeß gemacht. Von Verrat und Spionage wurden sie freigesprochen, wegen ihrer Teilnahme am Aufstand erhielten sie Gefängnisstrafen, einer wurde freigesprochen.]

Womit ich schließe und Euch wünsche, mit derselben Geduld das Wiedersehn zu erwarten wie ich jetzt.

3.11.

Heute schon wieder keine Post. Ich warte von Tag zu Tag und kann mir ihr Ausbleiben überhaupt nicht mehr erklären. Hab mich trotzdem heute in den spärlichen Pausen meines vollgepfropften Tages hingesetzt, damit Ihr nicht auch so lange warten müßt.

Ich werd wohl sicher zuerst nach Frankreich kommen und damit zu Euch, von bald scheint aber keine Rede zu sein, wir haben noch nicht einmal die von Gallo versprochenen Fragebogen bekommen, auf Grund derer doch erst verhandelt werden soll. Jetzt wird groß eine 7. November-Feier *[Jahrestag der russischen Revolution]* vorbereitet, auch bißel entmutigend, weil es die Perspektive einer baldigen Änderung nimmt. So ist's ja hier recht schön und ich tät mich fast nicht so wegsehnen, wenn ich sicher wüßt, daß ich Dich, Gretl, noch treff. Selbst wenn ich sicher wär, daß es unmöglich ist, Dich noch in Frankreich zu sehen, wär ich zufriedener. Diese Unsicherheit und die ewigen Zeitspekulationen sind das einzig Unangenehme hier – neben dem Ausfall jeder Post. No, schlimmstenfalls sehn wir uns im Feber – März. Gretl, da bin ich optimistisch und glaub schon, daß ich dann drüben bin und so lang kann man schon noch von der Vorfreude leben.

Was Du über die traurige Situation in Frankreich schreibst, hat sich ja einerseits (CGT, SP) schon gebessert und bessert sich von Tag zu Tag. Unser lieber Daladier allerdings scheint ja zu allem anderen auch noch eine Fremdenhetze einleiten zu wollen, das kann ja für uns alle lustig werden!

[Damals setzten sich sowohl die französischen Gewerkschaften (CGT) als auch die französische Sozialistische Partei dafür ein, daß die demobilisierten Mitglieder der Internationalen Brigaden nach Frankreich hereingelassen werden, während Ministerpräsident Daladier bemüht war, Stimmung gegen Ausländer zu nähren.]

So viel ich weiß – ich hab Kurt das letzte Mal Anfang August gesprochen – hat er keine Verbindung mit seiner Familie oder mit Österreich überhaupt gehabt. Dürfte nachher auch keine aufgenommen haben, da sie sonst wohl durch Dich gegangen wäre.

Gesundheitlich: Es wird täglich kleiner und kleiner, spüren tu ich's fast überhaupt nicht mehr, ich glaub, wenn wir noch lang hier bleiben, werden sie mich aus dem Spital noch hinausschmeißen, wo ich das Bett doch schon so gewohnt bin und es mir mit dem Essen schon so fein eingerichtet hab, daß ich tatsächlich für zwei eß und neulich beim Friseur feststellen mußte, daß ich schon anständig g'füllt ausschau. Allerdings wird man hier ja nie untersucht, ich wurde während der ganzen Spitalzeit ein einziges Mal besichtigt, erkundigen tut sich unser Direktor allerdings öfter nach meinem Befinden.

Neulich hatte ich ein ganz eigenartiges Gefühl. Hab Euch ja schon geschrieben, daß wir täglich in der Zeitung mindestens in zwei Artikeln »gefeiert« werden. Die Abschiedsfeier in Barcelona soll übrigens wirklich fabelhaft gewesen sein, schad, daß ich den einen Tag nicht »gesund« war, erstens wegen der Feier und dann wegen Barcelona, das ich scheinbar gar nie zu Gesicht bekommen soll. Ich les die Artikel nur ganz flüchtig und denk mir gar nichts dabei. Neulich aber les ich, wie Negrín sagt, wenn der Krieg aus ist, könnten wir alle die spanische Staatsbürgerschaft bekommen und herkommen. So hätt ich ein zweites Vaterland bekommen, ganz wunderlich, das Gefühl! Komm mir bißel schäbig vor, mit ganzen zwei Monaten Front eine neue Heimat erkauft zu haben, die einen irgendwo »zu Hause« sein läßt, wenn das Emigrantsein unmöglich wird. Und »Spanier« sein, Gretl, ist nicht das Schlechteste!

So, jetzt will ich erzählen, was ich alles zu tun hab:

1) Mein Tag fängt frühestens um 9 Uhr an. So um ½9 bekomm ich das

Frühstück, no, und bis ich dann aufgestanden bin, ist's so spät. Dann geh ich in die Dusche – hab neulich entdeckt, daß es so was gibt und man jeden Tag hingehen kann. Ganz richtig heiß ist sie allerdings nur hie und da –, Turnen – seit neuestem –, Zähneputzen und nicht zu vergessen, das vergebliche Nach-Post-Fragen, da wird's mindestens ¾ 10.

2) von 12 bis 1 ist Mittagessen. Das heißt, ich muß schon um 12 Uhr beim Bett sein, um »nix zu versäumen«, und meistens wird's doch 1, bis ich fertig bin.

3) Jeden zweiten Tag ist von 3 – 5 Kurs.

4) Um 6 – ½ 7 ist Nachtmahl, vorher oder knapp nachher ist ein Sitzbad fällig, nach dem ich in's Bett gehe, da man erstens bei künstlichem Licht hier schwer was Gescheites anfangen kann und dann wegen Verkühlen. Im Bett les ich dann noch die »frente rojo«, die abends kommt.

Ja, um ½ 11 und ½ 5 gibt's Milch, da soll ich womöglich anwesend sein, damit ich sie warm krieg. (Es ist eben punkt ½ 11, daher die Eile.)

In der kurzen Freizeit ist nun folgendes zu bewältigen:

1) Jeden Tag eine Seite Englisch schriftlich übersetzen. Ich mach das gemeinsam mit einem Österreicher, 30jährig, Arbeiter in einer Gerberei, sehr anhänglich, ganz eigentümlich, aber durchaus nett. Er lernt sehr fleißig, konnte fast gar nichts, aber macht große Fortschritte. Das dauert ungefähr ⅘ Stunden.

2) Geh seit neuestem mit ebendemselben täglich hier in der wirklich recht schönen Umgebung spazieren. Das Wetter ist seit paar Tagen klass, morgens und abends sehr kalt, aber in der Sonne wunderbar. Gretl, Du tätest Sonnenbäder nehmen, mit Dir wären diese Ausflüge überhaupt fein, aber auch so freu ich mich immer auf sie. So ungemein friedlich! Ein würdiger Abschluß meiner Soldaten-Episode. Das dauert so zwei Stunden.

3) Lenin-Lesen. Leider ist er durch die Gedrängtheit schon ein bißel zum Lückenbüßer geworden. Heut muß ich noch eine Spanienstatistik abschreiben, die ich gern bei mir haben möcht, für Australien und überhaupt, glaub also, daß Lenin vertagt wird. Schad.

Ihr seht also, ich bin hin- und hergerissen. Trotzdem hätt ich schon noch genug Zeit, um Briefe zu lesen!

6.11.

Ich schreib Euch schon wieder, denn es hat sich viel ereignet für hiesige ruhige Verhältnisse.

Erstens haben wir die versprochenen Fragebogen zum Ausfüllen bekommen, was große Aufregung hervorrief und einem ganzen Tag sein Gepräge gab. Es wurde darauf auch alles nur Mögliche gefragt, unter anderem auch die genaue Adresse, wo man hin will, was ich beim besten Willen noch nicht ausfüllen konnte. Ich beschränkte mich auf Sydney. Ununterbrochen wurde gefragt, bei wem man leben will, ob man Familie hat, kurz, es war immer von Dir die Rede, Gretl, und ich schrieb immer brav NOBIA – Braut. Nun schreibt man das aber mit V statt B – ausgesprochen werden die beiden Buchstaben ja ziemlich gleich – und beim Abgeben schaut der Spanier das durch und pflanzt mich natürlich mit meiner NOBIA gehörig. So, das wäre die eine Sensation, überflüssig zu sagen, daß Gerüchte daraufhin wie Schwammerln wachsen. Jedenfalls ein Schritt weiter.

Die 2. Sensation: Vorgestern kam Dein Medizinerpackerl, Gretl, an das ich schon gar nicht mehr gedacht hatte. Mit dem Verbandzeug kann man ja ganze Armeen bis zur Unkenntlichkeit verbinden. Ich hab den ganzen Pack dem Spital geschenkt und die haben damit eine große Freud gehabt, es geht ihnen in Bezug auf Material ziemlich dreckig. Also war das Geld wenigstens nicht hinausgeschmissen. Sokken und Alpagatas trag ich schon, mit meinen alten – sie waren noch gut, nur viel zu groß – hab ich jemanden glücklich gemacht.

Und nun zur Hauptsache, dem Essen. So ein prosaisches Wort für diese Sachen ist eigentlich gar nicht am Platz. Am besten sage ich »Ambrosia«, Gretl! Gleich vorgestern abends gab's ein wunderbares Festessen in einem Zimmer von unseren Enfermeras *[Krankenschwestern]*, zwei Holländerinnen, eine Deutsche, unser Kursleiter und ich. Wir haben mit einem Genuß und einer Andacht gegessen, Du hättest Deine Freud schon am Zuschauen gehabt. Dann gab's Tee, kurz, es war Eßkultur in Reinkultur, Kakes und diese fabelhaften Aprikosen unbedingter Höhepunkt, aber überhaupt kein Tal. Es war wunderbar. Die eine Holländerin schaut Dir bißerl ähnlich. Kurzen, blonden Bubenkopf, sehr blond und holländisch im Gesicht, Deine Größe, und hat auch die Fähigkeit, sich ansteckend zu freuen. Ihre Augen leuchteten ununterbrochen und sie hat die kleinsten Bröseln zusammengeklaubt. Ich hab bißel mit ihr geflirtet, weißt eh genau, wie, und hab dabei eigentlich immer mit Dir geflirtet. Kannst Dir's vorstellen? Es war schön und wehmütig.

Gestern war dann das zweite Festessen mit meinem netten Amerikaner, der mir auch beim Englischlernen hilft, seinem Freund und dem armen Australier. Ich beweg mich überhaupt viel in »englischen« Kreisen, erstens sind sie mir sympathisch und dann der Sprache wegen.

Sie haben zwar nicht mit dem gleichen Enthusiasmus gegessen, aber dafür gab's feine politische Diskussion und es war auch ein sehr schöner Abend, den ich wieder Dir zu verdanken habe.

Die Maroni hab ich noch aufgespart und bißel Schokolade auch, da gibt's dann Dienstag abend mit den Holländerinnen eine kleine Nachfeier. Heut geht's nämlich nicht, weil Kino ist, und morgen ist ja große 7. November-Feier.

Die 3. Neuigkeit: Gestern kam endlich nach dem beängstigend langen Schweigen die erste Post.

Wegen vorzeitigem Zu-Euch-Kommen hab ich ja inzwischen schon geschrieben, jetzt bin ich auch schon so gesund, daß nur mehr Rudimente vorhanden sind, die mich praktisch überhaupt nicht mehr stören.

So, nun hab ich viel Tratsch-Platz:

Das Wetter ist ganz prachtvoll schön, unsere Spaziergänge dadurch ebenso, schneebedeckte Berge – Pyrenäenausläufer – gibt's zu sehen und Himmel, Berge und Schluchten, Eichensträucher mit Wienerwald-Anstrich, Moos, kurz, ganz heimisch ist's oft.

Heute sind wir ganz weglos gegangen, lange Zeit im Bachbett neben einem Bach. Es war romantisch und ruhig – schön, wie hier überhaupt der ganze Aufenthalt einem Nervensanatorium gleicht – oder gliche, wenn nicht die Wegfahr-Frage immer von neuem störte.

So schön, wie ich mir das Leben hier mache, machen's allerdings nur wenige, viele langweilen sich greulich, während mir der Tag regelmäßig zu kurz wird. Ich vernachlässige Lenin ganz schändlich. Die anderen armen Narren sitzen halbe Tage im Kaffeehaus, wo's nur ungezuckerten Kaffee und Kognak – aber nur einen pro Person – gibt. Und haben dementsprechende Stimmung.

Ja, mit meinem Doppelt- und Dreifach-Essen wird's jetzt auch aus sein. Anscheinend hat sich jemand beschwert, daß ich zu viel hinauf ins Zimmer bekomme, worauf ich ab morgen trotz harter Bank unten im Eßsaal essen muß. Wird das Hungern wieder anfangen, aber macht nichts, ich bin eh jetzt recht dick und lange werden wir ja in dem Spital doch nicht mehr bleiben.

So, was noch?

Ja, die spanischen Enfermeras sind hier alle ganz unglaublich jung, 17 – 19, und schauen alle viel, viel älter aus. Die unsrige ist eine Nummer: Rote (echte) Haare in beängstigend viele Wuckerln gedreht, einen barock geschminkten Hollywood-Mund, dessen knallige Farbe sich mit ihren Haaren so verträgt wie Daladiers Politik mit den Interessen des französischen Volkes. Die Augendeckel blau und die Augenbrauen kühne braune Striche. Aber sie schaut wenigstens, daß ich zu essen bekomm, wenngleich das auch keine ganz uneigennützige Nächstenliebe ist, da sie stark raucht und ich bekanntlich Nichtraucher bin.

Und die »Patienten«:

Ein Amerikaner – eigentlich Schweizer –, der sich damit brüstet, noch nie gearbeitet zu haben. Er lebte drüben von Pferdewetten und Ihr könnt Euch demnach seine Ansichten über hier vorstellen. Dabei kann man ihm schwer bös sein, er ist so ehrlich im Zugestehen seiner Fehler, hat Humor und läßt sich sogar ausschimpfen, was allerdings vollkommen erfolglos ist.

Unangenehmer ist schon ein Luxemburger – ich hab hier drei Luxemburger kennengelernt und alle drei, gelind gesagt, Schund. Das drängt beinahe zu Verallgemeinerungen –. Er redet mit salbungsvollstem gespreiztem Deutsch mit unbeirrbarer Sicherheit den größten Blödsinn, versteht überhaupt keinen Spaß, obwohl er gern andere anrennen läßt, und nörgelt, meckert und weiß alles besser mit einer Impertinenz, die mich oft aufreißt.

Meine englisch-sprechende Clique kennt Ihr schon. Ein junger Marseiller ist noch da, der seit dem ersten Tag hier ist – er war bei der Arbeiterolympiade in Barcelona *[Als am 18. Juli 1936 Franco den Putsch begann, fand gerade in Barcelona eine internationale Arbeiterolympiade statt. Viele ausländische Sportler sind damals gleich in Spanien geblieben, um die Republikaner in ihrem Abwehrkampf zu unterstützen.]* – und recht klass ist.

Unser Kursleiter, etwas zu »vielbeschäftigt«, aber fein und ein sympathischer Kerl, wenn man erst die Äußerlichkeiten bei ihm übertaucht.

No, und so ginge die Liste lange weiter.

Ich schreib wieder oben in der Schule, schief vor mir steht der Globus und zeigt ununterbrochen, wie weit Australien ist, aber auch, wie rund die Erde ist. Hinter mir sind ein paar eifrig damit beschäftigt, eine der vielen Wandzeitungen für morgen fertigzumachen.

Mich haben sie nicht dazu eingespannt und ich hab mich auch nicht eingespannt, geh lieber spazieren und lern englisch. Die Wandzeitungen haben hier überall nicht das richtige Gesicht. Es gibt überall welche und noch nirgends hab ich welche mit Interesse – außer dem der Journalisten – gelesen gesehen. Sie sprechen nicht, sie sind Pflichtstücke. Ja, noch eine Neuigkeit, mein Militärbuch hab ich endlich bekommen.

9.11.

Inzwischen wieder Neuigkeiten, daher meine schnelle Brieffolge.

Der 7. hat gleich fein angefangen, ich hab nämlich Eure zwei Pöster bekommen. Dann wickelte sich zuerst das Tagesprogramm wie üblich ab, nur beim Nachmittagsspaziergang legten wir uns faul in die Sonne schlafen, sind ja auch durch's Kino spät ins Bett gekommen. Wie ich aufwachte, hab ich so geschwitzt, daß alles ringsherum triefnaß war und ich obendrein. Was meinen Kumpel zur boshaften Bemerkung veranlaßte: »Ja, dicke Leute schwitzen viel.« Ich bin nämlich wirklich schon schändlich dick, von Muskeln keine Spur mehr, und mein Gesicht ist ganz charakterlos geschwollen. Sei nicht enttäuscht, Gretl, bekommst einige Kilo mehr retour, als geliefert wurden.

Die 7. November-Feiern waren leider eine Enttäuschung. Reden, Reden, Reden, die immer dasselbe – klar – in mannigfachen und langatmigen Variationen sagten. Und statt des versprochenen Russenfilms nur zwei Kurzfilme, recht feine spanische, aber trotzdem hat's sich nicht dafürgestanden, deswegen bis ½ 2 aufzubleiben.

Jetzt bin ich grad aus der Schule aufgeschreckt worden, die lang erwartete Völkerbund-Kontrollkommission ist nämlich eben angekommen und wir müssen uns zur Besichtigung bereithalten. Damit hab ich gleichzeitig das Programm von gestern und heute vormittag verraten: Ununterbrochenes Anwesendsein, damit uns die Herren besichtigen können, wann es ihnen beliebt.

Zu ergänzen wäre noch zu gestern: Abends war ich doch im Ort und hab mir nach Ottos Ratschlag eine Hose beim Schneider bestellt. Er hat noch ein Restl guten englischen Stoff gehabt – mein Fachmann-Begleiter versicherte mir dies wenigstens –, hellgrau, ganz klein gepunktelt, sodaß er einfärbig wirkt, aber doch nicht so empfindlich ist. 170 Pesetas. Hab eine Freud, wenn sie schön wird.

Abends war dann das Restl-Festessen. Deine Doppelgängerin – na gar so arg ist's ja wieder nicht – ist ein sehr klasser Kerl. Hat ein Kind gehabt, das mit zwei Monaten gestorben ist, ihr Mann ist hier gefallen und sie ist durchaus positiv und rege, politisch und menschlich. Imponiert mir nach den Waschlappen, die man auch hier zu sehen bekommt. (à la: »Lass mich mit der Politik in Ruh, von der hab ich jetzt schon genug.« oder: »Jetzt werd ich mal meine Nase aus der Bewegung lassen, hab ja schon genug dafür getan.«) Und daß die Maroni wunderbar waren, ist klar.

Und heut ist Dein Brief, Gretl, vom 26.10. gekommen. Also, ich fang mit den Antworten an:

Wann ich heimkomme? Also allmählich rührt sich ja doch was und ich nehme nun an, daß ich zu Monatsende bei Euch bin. Daß Stella schon in Australien ist, hat mich überrascht. Wollte doch mit Dir zusammen fahren. Was macht sie denn so lange ohne Arbeiterinnen unten? Schau auf jeden Fall, daß Du unter den ersten unten bist, sonst macht Dir am End eine anderen Deine Stelle abspenstig.

Inzwischen war ich vor der Kommission:

Ganz märchenhaft, was die an Streifen, Sternen, Ordensbändern hatten. Ansonsten ging's schnell, nur bei mir dauert's ein bißel länger, weil ich grad beim Engländer war und der sich dafür interessierte, wie ich nach Australien kommen will. Als ich antwortete: »Mit dem Schiff«, gab er sich zufrieden. Dann mußte ich ihn noch mit Deiner Gegenwart in Sydney bekannt machen. Ja, Geburtsdatum war bei mir aufgeschrieben 18.5.1872. Also so alt fühl ich mich wieder nicht.

Bei allen, die Frankreich als Ziel angaben, wurde nach einem anderen Land gefragt, da dies unmöglich sei. Heil Daladier!

Wegen »Heimweh«: »Familie« werden wir in Sydney ja haben, bißel Österreicher gibt's sicher auch dort, und dann glaub ich aus meinen hiesigen Erfahrungen zu schließen, daß uns die Engländer und Amerikaner – nicht der typische, sondern der, der nach Spanien kämpfen geht – gefühlsmäßig noch am nächsten stehen. Aber vielleicht laß ich mich dadurch täuschen, daß ich die Sprache halbwegs kann.

Wegen Gesundsein: Ohne Tastsinn bemerkte ich meine Krankheit gar nicht mehr. Nur mein Magen beunruhigt mich: Habe chronischen Hunger, obwohl ich schon eine gewaltige Fettschichte eingehamstert habe. Und meine Blase ist auch schlimm. Aber das geht vielen so und soll angeblich mit der fettarmen Kost zusammenhängen.

So, jetzt zum 2. Brief, Gretl:

Du schreibst so zornig wegen meiner »Heirats-Bemerkung«. Meine Abneigung gegen den formellen Heiratsakt ist ganz unabhängig von Deiner Person. Ich kann es auch nicht recht erklären, warum ich mich gefühlsmäßig dagegen sträube, eine reine Privatangelegenheit von mir und noch jemandem mir amtlich bestätigen zu lassen und zu »legalisieren«. Ich brauch eben ein Verstandesargument dafür, sei's meine Einreise, sei's Kurtl's *[wie wir unseren Sohn nennen wollten]* Zukunft, um meinen Gefühlswiderstand zu überwinden.

Gretl, man darf ja nicht anfangen, an den Kräften des Volkes im Klassenkampf zu zweifeln, auch wenn sie jetzt nicht in Erscheinung treten. Denk daran, wieviele rückläufige Bewegungen es in Rußland zwischen 1905 und 17 gab. Mußt genau daran denken, daß ein Marxist nie aus einer augenblicklichen Situation heraus Perspektiven ableiten darf, nie seinen Optimismus und Zukunftsglauben verlieren kann. Es ist jetzt sicher eine scheußliche Zeit, es kann sicher noch scheußlicher werden; ändert das etwas an der Grundtatsache, daß der Kapitalismus heute reaktionär ist und von der revolutionären Gesellschaftsordnung zwangsläufig abgelöst werden muß, die er selbst vorbereitet, ob er will oder nicht.

Wenn man politische Bauchweh hat, ist's am besten, in die Tiefe zu gehen und dort sich die Sicherheit zu holen, die nur die Wahrheit geben kann.

Operieren lass ich mich jetzt auf keinen Fall, wenn's wiederkommt, ist immer noch Zeit. Bin hier übrigens draufgekommen, daß das sehr viele gehabt haben, hier allein hab ich's schon von dreien erfahren. Sie wurden auch nicht operiert und haben seitdem Ruh.

So, Tratscherei:

Überportionen beim Essen wirtschaft ich mir noch immer heraus, augenblicklich versuch ich, in die Villa, wo ursprünglich die Lungenkranken lagen, jetzt aber auch schon alle möglichen anderen sind, zu kommen. Neben mehr Essen ist sie viel, viel schöner, mehr Luft, reiner, weniger Leute. Vielleicht gelingt's.

Angeblich soll morgen der erste große Schub von hier weg, Franzosen und Belgier. Glaub's aber erst, bis sie weg sind. Wir sind jedenfalls die letzten.

Morgen will ich in's andere Dorf hinübergehen, 7 km, dort soll's angeblich noch Koffer zu kaufen geben, das brauch ich jetzt am nötigsten. Meinen Rucksack lass ich dann hier, er ist zuerst ganz zerrissen und dann noch zerschossen. Auch meine dunkelbraune Schnürlsamthose laß ich hier, obwohl's mir leid um den Anzug ist, aber sie ist durchaus nicht mehr zu brauchen. Ganz fadenscheinig und »geflickt« – von mir, verlaust und hat auch unter meiner Krankheit gelitten.

15.11.

Der Bericht: Es war jeden Tag etwas los und so will ich chronologisch vorgehen:

10.11. Ich bin mit einem Reichsdeutschen ins nächste Dorf gegangen – fast 8 km – und wir haben dort eingekauft. So hab ich jetzt den denkbar größten Koffer, wert ist er nichts, aber man bekommt hier keine besseren und wenn's nicht regnet, reicht er bis Australien. Ein Paar Socken, ein Paar Strümpfe, eine Kravatte, zwei Handtücher – klein, aber sehr lustig zum Anschauen. Dann hab ich meine graue Hose schon fertig. Für meinen Geschmack ist sie ein bißel zu breit unten, aber sonst gut geschnitten. Ihr seht, ich sorge für meine Ausstattung.

11.11. Wieder einmal ein Riesen-Fragebogen auszufüllen, diesmal für die Interbrigaden-Leitung, damit sie uns später helfen kann. Hat wieder dem ganzen Tag sein Gepräge gegeben, manche Leute sind ja recht umständlich und es waren recht eingehende Fragen. Geheimnis habe ich keines mehr!

12.11. Große Visite. Ich bin das zweite Mal in meiner Spitalszeit angeschaut worden. Und es wurde als »muy bien« *[sehr gut]* bezeichnet. Hatte einen kleinen Streit mit dem Direktor, er hat mir einen Barcelona-Urlaub verweigert, weil ich kein hinreichendes Motiv angeben konnte. Dabei gehen alle mit der Begründung, sie hätten Zahnweh, zu ihm, und bekommen permission *[Erlaubnis]*. Das finde ich denn doch zu kindisch und da verzicht ich lieber darauf, bevor ich mich wie ein Schulbub benehm. Auch hab ich ihm anläßlich einer Debatte, ob ich oben essen kann oder nicht, unter die Nase gerieben, daß ich erst einmal angeschaut wurde. No, macht nichts, Abwechslung braucht man und tragisch ist's nicht.

13.11. Großes Abschiedsfest der Volksfront unseres Ortes für uns. Die Optimisten! Bei der Vorbereitung mußte ich lachen: Die VF bat uns, die Transparente zu malen und so waren Internationale wacker damit beschäftigt, die Internationalen auf Transparenten hochleben zu lassen.

Vormittag ging ein langer Zug, Schulkinder, Einwohner und wir, auf den Friedhof. Dort verabschiedeten wir uns von unseren Toten und mir war dabei ganz feierlich zumute. Da lassen wir sie nun zurück, die wenigen auf dem Friedhof und die vielen, vielen, die draußen schnell in ein altes Refugium getan wurden, alle, die im Freien verwesen, und die doch in jedem von uns lebendig bleiben.

Da laß ich meinen Kurt zurück, dem ich den Weg zu einem neuen Leben und einem schnellen Tod bereiten half. Er hat das neue Leben mit einer Gier und einem Eifer ergriffen, er wollte mit aller Kraft sich erneuern – und der Tod hat ihn mit demselben Eifer gepackt. Und ich hab für ihn diesen Weg entschieden, nicht nur rein technisch ermöglicht.

Wir, die wir wegfahren aus diesem Land – demselben Tod ausgesetzt, der aber an uns vorbeigegangen war – wir müssen nun für diese alle auch leben, das wurde mir klar. Für Kurt, für alle, die Guten und die Schwachen. All dieser Kampfwille, der da seinen Körper verlor, muß Platz haben in uns und wir müssen unseren privaten Willen fest zusammenrücken lassen. Ich hab mir das vorgenommen dort am Friedhof.

Und als dann am Rückweg die Schulkinder die Internationale sangen . . . wir Großen schwiegen dazu. Sie sangen noch unsicher und schwach, aber wenn Ihr Euer Lied singt, haben wir zu schweigen. Und wir werden dafür zu kämpfen und vielleicht zu sterben wissen, daß Ihr sie noch gut singen lernt, die Internationale.

Abends im Kino hab ich einen Buben gesehen, der war unser Kurt. Hellblond, hohe Stirn, klare Augen und ernst und kindlich. Bissel anders als die anderen Kinder, ich glaub, er muß gescheit gewesen sein. Gretl, ich hab manchmal solche Sehnsucht, daß mir alles und alle zuwider werden. Nach Dir und nach Arbeit! Aber bei den täglichen Spaziergängen bin ich immer so schön ruhig und still, die Gegend ist auch wirklich wunderbar friedlich und schön. So erste Septembertage im österreichischen Mittelgebirge, still, Sonne, leichter Herbst und schöne Täler, gute Luft und Friede. Ich weiß oft gar nicht mehr, daß ich in einem wirklichen Krieg war.

Mittags war Festessen, das unter schlechter Organisation litt, mehr Warten als Essen; nachmittags war Feier in einem Kino, viele Reden, alles spanisch. Schöner Kampfwille und stolze Worte. Fein.

Gestern wollte ich mit dem Reichsdeutschen in die nächste Stadt einkaufen gehen. Sie ist 27 km entfernt und wir bekamen lange keinen Camion, so gaben wir's auf und machten einen feinen Spaziergang zurück.

So, und jetzt zur Antwort, Gretl:

Jetzt, wo ich sicher weiß, wir sehen uns in Frankreich nicht mehr, tut's mir leid, obwohl ich vorher uns beiden eingeredet hab, daß das eh gleich ist. Hab auch heimlich bissel Angst, daß meine Australienreise nicht so klaglos klappen wird. Das würd mich ungemein ärgern. Na still, vielleicht ist alles in Ordnung.

Wegen Wegfahren: Es ist jetzt jeden Tag möglich, allerdings auch, daß es noch lange dauert. Alle Formalitäten sind jedenfalls beendet. Und warten haben wir inzwischen gelernt.

Mit meinem Australier wirst nicht fahren können, erstens ist er noch hier und dann muß er sich erst in Europa von einem Spezialisten operieren lassen – an Hand und Bein – und dann will er zuerst zu seinem Onkel nach England. Hat heute einen Brief von zu Hause bekommen mit einem Bild seiner Familie. Nette Leute. Sein Bruder wollte jetzt auch herfahren, ist aber schon zu spät dazu.

Natürlich vergleich ich nochmals Franco-Durchbruch und ČSR. Du hast die Folgen des Franco-Durchbruchs unterschätzt, weil sie überwunden wurden. Große Demoralisation in Teilen des Heeres, Packelstimmung in höchsten Kreisen – damals wurde doch Prieto aus der Regierung ausgeschifft –; Pasionaria bezeichnet diese Tage als schwerer als der 7.11.1936. *[Am 7.11.1936 begann Franco seinen Großangriff auf Madrid. Als Franco im April 1938 zum Mittelmeer durchstoßen und das republikanische Spanien damit in zwei Teile zerreißen konnte, hat der Verteidigungsminister Prieto eine defätistische Haltung eingenommen, worauf er aus der Regierung entfernt wurde.]* Freilich hat ČSR größeren Maßstab und dann stehen wir in den Folgen unmittelbar drinnen und wissen noch nicht, ob sie überwunden werden, deshalb erscheint uns alles größer.

Die Situation für Spanien ist ungleich günstiger als damals.

Militärisch: Mögen wir eventuell auch über den Ebro zurückgeworfen werden, diese Offensive hat ihren Dienst voll getan und inzwischen sind wir ja schon über'm Segre. *[Ende Oktober begannen die Truppen Francos eine Großoffensive auf die Stellungen, welche die Republikaner auf dem rechten Ebroufer erobert hatten. Am 18. November mußte der letzte Republikaner diesen Brückenkopf verlassen. Der Segre ist ein Seitenfluß des Ebro, der in den Pyrenäen entspringt.]* Wir haben ein wirkliches Heer jetzt, das täglich lernt und besser wird. Militärisch sind wir unmöglich entscheidend zu besiegen.

Innenpolitisch ist die Einigung, Säuberung und Fortentwicklung der Parteien doch auf unglaublich höherer Stufe als im Frühjahr. Solltest nur die Vertreter der Anarchisten auf den diversen Feiern reden hören.

Außenpolitisch: Hier war und ist die Situation immer gleich ungünstig, die Verschlechterung durch den englisch-italienischen Pakt wird wettgemacht dadurch, daß der Massendruck immer konkretere Formen annehmen kann und sicher annehmen wird. Hier erwarte ich mir die entscheidende Schule dieser Ereignisse und glaube sicher, mich nicht zu täuschen.

Die Zukunft – die nächste, mein ich – ist sicher hart und schwer, aber sie trägt den festen und unzerstörbaren – ja, heute gänzlich unzerstörbaren – Keim zum Sieg in sich, und dann, armer Mussoitler!

Vielleicht hast Du recht, ist mein Blick hier begrenzt. Wir bekommen ja auch schon ganze Zeit keine deutschen Zeitungen. Hier ist die Organisation schon aufgelöst. Aber ich glaube, meine Begrenzung kann sich nur auf Tagespolitik beziehen und die hat in diesem Fall wenig zu sagen.

Sonstige Tratschereien:

Morgen soll angeblich doch endlich Russenfilm sein. Hurrah, wenn's wahr wird.

Täglich gehen Leute von hier ab, aber leider nur wenige. Dafür kommen immer wieder Neue von der anderen Seite.

Und eine andere Neuigkeit: Möcht Euch schon gerne sehen, möcht arbeiten und eine Perspektive vor mir haben!

Ohne Datum

Rose ist eine Pessimistin, daß sie mir jetzt noch ein Packel geschickt hat. Nehm aber an, daß sie recht behalten wird mit dem Pessimismus. Mir kommt's jetzt, wie gesagt, auf paar Tage oder Wochen nicht so an, wenn auch z.B. meine feine französische Zahnpasta nach baldiger Abreise schreit, die gute Seife ist schon allein »abgereist«. Aber bei der täglichen Dusche bin ich eh so übertrieben rein, daß die spanische durchaus genügt.

Gestern gab's wieder das obligate Sonntag-Kino. Hab dabei zum ersten Mal Shirley Temple *[damals beliebter amerikanischer Kinderstar]* gesehen. So eine dressierte Puppe ohne die geringste Herzigkeit, direkt widerlich war's.

Gesundheitlich geht's mir vollkommen gut, leider wollen die letzten Rudimente nicht verschwinden. Ich spür sie zwar überhaupt nicht und sie behindern mich in keiner Weise, aber ich glaub, solang sie da sind, kann das Ganze noch einmal kommen und das wär mir gar nicht recht. Essen bekomm ich seit einigen Tagen nur mehr das Gewöhnliche (täglich Hülsenfrüchte, die ich nach Möglichkeit stehen lasse, da sich mein Magen anscheinend endgültig mit ihnen verfeindet hat); so bildet meine Hauptnahrung Brot, das ich wenigstens ausreichend hab dank meiner Eigenschaft, Nichtraucher zu sein.

Sonst: Es ist jetzt sehr herbstlich, kalt und sonnenarm, schad.

Ohne Datum

[Teil eines Briefes, der offenbar nicht mehr aus dem Spital, sondern aus Bisaura de Ter geschrieben wurde.] Es gibt viele Veranstaltungen, Kinos etc. Zwei neue Russenfilme hab ich hier schon gesehen, »Der Delegierte vom Baltikum« und »Der Aufstand der Fischer von St. Barbara«, ein Piscatorfilm. Er sucht darin krampfhaft, neue Wege zu gehen, es gelingen ihm auch zum Schluß einige sehr starke Szenen, aber im allgemeinen ist der Film nicht hervorragend.

Gestern war großer Tanz der Jugendorganisation des Ortes und unserer. Sehr lustig, zuzusehen, wie Ballgespräche in einem internationalen Spanisch geführt werden, wie national verschieden der Tanz eines waschechten Spaniers von einem Wiener Schwung und von einem Tiroler Walzertänzer ist. Und die Kleidung: Ein buntes Gemisch von kompletter Uniform bis zum eleganten Zivilanzug, die Mehrzahl allerdings sind Zwischenformen.

154

[Untere Hälfte der Rückseite des erhaltenen Briefteils:] . . .daß mein Zimmerkamerad eine Infektion seiner alten Schußwunde am Bein bekommen hat und daher im Spital ist, ich also allein im herrlichen Bett schlafe, so weißt Du wohl alles von mir.

Gel, schreib mir gleich Gretls zukünftige Adresse und was Du von ihr hörst und weißt. Ich fahr fest in Gedanken mit ihr und tät mich ärgern, wenn ich nicht in absehbarer Zeit hinunterkönnt.

Jetzt ist's höchste Zeit, daß ich zum Wandzeitungsartikel komme.

4.12.

Augenblicklich schaut's so aus, daß ein Arbeitsplan auf lange Sicht aufgestellt wurde und an uns alle der dringende Appell erlassen wurde, alle Verbindungen mit dem Ausland auszunützen, damit unsere Bekannten in Organisationen einen Druck ausüben, um unsere Rückkehr zu erleichtern. Auch sollen wir privat Möglichkeiten von Arbeitsplätzen auskundschaften. Also eine recht trübe Perspektive. Abgesehen von allem Persönlichen hat unsere Rückkehr natürlich auch für Spanien viel weniger Propagandakraft, je später wir kommen.

Nun, arbeiten werde ich ja allem Anschein nach in Australien gleich können und Eure Anwesenheit in Frankreich kann wohl auch von Nutzen sein. Auch steht heute ein Artikel in der Zeitung, daß alle Freiwilligen bis auf die Verwundeten nächste Woche Spanien verlassen sollen. Trotzdem bin ich, was den Zeitpunkt unserer Abreise betrifft, reichlich Pessimist.

Aus meinem Barcelona-Urlaub ist bis jetzt noch immer nichts geworden, erstens ist Urlaubssperre und dann bin ich auch nicht mit dem nötigen Nachdruck dahinter, weil ich massenhaft zu tun habe. Als Beispiel heute: Jetzt ist es 4 Uhr und ich habe im Programm: Einen Artikel für unsere Wandzeitung, zu dem ich mich verpflichtet habe, ein organisiertes Essen mit Fridolin bei einer Bäuerin – um Seife –, Nachtmahl. Dann muß ich mir in der Schulungskommission die Diaz-Rede abholen, sie schnell durchlesen, weil ich morgen vormittag in unserer Politstunde darüber referieren soll *[Diaz war Generalsekretär der Kommunistischen Partei Spaniens]*, um ½ 8 Uhr treff ich alle, die Radio abhören wollen, und wir organisieren den Radiodienst für den Pasaremos, no, und dann ist eh schon höchste Zeit, in den Pasaremos zu gehen, damit ich noch zu einer halbwegs menschlichen Zeit ins Bett komme. *[Pasaremos (auf deutsch: Wir werden durchkommen) hieß die abgezogene Zeitung der 11. Brigade, in deren Redaktion ich damals arbeitete.]* Du siehst, ich zerfrans mich.

Angelita, das Mädel von der Polizei

Nun haben wir schon seit 14 Tagen unser Kind. Ein kleines Maedel aus Andalusien. Sonst eine richtige kleine Señorita. ANGELITA heisst sie.

Als sie am ersten Tage ankam, klopfte sie schuechtern an die Tuer und blickte scheu um sich als sie unter all den grossen Maennern war und zu noch gar unter "policias". ("Guardia Civil - muy malo" meint sie!) Doch unsere Polizisten haben ein Herz fuer kleine Maedels und besonders fuer ein kleines Fluechtlingsmaedel. Jeder von uns war ganz Kavalier: Einer rueckte einen Stuhl heran, der andere trug Loeffel und Teller herbei und der dritte schnitt Brot zurecht - alles fuer unsere Angelita. Und alle zusammen freuten wir uns an dem gesunden Appetit, den sie zeigte. - Und dann hat sie uns angelacht mit ihren grossen, glaenzenden, schwarzen Augen. Dies Laecheln war viel schoener, als wenn uns irgendwie eine Dorfschoene an- oder auslacht!

Ein schwieriges Problem war jedoch der Einkauf von Kleidung fuer unsere muchacha. Wir verstehen wohl unser Handwerk und koennen uns auch einen vino oder café bestellen, aber als wir mit unserer Angelita durchs Dorf zogen, um die Geschaefte zu besuchen, waren wir doch am Ende mit unserem Latein, als wir uns ausrechnen sollten, wieviel Stoff denn nun noetig sei fuer eine Damengarderobe, angefangen von Hemdchen bis zum Mantel. Aber auch das wurde geschafft und stolz zog unsere Angelita mit ihren Paketen nach Hause.

"Mi madre es una costumera", sagte sie uns als wir nach einer Schneiderin fragten.- Angelita und die Polizei sind gute Freunde!

P.O. Lizei

INGENIEROS HELFT MIT!

In den letzten Tagen haben einige Vortraege in unserer Brigade stattgefunden, in denen ueber die Taetigkeit und den organisatorischen Aufbau des PIONIERWESENS in der spanischen Volksarmee, sowie ueber die gemachten Erfahrungen gesprochen wurde. Die Vortraege - von erfahrenen Kameraden gehalten - behandelten folgende Themen:

Aufbau und Entwicklung des Pionierwesens,
leichte und schwere Fortifikation,
Fluss-Uebergang, Sprengungen, etc.

Alle diese Vortraege, welche eine aufmerksame, jedoch recht geringe

Die Kinderhilfs-Aktion fuehrt uns in alle Winkel und wir kommen mit allen Schichten der Bevoelkerung zusammen. Ganz besonders gross ist die Not in den Wohnverhaeltnissen der Fluechtlinge, z.B. das Haus der groessten Gruppe von ihnen. Da hausen mehr als 80 Personen. Bei Ausbruch von Krankheiten ist dieses Haus sicher der groesste Gefahrenherd!
HIER MUSS ANGEPACKT WERDEN !
Ich moechte nicht viel Worte machen aber unser Kinderhilfs-Komité kann nicht alles alleine tun.
Wir wenden uns an die JUGEND, damit

Teilnehmerzahl aufwiesen, waren von erfolgreicher Wirkung, was durch die regen Diskussionen bewiesen wurde. Mehr Interesse von den Kameraden ist jedoch notwendig (es waren nicht mal alle Pioniuffiziere anwesend) denn die Wichtigkeit der Befestigungen darf nicht unterschaetzt werden, wir haben alle in Spanien ihre Bedeutung kennen gelernt.

Or.F.A.-Komp.

sie die Aufgaben in Verbindung mit den AERZTEN und dem SANITAETSDIENST uebernehmen:
Untersuchung aller Hausbewohner, Desinfektion des Hauses, Erziehungsmassnahmen zur Sauberkeit und Anschaffung von Reinigungsmaterial.
Und wann beginnen wir? Montag um 15 Uhr treffen wir uns alle, Jugend, Aerzte usw. im Buero des Kinderhilfskomités.

P.J. I/2

Zwei Seiten des »Pasaremos«, von Hermann Langbein redigiert

AUS DER

IST DAS KAMERADSCHAFT?

Einige Kameraden verabredeten sich heute vormittag zum Holzholen, um i.
Gemeinschaftsraum heizen zu koennen, sie baten einen Kameraden, ihnen d..
bei zu helfen. Eine Arbeit, die kaum eine Stunde in Anspruch nimmt.

Der Kamerad lehnte mit der Begruendung ab, "ich setze mich nicht an den
Ofen, daher geht mich auch Euer Holz nichts an."

Was fuer eine Stellungnahme muessen wir gegen eine solche Auffassung ein-
nehmen? Wir muessen dem Kameraden klar machen, dass er sich in einer
Gemeinschaft befindet, in welcher alle einheitlich zusammenhalten muessen.
Das gilt fuer unseren Aufenthalt hier genause wie im Ausland; weil wir
die Verpflichtung haben als Antifaschisten auch weiterhin unsere ganze
Kraft in Einigkeit und gemeinsam gegen den Faschismus einzusetzen.
.-.-.-.-.-.-.-.-.-.-.-.-.-. BECK.

PASAREMOS

BRIEFKASTEN

II.Batl.1.Komp. teilt mit:
Fuer die Frontkameraden der XI.wurde
gesammelt: 160 Zigaretten,
1 Pak. frz. Tabak,
ca. 3 " " " (offen)
Ferner sammelte die Kompagnie vorgestern fuer die R H à 585,- und lie-
ferte den "Sowjetfreunden" à 135,- ab
Der Kinderhilfe wurde je 1 kg Rosinen und Zwetschgen uebergeben.

MARX LENIN

In unserer Bibliothek ist zu kaufen:
Schallplatten der Interbrigaden
à 90.-
NIÑOS ESPAÑOLES à 6.-
von Kindern gezeichnete
Postkarten, Satz à 5.-
"Der Weg zum Sieg"
herausgegeb. vom ZK der KPS 3.-

Ein tuechtiger Aktivist, der Lust
hat in der Bibliothek zu arbeiten,
soll sich schnell dort melden.

3.Komp. des I.Batl: Achtung, spart
heute mit dem Brot, morgen gebt Ihr
ein halbes an die Kinder ab!!!

Pionierofiziere. Eure Ehre ist gerettet: Ihr wart ALLE in den Vortrae
gen, die auf Seite 3 erwaehnt sind.
Der Vorwurf gilt den Offizieren der
anderen Waffengattungen.

Achtung! Wandzeitungskommissionen!
Montag werden die Wandzeitungen vom
"PASAREMOS" kritisiert werden.

Wrulich, Seb. II/3 :
Bitte komm Montag vormittag gegen
11 zum "PASAREMOS"

Die Kameraden, die gestern abend
im Café - einige Hundert Peseten
gewonnen haben, sollen heute um 12
Uhr im Kinderhilfskomité sein, um
den Gewinn zu spenden.
Falls sie vergessen sollten, werden
wir sie morgen namentlich auffor-
dern!

Lieber Brigadekommissar! Warum be-
ginnst Du Deine Polstunde im Thea-
tersaal um ½ Stunde zu spaet, so
dass die armen Puenktlichen schon
vœllig verfroren sind.

Beck, I/1 :
Dein Vorschlag die gestrigen Vortraege des Kommissars schriftlich fest-
zuhalten und zu vervielfaeltigen
wurde an die Schulungskommission
weitergegeben.
Spielbachler, II/3 Deine Kritik an
dem Sanitaeter Fw. wurde ans Kommis-
sariat weitergegeben.

Alle Leser: In die leere Zeile auf
Seite 3 gehoert die Inschrift:
"ARBEITET AM "PASAREMOS" MIT."

Fussballer: Heute nachmittag spielt
der FC Bisaura gegen die Intendanz!
(Mazeck! Keine Angst - gegen die
spanische Intendanz!)

HEUTE 10h30 BEIMLER - DURRUTI - FEIER

Die Leute hier:
Es ist schon ein ganz eigenartiges, heimisches Gefühl, wieder so ganz unter Österreichern zu sein. Die Kompanien sind nach Nationen geordnet, zwei Deutsche und zwei Österreichische. Man merkt immer wieder, daß wir eine eigene Nation sind und einen ganz anderen Ton und eine andere Art haben, und da bei den meisten die Entdeckung neu ist, so wird dieses Nationalgefühl leicht übertrieben und oft glauben manche, nur dann national empfinden zu können, wenn sie sich feindselig gegen alles Deutsche stellen. Aber das sind Kinderkrankheiten.
Sonst haben wir relativ sehr viele Provinzler hier. Politisch gibt es zwei Haupttypen:
Den hohen politischen Funktionär, der lange Zeit eine richtige politische Arbeit in der Weise, wie er sie gewohnt war, vermissen mußte, und nun hier alles schnell nachzuholen versucht. Eine Unmasse Konferenzen, Büros, Kommissionen, Schulungskurse der Referenten etc. Leider wird die Hauptsache vorderhand vollständig vernachlässigt, nämlich die Schulung der unbeschriebenen Blätter, die hier dringend notwendig ist, weil man erstens nur dadurch schlechte Stimmungen bekämpfen kann, und dann auch später im Ausland nicht mehr die Gelegenheit haben wird, das Fehlende nachzuholen, während die politisch Geschulten im Ausland eh nicht versulzen werden und ganz ruhig – relativ – sich selbst für eine Zeitlang überlassen werden können, wenn's sein muß. Diese Arbeitsweise führt zum direkten Gegenteil dessen, was notwendig ist, nämlich zur Isolierung der Aktivisten von denen, die sie beeinflussen sollen. Es ist zwar nicht ganz so kraß, wie es nach meiner Schilderung hier aussieht, aber trotzdem meines Erachtens nach heute der Hauptfehler, den wir verbessern müssen.

8.12.
Schnell einen kurzen Geschäftsbrief, da jetzt von uns aus an jedes betreffende Land individuelle Ansuchen gestellt werden und ich Dich genau über meine diesbezüglichen Schritte unterrichten will. Auch klappt die normale Post augenblicklich schlecht, da sie von Spaniern übernommen wurde, die mit der fremdsprachigen Zensur schwer nachkommen. Dieser Brief geht aber durch die Interbrigaden und so hoffe ich, bald Antwort zu haben.
Also:
Ich habe sowohl nach Frankreich als auch nach Australien geschrieben. Nach Frankreich um dreimonatige Aufenthaltsbewilligung, da ich glaube, daß die leichter als eine ständige zu erreichen ist und ich

wirklich nicht die Absicht habe, länger zu bleiben. Ich habe dabei verabredungsgemäß erwähnt, daß ich bei Euch wohnen kann und daß meine Cousine für meinen Aufenthalt sorgt und auch Bürgschaft für mich übernimmt. Ich glaube, Rose wird mir deswegen nicht böse sein, da ich ja hoffe, außer Wohnung nichts von ihr in Anspruch nehmen zu müssen. *[Um diese Bürgschaft zu begründen, habe ich Rose – die ich nicht kannte – als meine Cousine ausgegeben.]*

Ob und wie Ihr meine Schritte von Euch aus unterstützen könnt, weiß ich nicht, es wird hier nur allgemein gesagt, daß Bekannte einen Druck auf die Öffentlichkeit und auf Organisationen ausüben sollen, um uns zu helfen. Also drückt.

Sonst brauch ich noch dringend die Adresse von Gretl und von dem sagenhaften Onkel, den Buckingham oder wie er heißt *[auch dieses Verwandtschaftsverhältnis ist fingiert]*, und wie weit ich ihn für mich in Beschlag nehmen kann. Ob er garantieren kann – selbstverständlich alles nur den Behörden gegenüber –, daß ich Arbeit bekomme, mir eventuell nötiges Einreisegeld vorschießt oder sich sonstwie für mich einsetzen kann.

Ich habe wegen Australien angegeben, daß ich bei Gretl immer wohnen und leben kann, da sie ein Wocheneinkommen von 5 Pfund hat, daß Stella versprochen hat, mir eine Anstellung zu verschaffen, und daß ich keinen Organisationen zur Last fallen werde. Wegen Beruf hab ich vorderhand geschrieben, daß ich Schauspieler bin, aber auch Nachhilfeunterricht gegeben habe; also hoffentlich geht alles gut und nicht zu langsam.

Sonst ist augenblicklich nichts los, es geht mir in jeder Beziehung gut, zu tun hab ich mehr als je, da ich noch dazu Responsabel der französischen und australischen Ländergruppe geworden bin. Auch ist der »Chefredakteur« augenblicklich auf Delegation bei unserer alten Brigade, ich schreib den »Pasaremos« allein, es ist jetzt schon 8 Uhr und noch keine Zeile fertig, das ist auch der Grund, daß ich schon schließe.

11.12.

Geschwind: Hab, seitdem ich aus dem Spital weg bin (22.11.) keine Post bekommen. Schreib mir unbedingt schnell Gretls Adresse und auf jeden Fall auch eine eigenhändige Erklärung Roses, daß sie bereit ist, mich bei ihr wohnen zu lassen und für meine Kosten aufzukommen. (Das letztere braucht sie natürlich nicht wirklich.)

12.12.

Schnell noch ein kurzes Brieferl, kurz nicht nur wegen Zeitmangel – der ist wirklich vorhanden, ich hab noch nicht einmal Eure Briefe anständig durchgelesen –, sondern auch, weil man, um die Zensur zu erleichtern, kurz schreiben soll.

Heute schreib ich gleichzeitig mit allen, die Verwandte in Frankreich haben, ein neues Gesuch an den französischen Generalkonsul mit der stillen Hoffnung, daß wir wegen dieser Verwandten schneller wegkommen.

Ich habe wieder angegeben, daß meine Cousine Rose für meine Wohnung, Lebensunterhalt etc. während des angesuchten dreimonatigen Aufenthaltes aufkommt und auch jede Bürgschaft den Behörden gegenüber übernimmt. Hoffentlich hat sie nichts dagegen.

Nachwort

Das ist mein letzter kurzer Brief aus Spanien, der erhalten geblieben ist. Was nachher noch geschah, kann ich nur mehr aus meinem Gedächtnis rekonstruieren.

Wir waren in dem damals kleinen Ort Calella am Meer untergebracht. Die Zeit war hart. Jede Hoffnung, bald wegzukommen, wurde immer wieder enttäuscht. Wir hungerten gemeinsam mit der Bevölkerung.

Meine positivste Erinnerung an diese Wochen: Ich lernte den deutschen Schriftsteller Ludwig Renn kennen, der Major in den Interbrigaden war. Damals wurden Neidgefühle wach, weil die Offiziere besseres Essen bekamen und sich dabei nicht anstellen mußten, während wir in langer Schlange auf unsere Ration zu warten hatten, die uns nicht satt machte. Renn war der einzige, den ich beobachtete, wie er auf sein Privileg als Offizier verzichtete und sich – mit seiner Majorskappe – regelmäßig bei uns anstellte. Und wenn ich in der Umgebung spazieren ging, traf ich ihn mehr als einmal. In seinem Bericht über diese Zeit schreibt er: »Um die Zeit herumzubringen, wollte ich spazierengehen.« Er fand unter seinen Freunden keine Begleiter; die hatten Schuhe mit zerrissenen Sohlen. »So ging ich allein in die Wälder der Kork-Eichen, um den Hunger etwas zu vergessen.« Wenn wir miteinander gingen, sprachen wir über all das, was uns damals bewegte. Und hie und da überließen wir es nicht dem Zufall, wir verabredeten uns. So lernte ich einen Menschen kennen, der mir in bester Erinnerung geblieben ist: Als adeliger Offizier im Ersten Weltkrieg wurde er durch seine Erlebnisse Kriegsgegner und Kommunist. Sein Weg führte ihn in deutsche Gefängnisse und schließlich nach Spanien. Daß er als Major vorbildlich gewesen sein soll, habe ich gehört; daß er als Kamerad in einer Lage, die viele demoralisierte, vorbildlich war, habe ich damals erfahren.

Die zermürbende Untätigkeit wurde unterbrochen: Unmittelbar vor Weihnachten begannen die Truppen Francos eine Offensive gegen Katalonien, der die republikanischen Truppen kaum mehr etwas entgegenzustellen hatten. Der Fall von Barcelona konnte nur mehr eine Frage von Tagen sein. Ein Flüchtlingsstrom wälzte sich zur französischen Grenze.

Am 23. Jänner 1939 wurden diejenigen demobilisierten Internationalen, die nicht in ihre Heimat hatten zurückkehren können, weil diese von Hitler oder ihm freundlichen Regierungen beherrscht war, zusammengerufen: Sie sollen sich zum nochmaligen – zum zweiten – Einsatz melden, um zu verhindern, daß Truppen Francos die wehrlosen Flüchtlinge überrennen. Damals meldeten sich von unserer österreichischen Gruppe – so weit ich mich erinnern kann – wohl die meisten; auch ich, obwohl wir keine Illusionen hatten. Es war zu eindeutig: Der Krieg war verloren.

Es folgten wirre Tage. Ich wurde wieder einer Transmissions-Einheit zugeteilt, wir kamen aber nicht mehr in Gefechte. Am 26. Jänner fiel Barcelona. Wir zogen uns nach Norden zurück. Eine dramatische Situation ist mir im Gedächtnis geblieben: Eine Gruppe, in der sich auch Österreicher befanden, wurde in ein von Stacheldraht eingezäuntes Geviert hineingetrieben. Es hieß, sie hätten die Durchführung eines Befehls verweigert. Marty stand da und man sagte, er bestehe darauf, sie deswegen exekutieren zu lassen. Aber der ehemalige Chef unserer 11. Brigade und andere österreichische Offiziere haben das verhindern können. Damals fiel ein schwerer Schatten auf das idealisierte Bild, das ich mir bis dahin von diesem französischen Kommunistenführer gemacht hatte.

Am 9. Feber marschierten wir auf die französische Grenze zu. Es war grotesk: Während der ganzen Zeit an der Front hatte ich kein Gewehr; nun trug ich eines.

In einem Bericht über meine Erlebnisse, die mir von diesem Tag an bis zum 11. April 1945 widerfuhren – zuerst in den französischen Lagern St. Cyprien, Gurs und le Vernet, dann in den nationalsozialistischen Konzentrationslagern Dachau, Auschwitz, Neuengamme und dessen Außenlagern Bremen-Borgwardwerke, Lerbeck und Fallersleben – hatte ich diesen Tag und diesen Weg so beschrieben:

Die Straße führt in großen Windungen steil aufwärts. Lang ist unser Zug und staubig der Weg. Bei den Biegungen der Straße kann man zurück und vor schauen: Da zieht nun das geschlagene spanische Heer, da ziehen nun die Internationalen Brigaden über den Pyrenäenpaß nach Frankreich. Neben uns Soldaten gehen Frauen und Kinder, alte Männer, die Mulis am Strick führen, voll beladen mit Säcken und Hausgerät. Unten im Tal, aus dem die Straße kommt, rauchen noch die vielen Lagerfeuer der Nacht.

»Dort ist die Grenze.« Ein Haus wird sichtbar und davor eine Fahnenstange mit der französischen Trikolore.

»Wie werden uns die Franzosen empfangen?« Ein bißerl nervös sind wir alle.

Endlich Frieden! Vor vierzehn Monaten haben wir Teruel im Schneesturm genommen, in der Sommerhitze des vorigen Jahres den Ebro überschritten und den Feind geschlagen. Jetzt ist es Feber 1939 und Katalonien, die Nordostecke Spaniens, ist gefallen. Wie lang wird Madrid noch gehalten werden können? Wir sind besiegt.

Der Zug stockt. Die Waffen müssen abgegeben werden. Rechts neben der Straße ist ein staubiges Stückl Wiese und dort häufen sich die Gewehre. Auch ich nehme mein Gewehr von der Schulter. – Wir *waren* Soldaten.

Noch einmal geht's vorbei an André Marty, dem Chef der Internationalen Brigaden. Da steht er am Straßenrand, groß, mit seiner unvermeidlichen Baskenmütze. Ohne jedes Kommando richten wir unsere Reihen aus. Die Franzosen sollen sehen, daß wir nicht den Kopf hängen lassen.

Vor dem Zollhaus steht Garde mobile. Gute, saubere Uniformen haben sie an. Jetzt sehen wir auch, warum es so langsam vorwärts geht: Wir werden an der Grenze visitiert. Jeder einzelne wird abgetastet, die Taschen, der Brotsack werden durchsucht. Es fällt kaum ein Wort, vielleicht schämen wir uns voreinander.

Wie von selbst hat sich eine Gruppe Österreicher zusammengefunden. Wir brauchen uns nur anzuschauen, wir denken alle dasselbe . . .

Die Straße geht nun bergab, aber der Weg wird nicht leichter. Jetzt spüren wir's erst richtig: Wir haben den Krieg verloren. Wir sind nicht mehr Soldaten einer Freiheitsarmee. Neben uns geht ein Garde mobile mit einem Gewehr über der Schulter und ruft uns zu: »Allez, allez!«

Das also ist Frankreich? Eine staubige Straße, ein schreiender Posten neben uns.

»Ja, schrei nur!« Leos Gesicht ist voll Staub und Wut.

»Allez, allez!« Man braucht nicht viel französisch zu können, um diese Worte zu verstehen. Wenn man nur die Gewehre der Gardes mobiles anschaut, dann weiß man schon, was sie zu bedeuten haben.

Immer schärfer: »Allez, allez!«

Es geht durch ein Dorf, dessen Einwohner uns erschreckt nachschaun. Da überwinden wir unsere Müdigkeit und marschieren im Takt, eines unserer Kampflieder singend.

Die Febersonne wärmt nicht. Uns ist kalt, wir haben Hunger und Durst.

»Schau, was dort drüben ist!«

Tatsächlich, dort ist ein ganzes Depot. Kisten, Fässer und Flugzeugmotore, von Frankreich nicht über die Grenze gelassen. Das ist Anschauungsunterricht über die »Nichteinmischungspolitik«. Franco hat alles bekommen, was er wollte; der rechtmäßigen spanischen Regierung dagegen wurden nicht nur Waffen, sondern auch Lebensmittel und Medikamente von der französischen Regierung vorenthalten.

Eine der Kisten am Straßenrand ist geöffnet – Trockenmilch ist drinnen. Ich nehme eine Handvoll davon. Sie schmeckt gut, wenn man Hunger hat. Nur bekommt man um so mehr Durst.

Nun geht die Straße schon durch die Ebene.

»Allez, allez!« Wir sind viele Stunden marschiert. Wie lange noch? Immer wieder dieselbe Antwort: Noch zwei Kilometer! Nacht wird's. Die Taschenlampen unserer Begleitposten zeigen uns Ausschnitte des Weges.

Am nächsten Morgen noch immer: »Allez, allez!«

Dann sehen wir Stacheldraht. Endlos lang. Frisch gesteckt im Küstensand. Wir schauen uns an, als wir durch die Öffnung ins Lager hineingehen. Wir haben den Krieg verloren. Fängt jetzt ein Leben hinter Stacheldraht an?

So weit die Einleitung meines Berichts über die sechs Jahre meines Lebens in den Lagern. Ich habe ihn im Winter 1947/48 mit frischem Gedächtnis geschrieben und ihm den Titel »Die Stärkeren« gegeben; der Optimismus, der aus meinen Briefen aus Spanien spricht, konnte mir nicht ganz genommen werden. Der Bericht ist nun in Neuauflage zusammen mit diesem Buch erschienen.

Ungeschrieben blieb ein Bericht über mein Schicksal nach den Lagerjahren. Otto, der nach Österreich zurückkehren konnte, und ich haben wie so viele damals mit allem Eifer und voller Illusionen unsere ganze Kraft für die Kommunistische Partei eingesetzt; hatten wir doch die langen Jahre hindurch darauf gewartet, nach der Zerschlagung des nationalsozialistischen Systems mitzuhelfen, eine neue, bessere Welt aufzubauen, die Lehren aus der endlich überwundenen, so schlimmen Zeit zieht. Gretl blieb in Australien. Sobald die Post funktionierte, verständigten wir uns. Aber sie hatte dort eine neue Heimat – auch politisch – gefunden, ich konnte nicht daran denken, meine endlich befreite Heimat aufzugeben. So sind wir getrennte Wege gegangen.

Was folgte, ist schwer zu beschreiben. Wann fingen die Illusionen abzubröckeln an, wann gab man sich selbst Rechenschaft von den Enttäuschungen? Ich hatte – von den kurzen ersten Monaten meiner Parteimitgliedschaft Anfang 1933 abgesehen – die KPÖ in der Illegalität kennengelernt, die vieles geheimnisvoll dunkel ließ, wo man für manche Unzulänglichkeit Entschuldigungen fand. Ich war bereit gewesen, mich ganz für sie einzusetzen, auch meinen Beruf zu verlieren. Als ich in einer Einzelzelle des Wiener Landesgerichts im Jahr 1937 von den Prozessen in der Sowjetunion und den unvorstellbar klingenden Geständnissen kommunistischer Spitzenfunktionäre las, wich ich einem Nachdenken darüber aus; das schrieben ja bürgerliche Zeitungen, die seit eh und je den Sozialismus, die Sowjetunion verleumdeten. Wie ich dann in Spanien dachte, zeigen meine Briefe besser als jeder nachträglich gemachte Versuch, diese Gedanken zu rekonstruieren. Dasselbe gilt für die Jahre in den Konzentrationslagern, wenn auch mit einer gewissen Einschränkung: Denn »Die Stärkeren« schrieb ich als kommunistischer Funktionär im Rückblick; ich wollte keinen Schatten auf die Partei fallen lassen, auch auf keines ihrer Mitglieder. Nun verbiß ich mich in die Arbeit, welche die Parteileitung mir auftrug. War stolz auf ihr Vertrauen; und vertraute ihr blind. Wie lange?

Ich vermute, daß es all denen, die sich von der Idee des Kommunismus angezogen fühlten und sich der Parteiführung gläubig unterordneten, bis sie erkennen mußten, daß sie von dieser betrogen, daß ihr Idealismus mißbraucht wurde, ähnlich gegangen ist wie mir: Wenn nachträglich an Stelle des Glaubens eine kritische Betrachtung getreten ist, kann man es sich selbst nicht mehr verständlich machen, wieso man zu so vielem, was offensichtlich den Ideen eindeutig widersprochen hatte, geschwiegen hat; noch weniger kann man das anderen erklären.

Im Jahr 1949 lernte ich in der Kärntner Parteiorganisation Loisi kennen, 1950 heirateten wir, dann bekamen wir zwei Kinder, Lisl und Kurt. Ich weiß nicht, wie ich ohne diese drei die folgende Periode in meinem Leben hätte überstehen können.

Ich kann nicht mehr angeben, wann sie begonnen hat. Die Rede Chruschtschows auf dem 20. Parteitag der Kommunistischen Partei der Sowjetunion, in der er einige der Verbrechen, die unter der Diktatur Stalins verübt worden waren, bekanntgab, die Folgen, die mit der Zerschlagung des blinden Glaubens an die Unfehlbarkeit der Führung auftraten, die Erfassung der Zustände in den Volksdemokratien, besonders in Ungarn – das ich genauer kennengelernt hatte, während ich niemals in der Sowjetunion war –, das alles gestattete nicht mehr, sich über Zweifel mit dem nun abgenützten Trost hinwegzuhelfen, diejenigen, die an der Spitze der Partei stehen, sind um so vieles erfahrener, klüger, klassenbewußter. Wenn sie etwas als richtig bezeichnen, dann habe ich meine Zweifel selbstkritisch – dem Modewort in der Partei – zu überwinden.

Nach der Niederschlagung des Aufstands in Ungarn im Jahr 1956 war ich endgültig so weit: Trotzig trat ich nicht aus der KPÖ aus, aber ich schrieb ein Vorwort zu einem Buch über Auschwitz, das damals in der DDR herausgegeben wurde. Es ist nachträglich von der dortigen Zensur als nicht tragbar bezeichnet worden – die Auflage wurde aus dem Verkehr gezogen; ich verfaßte einen Artikel in der Zeitung des österreichischen KZ-Verbandes über die Ereignisse in Ungarn, der dazu führte, daß mir von der Partei die Redaktion dieser – offiziell überparteilich geführten – Zeitung entzogen wurde; ich veranlaßte, daß die Leitung dieses Verbandes mit einem Telegramm gegen die Hinrichtung von Imre Nagy – dem kommunistischen ungarischen Ministerpräsidenten in der Zeit des Aufstands – nach einem geheim geführten Prozeß protestierte. Ich war mir bewußt, daß das zu meinem Ausschluß führen mußte. Und ich wurde auch aus der Partei ausgeschlossen, der ich seit Jänner 1933 angehört hatte. Otto hat sich denselben Weg etwas leichter gemacht; er ist unmittelbar nach der Niederschlagung des ungarischen Aufstands aus der KPÖ ausgetreten. Loisi brach gleichzeitig mit mir mit der Partei.

Die folgenden Jahre seien kurz angedeutet: Ich war arbeitslos. Für die Freunde von gestern bin ich zur Unperson geworden, die man nicht mehr grüßt, für andere ein Mensch mit einer unheimlichen Vergangenheit, vor dem man sich besser hütet.

Erst in dieser Zeit nahm ich voll zur Kenntnis, was während des Spanischen Bürgerkriegs hinter den Kulissen vorgekommen war: Terror von Stalins Emissären, Morde. Die kommunistischen Spanienkämpfer wurden weiter verfolgt: Rajk wurde in Ungarn ermordet, gemeinsam mit Slánský wurden tschechische Spanienkämpfer mit absurden Beschuldigungen vor Gericht gestellt und zum Tod verurteilt. Sie waren lange Jahre hindurch in der Partei aktiv und bekleideten damals Spitzenfunktionen. Offenbar war Stalin jeder verdächtig, der außerhalb seiner unmittelbaren Machtsphäre die freiheitliche Luft geatmet hat, welche uns Interbrigadisten so viel Kraft gegeben hatte.

Wie sollten wir weiterleben? Ich war gewohnt, mich mit Dingen zu beschäftigen, die ich für gesellschaftlich nützlich hielt. Auch jetzt suchte ich keinen Broterwerb, obwohl es unsere Lage verlangt hätte. Hartnäckig konzentrierte ich mich auf eine Tätigkeit, von der ich genau wußte, daß sie notwendig und wichtig war; und in der mich meine

Vergangenheit zu einer Art Fachmann gemacht hatte: Ich analysierte das nationalsozialistische System an Hand des Beispiels, an dem es am deutlichsten zu erkennen war, an Auschwitz. Ich drängte die Justiz in Deutschland und Österreich, die uns so schrecklich bekannt gewordenen Täter aufzuspüren. Und ich schrieb nach meinem ersten persönlichen Erlebnisbericht, den ich noch aus der Sicht des gläubigen Kommunisten verfaßt hatte, eine Reihe von Büchern, in denen ich keinerlei parteipolitische Rücksicht zu nehmen hatte. Ich wurde so Schriftsteller.

Meine Frau und meine Kinder, die in dieser Atmosphäre heranwuchsen, halfen mir, manche Härte dieser Jahre zu ertragen. Und langsam wich die Isolation, die neben den wirtschaftlichen Problemen damals drückte. In Fachkreisen lernte mich mancher kennen, Freundschaften wurden geknüpft. Und selbst manche Genossen, die mich vorher wie einen Aussätzigen behandelt hatten, gingen nach der Niederschlagung des »tschechischen Frühlings« im Jahr 1968 denselben Weg wie ich ein Jahrzehnt früher und suchten wieder Kontakt mit mir. Nun sind die kritischen Jahre schon lange Vergangenheit. Meine Kinder sind erwachsen und stehen auf eigenen Füßen. Und ich denke – wie mancher, der sich dem Ende seines Lebens nähert – häufiger als früher an meine Jugend zurück.

Gern suche ich Kontakt mit jungen Menschen; ihnen zu helfen, damit sie vor dem süßen Gift gefeit werden, mit welchem der Nationalsozialismus seinerzeit mit so schrecklichem Erfolg eine Generation seinen mörderischen Zielen gefügig machen konnte, das habe ich mir ja zur Aufgabe gestellt.

Und so entstand die Idee, meine Briefe zu veröffentlichen, die ich als junger Mensch aus Spanien geschrieben hatte. Meine Kinder und ihre Freunde hielten sie für gut. Sollten sie auch anderen jungen Menschen zeigen, wie sich seinerzeit Junge bemüht hatten, Solidarität zur Tat werden zu lassen, was sie dabei fühlten und dachten, würde es mich freuen; und wenn sie auch zur Kenntnis nehmen, daß gläubige Unterordnung unter Autoritäten Enttäuschungen zur Folge haben muß, könnte das vielleicht darüber hinaus nützlich sein.

Zeittafel

1931

14.4. Abdankung des spanischen Königs; Ausrufung der Republik.

1933

30.1. Hitler wird deutscher Reichskanzler.

1934

12.2.–

15.2. Bürgerkrieg in Österreich; Zerschlagung der Arbeiterorganisationen, Errichtung des kleriko-faschistischen »Ständestaates«.

16.2. Niederschlagung eines Putschversuchs französischer Faschisten.

25.7. Im Verlauf eines nationalsozialistischen Putschversuchs wird der österreichische Bundeskanzler Engelbert Dollfuß ermordet.

1936

16.2. Corteswahlen in Spanien ergeben eine Mehrheit der Volksfront-Parteien.

3.5. Wahlsieg der Volksfront in Frankreich.

9.5. Nach einem langen Krieg annektiert das faschistische Italien Abessinien.

10.5. Manuel Azaña wird zum spanischen Präsidenten gewählt.

4.6. Erstes Volksfront-Kabinett in Frankreich unter Ministerpräsidenten Léon Blum.

18.7. Aufstand faschistischer Generale in Spanien.

26.7. Deutsche und italienische Flugzeuge errichten für die faschistischen Generale eine Luftbrücke von Marokko nach Spanien.

1.8. Die französische Regierung schlägt den anderen europäischen Großmächten eine Vereinbarung vor, sich in den spanischen Bürgerkrieg nicht einzumischen.

8.8. Die französische Regierung schließt die Grenze zu Spanien.

21.8. Nach einem Schauprozeß in Moskau werden die führenden kommunistischen Funktionäre Sinowjew und Kamenew hingerichtet.

9.9. Der Nichteinmischungsausschuß tritt zusammen.

12.10. Sowjetische Waffen und Instrukteure kommen nach Spanien.

22.10. Mit der Aufstellung von Internationalen Brigaden wird begonnen.

25.10. Die »Achse« Berlin–Rom wird begründet.

2.11. Sowjetische Flugzeuge erreichen Spanien.

7.11. Franco-Truppen dringen in das Universitätsgelände von Madrid ein.

25.11. Abschluß des deutsch-japanischen Antikomintern-Paktes.

1937

24.4. Deutsche Flieger der »Legion Condor« zerstören die Stadt Guernica.

2.5.–

6.5. Straßenkämpfe zwischen Angehörigen der POUM und der Regierung in Barcelona.

16.5. Führer der POUM in Barcelona verhaftet.

16.5. Tuchatschewski und weitere sowjetische Generale nach einem Schauprozeß hingerichtet.

17.5. Negrín bildet Regierung in Spanien.

7.7. Mit einem Überfall japanischer Truppen beginnt der japanisch-chinesische Krieg.

4.8. Die japanische Armee besetzt Peking.

5.11. Hitler bespricht mit seinen führenden Generälen seine Kriegspläne (festgehalten im Hossbach-Protokoll).

9.11. Japanische Truppen besetzen Schanghai.

1938

25.2. Halifax wird an Stelle von Eden englischer Außenminister.

11.3. Hitler erzwingt die Kapitulation der österreichischen Regierung.

13.3. Bildung des zweiten französischen Volksfront-Kabinetts unter dem Ministerpräsidenten Léon Blum.

13.3. Nach einem weiteren Schauprozeß werden in Moskau die führenden kommunistischen Funktionäre Bucharin und Rykow zum Tod verurteilt.

5.4. Franco-Truppen dringen bis an das Mittelmeer vor und trennen damit Katalonien vom übrigen republikanischen Spanien ab.

5. 4. Prieto scheidet als Kriegsminister aus der Regierung Negrín aus.

8. 4. Sturz des zweiten französischen Volksfront-Kabinetts Blum, Daladier wird Ministerpräsident.

5. 7. Der Nichteinmischungsausschuß der Großmächte beschließt die Rückberufung aller Freiwilligen aus Spanien.

24. 7. Beginn der Ebro-Offensive der republikanischen Armee.

23. 9. Die Internationalen Brigaden werden von der Front abgezogen.

29. 9. Im Abkommen von München gestatten Chamberlain und Daladier Hitler, diejenigen Gebiete der tschechoslowakischen Republik Deutschland anzugliedern, die von Sudetendeutschen bewohnt sind.

30. 9. Japanische Truppen besetzen Kanton.

1.11. Urteile im POUM-Prozeß.

15.11. Rückzug der republikanischen Truppen aus dem Ebrobogen.

23.12. Franco-Truppen beginnen eine Offensive auf Katalonien.

1939

26. 1. Barcelona wird von Truppen Francos eingenommen.

9. 2. Widerstand in Katalonien beendet.

15. 3. Hitler besetzt die Rest-Tschechoslowakei.

28. 3. Francos Truppen besetzen Madrid – Ende des Spanischen Bürgerkriegs.

7. 4. Mussolini überfällt Albanien.

23. 8. Abschluß eines Paktes zwischen Hitler und Stalin.

1. 9. Mit dem Überfall auf Polen beginnt Hitler den Zweiten Weltkrieg.

Personenverzeichnis

Aragon, Louis, geb. 1897, französischer Schriftsteller, Mitglied der KPF.

Azaña, Manuel, 1880 – 1940, spanischer Politiker und Schriftsteller, Minister-präsident der spanischen Republik, wurde im Mai 1936 zum Staatspräsi-denten gewählt, starb im französischen Exil.

Bauer, Otto, 1882 – 1938, Politiker der österreichischen Sozialdemokratie, Wortführer des Austromarxismus, in französischer Emigration gestorben.

Beer, Rudolf, 1889 – 1938, Direktor des Deutschen Volkstheaters in Wien, wurde – da er Jude war – von den Nationalsozialisten in den Selbstmord ge-trieben.

Blum, Léon, 1872 – 1950, französischer Sozialistenführer, 1936/37 und 1938 Ministerpräsident von Volksfrontregierungen, von den deutschen National-sozialisten interniert.

Bonnet, Georges, 1889 – 1973, Politiker der französischen Radikalsozialisten, Außenminister.

Chamberlain, Neville, 1869 – 1940, als Konservativer 1937 – 1940 englischer Premierminister.

Ciano, Galeazzo, 1903 – 1944, italienischer Außenminister, Schwiegersohn von Mussolini, von diesem zum Tod verurteilt, weil er am Sturz Mussolinis im Jahr 1943 mitgewirkt hat.

Citrine, Walter, geb. 1887, britischer Gewerkschaftsführer, der sich gegen kommunistische Einflüsse in der Gewerkschaft wandte.

Cot, Pierre, 1895 – 1977, Politiker der französischen Radikalsozialisten, Luft-fahrtminister im ersten Volksfront-Kabinett von Léon Blum, trat für eine Unterstützung der spanischen Republik ein.

Daladier, Edouard, 1884 – 1970, Politiker der französischen Radikalsoziali-sten, 1938/39 Ministerpräsident, von den deutschen Nationalsozialisten in-terniert.

Dan, Fjodor, 1871 – 1947, Mitglied des Leningrader Sowjets, 1929 aus der Sowjetunion ausgewiesen.

Dimitroff, Georgi, 1882 – 1949, bulgarischer Kommunistenführer, im Leipzi-ger Reichstagsbrand-Prozeß freigesprochen, dann bis 1942 Generalsekretär der Kommunistischen Internationale, schließlich bulgarischer Ministerprä-sident.

Dollfuß, Engelbert, 1892 – 1934, christlichsozialer österreichischer Politiker, ab 1932 Bundeskanzler; beseitigte im März 1933 die Demokratie und schuf nach Niederschlagung der Arbeiterorganisationen im Februar 1934 einen Ständestaat auf autoritärer Grundlage. Wurde am 25.7.1934 bei einem Putschversuch von Nationalsozialisten ermordet.

Eden, Antony, 1897 – 1977, als Konservativer 1935 – 1938 englischer Außenminister, trat dann wegen der Nachgiebigkeit Chamberlains gegenüber Hitler und Mussolini zurück.

Engels, Friedrich, 1820 – 1895, schuf gemeinsam mit Karl Marx Grundlagen für einen wissenschaftlichen Sozialismus.

Flandin, Pierre-Etienne, 1889 – 1958, französischer rechts eingestellter Politiker.

Franco, Francisco, 1892 – 1975, spanischer General, leitete im Juli 1936 einen Militärputsch gegen die spanische Republik, führte als »Generalissimus« den Bürgerkrieg und nach Niederschlagung der Republik im März 1939 als »Caudillo« eine faschistische Regierung.

Gallo, siehe Longo, Luigi.

Goebbels, Joseph, 1897 – 1945, Reichsminister für Volksaufklärung und Propaganda unter Hitler ab 1933, beging gemeinsam mit Hitler Selbstmord, als das nationalsozialistische Regime zerschlagen wurde.

Goethe, Johann Wolfgang, 1749 – 1832, Dichter der deutschen Klassik.

Gogol, Nikolai, 1809 – 1852, russischer Dichter.

Hitler, Adolf, 1889 – 1945, »Führer« der nationalsozialistischen Partei in Deutschland, ab 1933 Reichskanzler, beging Selbstmord, als das nationalsozialistische Regime zerschlagen wurde.

Krupskaja, Nadeschda, 1869 – 1939, Frau Lenins, nach dessen Tod im Jahre 1924 im Volkskommissariat für Volksbildung in der Sowjetunion tätig.

Lenin, Wladimir Iljitsch, 1870 – 1924, Gründer und Leiter der Kommunistischen Partei der Sowjetunion, Autor zahlreicher theoretischer Schriften; nach der Oktoberrevolution (1917) Vorsitzender des Rats der Volkskommissare.

Longo, Luigi, 1900 – 1980, führender Funktionär der italienischen KP, unter dem Namen Gallo Generalinspektor der Internationalen Brigaden in Spanien.

Marty, André, 1886 – 1956, führender Funktionär der französischen KP, Leiter der Internationalen Brigaden in Spanien, vor seinem Tod aus der KPF ausgeschlossen.

Marx, Karl, 1818 – 1883, schuf mit seinem Freund Friedrich Engels den wissenschaftlichen Sozialismus, nach ihm Marxismus genannt.

Mehring, Franz, 1846 – 1919, deutscher Schriftsteller, Abgeordneter der Unabhängigen Sozialdemokraten.

Mussolini, Benito, 1883 – 1945, Gründer und »Duce« des italienischen Faschismus, im Juli 1943 gestürzt und gefangengesetzt, von deutschen Fallschirmtruppen befreit, ließ sich in Norditalien, das damals noch von deutschen Truppen besetzt war, als »Staatschef« ausrufen. Er wurde Ende April 1945 von Partisanen erschossen.

Negrín, López Juan, 1889 – 1956, Arzt, ab September 1936 Finanzminister, ab Mai 1937 Ministerpräsident der spanischen Republik. Mußte im März 1939 emigrieren und starb in Paris.

Nin, Andrés, 1892–1937, spanischer Kommunist, der sich der Linksopposition anschloß und Führer der POUM (Partido Obrero de Unificación Marxista) im Jahr 1934 wurde. Im September 1936 Justizminister der ersten katalonischen Landesregierung. Auf Betreiben des sowjetischen Geheimdienstes sind die Führer der POUM im Juni 1937 in Barcelona verhaftet worden, Nin wurde verschleppt und offenbar ermordet.

Pasionaria (Dolores Ibarruri), geb. 1895, bereits 1931 als Kommunistin Abgeordnete im spanischen Parlament, mitreißende Rednerin. Nach der Niederlage der spanischen Republik im Exil in der Sowjetunion. Kehrte nach dem Tod Francos nach Spanien zurück.

Piscator, Erwin, 1893 – 1966, deutscher Regisseur, während der Herrschaft der Nationalsozialisten in Emigration.

Pivert, Marceau, 1895 – 1958, Funktionär der französischen »revolutionären Linken«.

Prieto, Indalecio, 1883 – 1962, Funktionär der Sozialistischen Partei Spaniens, Kriegsminister unter Negrín, wegen seiner defätistischen Haltung von diesem im April 1938 aus der Regierung entfernt. Starb im mexikanischen Exil.

Primo de Rivera, Miguel, 1870 – 1930, General, spanischer Diktator in den Jahren 1923 bis 1930 unter der Monarchie.

Renn, Ludwig, 1889 – 1979, deutscher Offizier im Ersten Weltkrieg, wurde infolge seiner Kriegserlebnisse zum Kommunisten. Schriftsteller, von Hitler eingekerkert, dann Major in den Internationalen Brigaden. Hat seinen Namen Arnold Friedrich Vieth von Golßenau abgelegt.

Schuschnigg, Kurt, 1897 – 1977, österreichischer Justizminister unter der Regierung Dollfuß, nach dessen Ermordung Bundeskanzler. Nach der kampflosen Auslieferung Österreichs an Hitler im März 1938 von diesem in eine Art Ehrenhaft genommen. Nach 1945 Universitätsprofessor in den USA, in Tirol gestorben.

Smedley, Agnes, 1894–1950, amerikanische Schriftstellerin, kämpfte auf Seite der chinesischen Armee gegen die japanischen Invasoren.

Stachanow, Alexej, geb. 1905, Bergarbeiter, der wegen Steigerung seiner Arbeitsleistung über die Norm hinaus von der sowjetischen Propaganda als Beispiel hingestellt wurde.

Tardieu, André, 1876 – 1945, linksrepublikanischer französischer Politiker.

Thälmann, Ernst, 1886 – 1944, Vorsitzender der Kommunistischen Partei Deutschlands, von den Nationalsozialisten 1933 eingekerkert und 1944 erschossen, wobei vorgegeben wurde, daß er bei einem Bombardement des Konzentrationslagers Buchenwald getötet worden sei.

Trotzki, Lew, 1879 – 1940, russischer Revolutionär, Kriegskommissar in der ersten Sowjetregierung: nach dem Tod Lenins von Stalin verfolgt, verbannt und als Feind geächtet; später wurden alle, die Stalins Kurs zu kritisieren wagten, als »Trotzkisten« abgestempelt. Im Jahr 1940 im mexikanischen Exil auf Befehl Stalins ermordet.

Wischnewski, Wsewolod, 1900 – 1951, russischer Dramatiker.

Faschismus und Widerstand

Dieter Bednarz,
Michael Lüders (Hrsg.)
Blick zurück ohne Haß
Juden aus Israel
erinnern sich an Deutschland
Mit einem Geleitwort von
Helmut Gollwitzer

Gerhard Beier
**Das Lehrstück
vom 1. und 2. Mai 1933**

Gerhard Beier
**Die illegale Reichsleitung der
Gewerkschaften 1933–1945**

Detlef Prinz,
Manfred Rexin (Hrsg.)
**Beispiele für aufrechten Gang
Willi Bleicher und
Helmut Simon**
Im Geiste Carl von Ossietzkys
Mit einem Beitrag von
Rosalinde von Ossietzky-Palm

Hermann Langbein
Die Stärkeren
Ein Bericht aus Auschwitz
und anderen
Konzentrationslagern
Mit zahlreichen Abbildungen

Werner Lansburgh
Strandgut Europa
Erzählungen aus dem Exil
1933 bis heute

Heiner Lichtenstein
**Warum Auschwitz
nicht bombardiert wurde**
Eine Dokumentation
Vorwort: Eugen Kogon
Mit zahlreichen Fotos

Heiner Lichtenstein
**Raoul Wallenberg,
Retter von hunderttausend Juden**
Ein Opfer Himmlers und Stalins
Mit einem Vorwort von
Simon Wiesenthal
und acht Kunstdrucktafeln

Detlev Peukert
Die Edelweißpiraten
Protestbewegungen
jugendlicher Arbeiter im
Dritten Reich
Eine Dokumentation

Detlev Peukert
**Volksgenossen und
Gemeinschaftsfremde**
Anpassung, Ausmerze und
Aufbegehren unter dem
Nationalsozialismus
Mit 59 Abbildungen auf
24 Kunstdrucktafeln

Bund-Verlag

Politik und Zeitgeschichte

Heinrich Böll, Lew Kopelew,
Heinrich Vormweg
**Antikommunismus
in Ost und West**

Hans Dieter Baroth
Gebeutelt aber nicht gebeugt
Erlebte Geschichte

Antje Dertinger
Weiber und Gendarm
Vom Kampf staatsgefährdender
Frauenspersonen um ihr Recht
auf politische Arbeit

Antje Dertinger
**Die bessere Hälfte
kämpft um ihr Recht**
Der Anspruch der Frauen
auf Erwerb und andere
Selbstverständlichkeiten

Iring Fetscher
**Vom Wohlfahrtsstaat
zur neuen Lebensqualität**
Die Herausforderung des
demokratischen Sozialismus

Helga Grebing (Hrsg.)
**Fritz Sternberg
Für die Zukunft des Sozialismus**
Werkproben, Aufsätze,
unveröffentlichte Texte

Jiři Lederer
Mein Polen lebt
Zwei Jahrhunderte Kampf gegen
Fremdherrschaft

Theodor Leipart
Carl Legien
Vorwort: Heinz Oskar Vetter

Politische Ideen in der Krise
forum ds Jahrbuch für
Theorie und Praxis des
demokratischen Sozialismus
Herausgeber: Thomas Meyer,
Wolfgang Roth, Hermann Scheer,
Johano Strasser, Werner Vitt,
Karsten D. Voigt,
Heidemarie Wieczorek-Zeul
Redaktion: Thomas Meyer,
Hermann Scheer

Fritz J. Raddatz
Von Geist und Geld
Heinrich Heine und sein Onkel,
der Bankier Salomon
Eine Skizze
Mit sechs Radierungen
von Günter Grass

Wolfgang Roth
Humane Wirtschaftspolitik
Die sozialdemokratische
Alternative

Hermann Scheer
Mittendrin
Bericht zur Lage von
Sozialdemokratie und Republik

Joachim Voß
**Die Gewerkschaftsbewegung
in den USA**
Stützen der Gesellschaft
oder Gegenmacht?

Gerhard Zwerenz
**Antwort an einen
Friedensfreund**
oder
Längere Epistel für
Stephan Hermlin und meinen Hund
Ein Diarium

Bund-Verlag